nai010 uitgevers publishers, Rotterdam 2013

Inhoud

Contents

Op een herfstige vrijdagmiddag in november vorig jaar vond er in het Amsterdamse architectuurcentrum ARCAM een bijzondere opening van een tentoonstelling plaats. Een expositie van de afstudeerresultaten van het afgelopen jaar van de Academie van Bouwkunst.
ARCAM had volgens de vele aanwezigen nog nooit zo vol met maquettes gestaan, het paste er allemaal net in. Hoogtepunt van de opening was de bekendmaking van de genomineerden die door de Amsterdamse Academie waren voorgedragen voor de Archiprix ronde van 2013; een bekendmaking waar veel pas afgestudeerde architecten, stedenbouwers en landschapsarchitecten, met in het kielzog hun docenten, voor waren gekomen.
Wie zouden het zijn, de geselecteerde talenten voor deelname aan Archiprix?
Los van het antwoord op die vraag waren vooral de publieke aankondiging van de genomineerden en de hoge opkomst opvallend. In de toespraken werd dan ook nogmaals benadrukt dat alleen al genomineerd zijn voor Archiprix een hele prestatie is, waar je als jonge ontwerper trots op mag zijn. Ronald Rietveld, lid van de selectiecommissie èn Archiprix laureaat, memoreerde die middag zijn eigen nominatie destijds als een flinke zet in de rug voor een pas afgestudeerde ontwerper.
Archiprix was in 2004 voor hem het begin. 'Het is een geweldige prijs om mee te starten in je carrière. De prijs laat zien hoe krachtig en rijk ontwerpen kunnen zijn als je *in alle vrijheid over een opgave mag denken.*'

Dat laatste is één van de thema's in het boek *Euforie* van Christiaan Weijts, dat in diezelfde novembermaand is gepubliceerd. Het beschrijft in twee in elkaar vervlochten verhaallijnen, in het verleden en heden, het leven van de architect Johannes Vermeer. De jonge Vermeer, een Leidse gymnasiast die *De architectura* van Vitrivius ontdekt, architect wil worden en vol verwachting is over alles wat het architectenleven in het verschiet zal hebben. En de wat oudere Vermeer, op weg een gearriveerd architect te worden, die toch ook al wat teleurstellingen achter de rug heeft, waarvan verschillende maquettes van ongebouwde ontwerpen, in de kasten van het architectenbureau, stille getuigen zijn. Het in alle vrijheid over een opgave nadenken is in veel gevallen voor Vermeer niet mogelijk gebleken.
'Zelfs zonder armen is de Venus van Milo een meesterwerk' houdt hij zichzelf voor, telkens wanneer regelgeving of een zoveelste bezuinigingsronde een aanslag op zijn ontwerpen lijkt te plegen. Deze restricties ervaart Vermeer als een beperking van zijn ontwerpvrijheid. Daar kun je verschillend over denken. De Franse auteur Georges Perec heeft een aantal prachtige boeken geschreven door zichzelf juist restricties of 'contraintes' op te leggen waarvan *La Disparition,* een roman van 300 pagina's waarin de letter E niet voorkomt, een fraai voorbeeld is.

De plannen in dit boek spreken tot de verbeelding en lijken zowel met als zonder, al dan niet zelfopgelegde, restricties te zijn ontworpen. Toen ik in februari in de maquettehal van de TU Delft rondliep, waar alle ontwerpen die in dit boek staan, geëxposeerd werden om gejureerd te worden, trof mij de rijkdom en diversiteit van veel projecten.
Herbestemmingen van bestaande gebouwen, stedenbouwkundige strategieën, kleinschalige architectonische interventies, materiaalstudies en landschappelijke onderzoeken voor reële klimaat problemen om er een paar te noemen. De verzameling plannen toont een gevarieerd beeld van een nieuwe lichting getalenteerde ontwerpers voor wie de nominatie voor deze Archiprix-ronde hopelijk een eerste zetje in de rug zal zijn.

Madeleine Maaskant, Voorzitter

On a blustery Friday afternoon last November, a new exhibition in ARCAM, the Amsterdam architecture centre, got off to a remarkable start. It was an exhibition of the past year's graduation results from the Amsterdam Academy of Architecture. According to the many who attended, ARCAM had never been so full of models, almost too many to fit in. The highpoint of the opening was the announcement of the Academy nominees for Archiprix 2013; an announcement that many freshly graduated architects, urban designers and landscape architects, with their teachers in their wake, had come to hear.
Who would they be, the talents selected to take part in Archiprix?
That question aside, it was the public announcement itself and the large attendance that made the most impression. The speeches once again drove home the fact that to be shortlisted for Archiprix was quite an achievement in itself, something a young designer could be proud of. That afternoon Ronald Rietveld, member of the selection committee and former Archiprix winner, looked back on his own nomination as a huge boost for a freshly graduated designer.
Archiprix was what started it all for him in 2004. 'It really is a great award to start you off in your career. It shows how powerful and rich designs can be *if you're able to think about a brief in complete freedom.*'

That last-named condition is one of the themes in the book *Euforie* ('Euphoria') by Dutch novelist Christiaan Weijts, published that same November. It weaves together two story lines, past and present, in the life of the architect Johannes Vermeer. There's the young Vermeer, a student at Leiden's Gymnasium, who discovers Vitruvius's *De architectura*, wants to become an architect and eagerly looks forward to everything an architect's life has in store for him. And there's a slightly older Vermeer on his way to becoming an established architect, having had enough hard knocks along the way, to which the models of unbuilt designs in his office cupboard bear silent testimony. Thinking about a brief in complete freedom has in many cases proved impossible for Vermeer. 'The Venus de Milo is a masterpiece even without arms', he tells himself each time red tape or the umpteenth round of rejections threatens to make a mockery of his designs. Vermeer sees these restrictions as a constraint on his design freedom. There are other ways of looking at it. The French author Georges Perec has written some brilliant books precisely by imposing restrictions or 'contraintes' on himself, a fine example being *La Disparition,* a 300-page novel written without a single use of the letter E.

The projects in this book set the mind afloat and seem to have been designed both with and without restrictions, self-imposed or otherwise. When I took a walk round the models hall of the TU Delft last February, where all the designs in this book were on display for judging, I was struck by the richness and diversity of so many of the projects. These included new uses for existing buildings, urban design strategies, small-scale architectural interventions, material studies and landscape studies addressing current climate issues. The present collection of projects gives a varied picture of a new batch of talented designers whose nomination for this year's Archiprix hopefully will give them a huge boost at the start of their career.

Madeleine Maaskant, Chairperson

De hogere Nederlandse ontwerpopleidingen selecteren jaarlijks hun beste afstudeerplannen voor deelname aan Archiprix. De zevenentwintig plannen die voor Archiprix 2013 werden ingezonden geven in al hun verscheidenheid een beeld van de stand van het Nederlandse ontwerponderwijs in het studiejaar 2011—2012. De diversiteit is kenmerkend voor Archiprix. Anders dan bij de meeste prijsvragen is er geen sprake van een gezamenlijke opgave. Zowel het schaalniveau, als de behandelde problematiek, als de wijze van presenteren varieert per plan. Aankomend talent wordt vaak voor het eerst door Archiprix gepresenteerd.

De Stichting Archiprix is een samenwerkingsverband van Nederlandse onderwijsinstellingen voor hoger onderwijs op het gebied van architectuur, stedenbouw en landschapsarchitectuur. De stichting is opgericht in januari 1992 en komt voort uit de 'Landelijke Commissie Studentenplannen' die in 1974 op initiatief van de Stuurgroep Experimenten Woningbouw is ingesteld. In 1986 veranderde de Landelijke Commissie haar naam in Archiprix. Participerende opleidingen zijn:

Academie van Bouwkunst Amsterdam
Academie van Bouwkunst Arnhem
Technische Universiteit Delft,
faculteit der Bouwkunde
Technische Universiteit Eindhoven,
faculteit Bouwkunde
Academie van Bouwkunst Groningen
Academie van Bouwkunst Maastricht
Rotterdamse Academie van Bouwkunst
Academie voor Architectuur en
Stedenbouw, Tilburg
Wageningen Universiteit en Research-centrum,
landschapsarchitectuur

De Stichting Archiprix kent de volgende doelstellingen:

1. Het bevorderen van de instroom in de ontwerppraktijk van talentvolle ontwerpers die afstuderen aan de Nederlandse opleidingen voor hoger onderwijs op het gebied van architectuur, stedenbouw en landschapsarchitectuur.
2. Het bieden van een podium aan de Nederlandse ontwerpopleidingen waarop zij zich in binnen- en buitenland kunnen presenteren.
3. Het bevorderen van de discussie met betrekking tot de inhoud en de kwaliteit van het ontwerponderwijs in Nederland.

In het kader van deze doelstellingen organiseert Archiprix jaarlijks de jurering, premiëring en presentatie van de beste afstudeerplannen van de deelnemende opleidingen.
Deze onderwijsinstellingen sturen daartoe jaarlijks hun beste afstudeerplannen naar Archiprix. Het bestuur van Archiprix benoemt ieder jaar een jury die de ingezonden plannen beoordeelt en de prijzen en/of eervolle vermeldingen toekent. De jury bestaat uit vier deskundigen die elk werkzaam zijn in één van de deelnemende vakgebieden, aangevuld met een theoreticus. Tijdens een prijsuitreiking wordt het juryoordeel bekend gemaakt, worden de plannen voor het eerst tentoongesteld en verschijnt de publicatie van de ingezonden plannen en het juryrapport.
Het bestuur van Archiprix bestaat uit vertegenwoordigers van de aangesloten opleidingen, een onafhankelijk voorzitter en een onafhankelijk penningmeester. Op 1 april 2013 was de samenstelling als volgt:

Madeleine Maaskant (voorzitter)
Aart Oxenaar (penningmeester)
Dick van Gameren (Delft)
Ko Jacobs (Arnhem)
Jos Bosman (Eindhoven)
Gert ter Haar (Groningen)
Niek Bisscheroux (Maastricht)
Chris van Langen (Rotterdam)
Marc Glaudemans (Tilburg)
Paul Roncken (Wageningen)

Archiprix 2013

The Archiprix Foundation is a collaboration between higher educational institutions in the Netherlands in the fields of architecture, urban design and landscape architecture. The foundation was set up in January 1992 and derives from the 'National Commission for Student Plans' established on the initiative of the 'Steering Committee for Experiments in Domestic Construction'.
Each year the higher institutions that teach design in the Netherlands select the best graduation plans by their students for submission to Archiprix. The twenty-seven plans submitted to Archiprix 2013 present in all their diversity a picture of the state of play in Dutch design education during the school year 2011—2012. Such diversity is typical of Archiprix. Unlike most competitions there is no common design task. Scale, issues, presentation — all of these differ per plan. Up and coming talent is often presented for the first time by Archiprix. In 1986 the National Commission changed its name to Archiprix.
The institutions taking part are:

Academy of architecture Amsterdam
Academy of architecture Arnhem
Delft University of Technology,
Faculty of Architecture
Eindhoven University of Technology,
Faculty of Building and Architecture
Academy of architecture Groningen
Academy of architecture Maastricht
Rotterdam Academy of Architecture and
Urban Design
Academy of Architecture and Urban
Design, Tilburg
Wageningen University and Research,
landscape architecture group

The objectives of the Archiprix Foundation are:

1. To promote the influx into the design world of talented designers graduating from Dutch institutions for higher education in the fields of architecture, urban planning and landscape architecture.
2. To offer a platform to Dutch design institutions on which to present themselves both at home and abroad.
3. To further discussion about the content and quality of design education in the Netherlands.

In line with these objectives Archiprix organizes annually the judging, awarding and presenting of the best graduation projects from the participant institutions.
These educational institutions consequently send the best of their graduation projects to Archiprix each year. And each year the executive board nominates a jury to judge the submitted plans and award the prizes and/or honorable mentions. The jury consists of four experts each active in one of the fields involved, supplemented by a theoretician. During a Public Meeting the jury's assessment is made known, the plans are shown for the first time and the book containing the submitted plans and the jury report is presented.
The board of Archiprix consists of representatives of the above institutions, an independent chairman and an independent treasurer. On 1 April 2013 the line-up was as follows:

Madeleine Maaskant (chairman)
Aart Oxenaar (treasurer)
Dick van Gameren (Delft)
Ko Jacobs (Arnhem)
Jos Bosman (Eindhoven)
Gert ter Haar (Groningen)
Niek Bisscheroux (Maastricht)
Chris van Langen (Rotterdam)
Marc Glaudemans (Tilburg)
Paul Roncken (Wageningen)

Juryrapport Archiprix 2013

Inzendvoorwaarden

De Nederlandse masteropleidingen met de afstu-
deerrichtingen architectuur, stedenbouw en landschapsarchitectuur selecteren jaarlijks hun beste
afstudeerplannen en sturen die naar Archiprix. De
opleidingen kiezen de plannen conform de inzendvoorwaarden en de selectiecriteria van Archiprix.
De inzendvoorwaarden stellen een maximum aan
het aantal in te zenden plannen, afhankelijk van de
grootte van de betreffende opleiding. Voor Delft is
het maximum 9, voor Amsterdam 4, Eindhoven 4,
Rotterdam 3, Tilburg 2, Wageningen 2, Arnhem 1,
Groningen 1 en Maastricht 1. Dit betekent een maxi-
maal aantal van 27 plannen. Voor de Archiprix 2013
stuurden alle opleidingen het maximale aantal in.
Naast formele bepalingen bevatten de inzendvoorwaarden de inhoudelijke criteria die de basis vormen voor zowel de selectie van de plannen door de
opleidingen als voor de jurybeoordeling. Verlangd
wordt dat het ingezonden plan in ieder geval: een
ontwerp of ruimtelijk plan als resultaat heeft; een
expliciet geformuleerde probleemstelling als uitgangspunt heeft en een inhoudelijke verantwoording bevat van de wijze waarop het plan, uitgaande
van de probleemstelling, tot stand is gekomen.
Bij de beoordeling wordt gelet op de volgende elementen: de analyse van de opgave; de conceptuele
kracht van het plan; de ruimtelijke kwaliteit van het
ontwerp in combinatie met een zorgvuldige inzet
van middelen; de verantwoording in beeld en
geschrift en de samenhang tussen al deze elementen.
Deze samenhang is van belang omdat de inzender
daarmee aantoont het totale proces te beheersen
waarbij het in de opgave gestelde probleem wordt
vertaald naar een passende ruimtelijke oplossing.

Jurysamenstelling

Jaarlijks stelt het bestuur van Archiprix een andere,
onafhankelijke jury van deskundigen samen.
Omwille van de objectiviteit worden geen personen
in de jury opgenomen die direct betrokken zijn
geweest bij de totstandkoming van een inzending of
die een directe relatie hebben met de ontwerper van
een ingezonden plan. De jury heeft als taak om alle
deelnemende plannen op hun eigen merites te
beoordelen en elk afstudeerplan van een kort inhoudelijk commentaar te voorzien. Daarnaast moet de
jury uit de inzendingen de beste plannen selecteren,
waaronder ze het prijzengeld kan verdelen. De jury
bestaat uit vijf personen. Vier deskundigen uit de
deelnemende vakgebieden en een theoreticus. De
samenstelling van de jury die de afstudeerplannen
van de Archiprix 2013 beoordeelde is als volgt:

Patrick Mc Cabe (landschapsarchitectuur)
Helena Casanova (architectuur)
Marnix van der Meer (architectuur)
Arthur Wortmann (theorie)
Enno Zuidema (stedenbouw)

De secretaris van de jury is Henk van der Veen van
Archiprix.

Werkwijze

De jury beoordeelde de plannen op 20 en 27 februari
2013 in Delft. Voorafgaand aan de jurybeoordeling
ontving de jury van elk plan een door de ontwerper
opgestelde tekst met de essentie van zijn of haar
plan. In de periode tussen de beide jurybijeenkomsten
zijn de overige toelichtingen en documenten bij de
plannen nader bestudeerd. De jury beoordeelde elk
plan afzonderlijk op zijn kwaliteiten, uitgaande van
de door Archiprix opgestelde criteria zoals die in de
inzendvoorwaarden zijn weergegeven.

Statistiek

Van de 27 ingediende afstudeerplannen zijn er 21 met
als afstudeerrichting architectuur, 2 projecten zijn
ontworpen door deelnemers die afstudeerden in de
landschapsarchitectuur, van 4 plannen is de afstudeerrichting stedenbouw en van 1 project architectuur én stedenbouw. Een derde deel van de projecten
is ontworpen voor een buitenlandse locatie.

Algemene opmerkingen

De jury signaleerde een aantal meer algemene
trends waarvan hieronder kort verslag wordt
gedaan. De jury is gevraagd om vanuit haar positie
in de beroepspraktijk te reflecteren op de selectie
van de beste afstudeerplannen van het afgelopen
onderwijsjaar. Deze notities zijn dan ook vooral
bedoeld voor de opleidingen, ze zijn te lezen als kri-
tische opmerkingen met betrekking tot de staat van
het onderwijs en de focus van de opleidingen. Dit
commentaar is uiteraard gebaseerd op een selectie
van het totaal aan afstudeerplannen, zij het wel de
toplaag.

Hoge kwaliteit

Het globale niveau van de inzendingen ligt erg hoog.
De meeste plannen zijn compleet, goed gepresenteerd en gaan vergezeld van een goede verantwoording. In een aantal gevallen is er sprake van prachtige boekwerken.

Innovatie ontbreekt

In het algemeen zijn de ontwerpen traditioneel.
Enkele afstudeerders streven wel naar vernieuwing,
maar in veel ontwerpen komt dat (nog) niet tot uitdrukking in innovatieve plannen die een nieuw perspectief op het vakgebied openen. Er is bovendien
weinig sprake van open strategieën die het ontwerp
op een hoger niveau kunnen tillen, veel plannen
betreffen een concreet, gedefinieerd object. Dat
zou overigens goed kunnen samenhangen met de
eindtermen van de opleidingen.

Relevante thema's

In de plannen komt een breed scala aan thema's aan
de orde die relevant zijn voor de ontwikkeling van
het vakgebied. Krimp is als thema ruim vertegenwoordigd. Dat geldt ook voor hergebruik, zelfbouw
en gebruikersparticipatie. De aandacht voor deze
thema's levert een waaier aan mooie voorbeeldpro-
jecten op die een waardevolle bijdrage aan de discussie op de betreffende actuele thema's kunnen
leveren.

Overlappende vakgebieden

Er is sprake van een sterke overlap tussen de disciplines. Veel plannen bestrijken meerdere vakgebieden en ontlenen een deel van hun kwaliteit aan het
feit dat ze zich niet alleen concentreren op het
eigen vakgebied.

Begeleiding vanuit de opleiding

Bij een aantal projecten is de schaal te groot om
goed te kunnen behappen in het afstuderen. Daar
zouden de opleidingen wellicht beter op kunnen
sturen, te meer omdat die opgaven in de praktijk
minder relevant worden.
Daarnaast valt op dat een scherpe definitie van de
opgave voor veel afstudeerders lastig is. Ook daaraan zouden de opleidingen meer aandacht kunnen
besteden.

Het afstuderen is het moment bij uitstek dat een
ontwerper zijn of haar kunnen kan laten zien. De
opleidingen moeten dat faciliteren, een goed afstudeerproject geeft immers ook een beter beroeps-
perspectief.

Prijzen en vermeldingen

De jury selecteerde drie projecten voor een prijs:
een eerste prijs en een gedeelde tweede prijs, en
een voor een eervolle vermelding. De eervolle vermelding werd toegekend aan een project dat uit-
zonderlijke kwaliteiten heeft op bepaalde aspecten
maar andere belangrijke onderdelen van de opgave
negeert.

Eerste prijs

Pas-de-deux, door Tara Steenvoorden

Gedeelde tweede prijs

The Wall, door Jasper Nijveldt
Wat de pot schaft, door Niels Groeneveld

Eervolle vermelding

Zutritt Verboten, door Ricky Rijkenberg

Planbesprekingen door de jury

Alexander Augustus
De 3 Hazen — Ben ik bezoeker of
hoor ik hier thuis
AvB Maastricht (architectuur)

Interessant aan dit project is de vraag die de ontwerper zich stelt over hoe de architectuur zich kan
verhouden tot de eindgebruiker. Daartoe wordt de
subjectieve perceptie van de inwoners van Heerlen
onderzocht door samen met hen plekken in de stad
met een grote persoonlijke betekenis te inventari-
seren. Daarnaast wordt op klassieke wijze onderzocht wat de karakteristieke lagen van Heerlen zijn.
Op grond van de resultaten van de onderzoeken
wordt een aantal mooie interventies ontworpen.
Hoe deze zich verhouden tot de onderzoeksresultaten en de inbreng van de bewoners wordt niet goed
duidelijk gemaakt. De insteek is sympathiek en de
kleinschalige interventies zijn trefzeker en poë-
tisch, waardoor ze bijdragen aan de identiteit van
de wijk en het goed voorstelbaar is dat ze zich een
plaats in het hart van de bewoners zullen veroveren.

Foteini Setaki
Acoustics by Additive Manufacturing
TU Delft (architectuur)

Het afstudeerplan snijdt een interessante, onont-
gonnen thematiek aan. Vanuit de constatering dat
de akoestiek van grote invloed is op de bewuste of
onbewuste perceptie van een ruimte doet de afstudeerder een interessante studie naar de mogelijkheden om de akoestiek in een ruimte te beïnvloeden.
Ze ontwikkelt een ruimtelijk object dat door middel
van passieve destructieve interferentie het geluid
voor bepaalde gewenste frequenties kan absorberen. Het onderzoek is diepgravend. De architectonische aspecten blijven echter onderbelicht. De ontworpen geluiddempers hebben het karakter van
losse objecten in een ruimte. Ze krijgen in de uitwerking geen sterke ruimtevormende en, daarmee
architectonische, dimensie. Het plan heeft daardoor zijn zwaartepunt eerder in het product design
dan in de architectuur. De architectonische potenties van de originele benadering zouden in een ver-
volgstudie nader uitgewerkt kunnen worden.

Floor Frings
Beleefde Ruimte en Architectuur
TU Eindhoven (architectuur)

Het ontwerp betreft een terughoudend vormgegeven uitbreiding met werkplekken en een restaurant
van de leegstaande Schellensfabriek in Eindhoven.
Het zwaartepunt van het afstudeerplan ligt echter
bij het originele onderzoek dat aan het ontwerp ten
grondslag ligt. Er wordt een interessant experiment
uitgevoerd waarbij de stelling wordt getoetst dat de
inzet van de computer in het ontwerpproces wellicht een verarming oplevert voor de architectuur.
Door zowel digitale modellen als driedimensionale
modellen op ware schaal voor te leggen aan architecten en architectuurstudenten worden de indruk-
ken van de computerpresentaties vergeleken met
de ervaring van de werkelijke ruimte. De uitkomsten
van het onderzoek zijn verwerkt in het ontwerp en
zouden tot een betere ruimtebeleving moeten leiden. Uit de moeilijk te doorgronden planpresentatie
blijkt echter niet dat de kwaliteiten van het ontwerp
op navoelbare wijze samenhangen met de gevolgde
methode.

Noémie Benoit
Ecologisch-productieve infrastructuren van
de Port Authority Bus Terminal New York City
TU Delft (architectuur)

In het duizelingwekkende ontwerp wordt een gigan-
tische busterminal gecombineerd met een ecologische infrastructuur waar water gebufferd en gezui-
verd wordt. Dat alles hartje Manhattan, New York.
Het plan start met een studie naar biodiversiteit en
gaat vervolgens over naar de wenselijkheid om een
wetland te creëren in New York. Het plan omvat een
stortvloed aan ideeën die niet overal met de beno-
digde samenhang worden ondergebracht in het ontwerp. Het plan snijdt een reeks actuele thema's
aan. De insteek om de waterproblematiek op te lossen met behulp van de gebouwde structuur van de
busterminal is interessant, de ambitie om de burger

bewust te maken van de waarde van het ecosysteem is lovenswaardig.

Timur Karimullin
EU Parliament, Brussels
TU Delft (architectuur)
Dit afstudeerplan betreft de nieuwbouw van het Europees parlement in Brussel. Het is de ambitie van de ontwerper om een complex te ontwerpen dat de 27 landen die de Europese Unie vormen representeert binnen één politieke institutie. Centraal in de opgave staat de verhouding tussen de Europese burgers en de politici die hen vertegenwoordigen. Daarmee stelt de ontwerper zich een even actuele als fascinerende opgave met een omvang waar een groot bureau jaren aan zou moeten werken. Het is geen wonder dat een 'eenzame' afstudeerder niet alle aspecten van de opgave diepgaand kan uitwerken. Een aantal ambities van de ontwerper blijkt dan ook niet ingelost te zijn. Wat het ontwerp wel duidelijk maakt is dat een dergelijk enorm complex een positieve bijdrage kan leveren aan de stad. Ook de oplossing van het centrale gebouw, de assemblee, is interessant. Het grote komvormige plein geeft de burgers een multifunctionele arena waar ze zich massaal kunnen manifesteren. De opzet van de grote vergaderzaal sluit goed aan op de bedoelingen van de ontwerper om de politiek beter te positioneren. De integratie van de kantorenmatrix in een publiek park draagt effectief bij aan de inpassing van het parlementscomplex in het publieke domein.

Kasper Zoet
Klimaat als architectonisch instrument
AvB Rotterdam (architectuur)
Het ontwerp voor een klimaatschool is gesitueerd aan het water in de Rotterdamse wijk Katendrecht. De school moet de kennis over het klimaat verbeteren en het bewustzijn van het publiek voor het klimaat vergroten. Het klimaat wordt ingezet als architectonisch instrument met het doel een gebouw te realiseren dat wordt bepaald door het klimaat en de sensorische beleving ervan. Deze interessante insteek sluit naadloos aan bij de opgave, maar levert niet de fundamentele innovatie op voor het gebouwontwerp die je zou verwachten als er vanuit de klimatologische aspecten wordt ontworpen. In architectonisch opzicht is het een goed gebouw geworden. De verschijningsvorm van de school weerspiegelt de inwerking van de elementen. Het ontwerp kent een mooie ruimtelijke ontwikkeling en vormt een fraaie toevoeging op de markante locatie.

Gerwin Heidemann
Living In-Between
TU Delft (architectuur)
Het afstudeerplan is gesitueerd in Berlijn waar het een nieuwe hovenstructuur introduceert. De bedoeling is om in het nieuwe concept twee modellen te verenigen om zodoende een nieuwe typologie te ontwikkelen waarin de kwaliteiten van beide systemen verenigd zijn. Enerzijds dat van de traditionele Europese stad met zijn gesloten bouwblokken waarvan de gevels de publieke ruimte definiëren en anderzijds dat van de moderne stad zoals die door Le Corbusier werd voorgesteld met een continue publieke ruimte. Met de ontwikkelde opzet krijgen de traditionele Berliner Höfe een nieuwe dimensie. In het plan is sprake van drie soorten hoven elk met een eigen mate van openbaarheid. Hoewel de openbare ruimte in de structuur doordringt krijgt de ruimtelijke kwaliteit van de grootschalige openbare ruimte van de moderne stad geen gestalte in de wat benauwde schaal van de binnenplaatsen in de voorgestelde structuur. Wel is de aantakking op de bestaande stad uitstekend vormgegeven. Zowel in stedenbouwkundig als architectonisch opzicht heeft het ontwerp een hoge kwaliteit. Er ontstaat een mooi netwerk van hoven en de relatie van de zorgvuldig ontworpen woningen met de hoven is van een hoge kwaliteit.

Dik Houben
Living Shell — De transformatie van een jaren zeventig kantoorgebouw
AvB Rotterdam (architectuur)

Het realistische plan voor de herbestemming van de leegstaande kantoortoren aan het Hofplein te Rotterdam snijdt een actuele problematiek aan. Een goed onderzoek naar typologieën van kantoorgebouwen gaat aan het degelijke ontwerp vooraf. Voorgesteld wordt om de kantoortoren te transformeren tot woontoren. Daartoe wordt een aantal goede ingrepen ontworpen. Zo wordt de hermetische betonnen gevel vervangen door een transparante, waarmee het gebouw een meer communicatief en levendig karakter krijgt. De woningplattegronden zijn goed ontwikkeld en de plint wordt geopend waardoor het gebouw een betere aansluiting op het openbare gebied krijgt. Ook wordt de toren verhoogd, die mogelijkheid ontstaat door het verwijderen van de zware gevel. De rationele benadering en de precieze uitwerking leveren een mooi realistisch plan op dat zo uitgevoerd zou kunnen worden. Toch worden er ook enkele kansen gemist. Zo had de optopping aangegrepen kunnen worden om in de nieuwe top bijzondere woningen of collectieve functies te realiseren die het plan verder hadden kunnen versterken.

Dalia Zakaite
Material Bank
TU Delft (architectuur)
In Mexico aan de grens met de VS ligt de stad Ciudad Juarez. Ze telt 1,6 miljoen inwoners die vooral werken in assemblagefabrieken en wonen onder slechte omstandigheden in kleine huisjes in de woestijn. De Material Bank is bedoeld om de lokale economie te stimuleren, de omstandigheden van de bewoners te verbeteren en het is bedoeld als aanjager van een nieuw sociaalwoningbouwsysteem. De combinatie van sociaaleconomische en ruimtelijke aspecten is interessant, voor wat dat laatste betreft zowel op het niveau van de stedenbouwkundige ontwikkeling als de architectuur. In het fascinerende plan heeft de ontwerper een nieuwe positie, hij zet een proces in gang dat een eigen dynamiek krijgt en waarbij niet alles tot in detail is ontworpen. De coproductie en de toe-eigening door de gebruiker vormen interessante aspecten in de gelaagde ontwikkelingsstrategie. Het rapport waarin verslag wordt gedaan van een groepsonderzoek is moeilijk toegankelijk en heeft geen hechte relatie met het ontwerp. De prachtige beeldende presentatie is helder en geeft goed inzicht in de ruimtelijke aspecten van het ontwerp.

Marius Grootveld
Met de tijd gebouwd
TU Delft (architectuur)
Door de functionele en de ruimtelijke aspecten van de tijd en de geschiedenis door verwering te onderzoeken stelt het plan een aantal relevante aspecten aan de orde die in de praktijk onderbelicht blijven. Het pioniersonderzoek is zeer interessant. Vervolgens wordt gekeken hoe de kwaliteiten van het Venetiaanse palazzo die hun waarde door de eeuwen hebben behouden, in een hedendaagse opgave kunnen worden geoperationaliseerd. De vertaling in een concreet ontwerp weet echter niet te overtuigen. De ruimtelijkheid blijft fragmentarisch en de superpositie van historische ruimtevormende structuren en hedendaagse constructiesystemen levert helaas geen kwalitatief hoogwaardige ruimtes op. Het idee om verwering en slijtage een plaats te geven in het ontwerp is interessant maar levert in dit ontwerp geen grote meerwaarde op.

Tara Steenvoorden
Pas-de-deux
AvB Amsterdam (architectuur)
De herbestemming tot Nationale balletschool van het Paleis van Justitie aan de Prinsengracht in Amsterdam levert een overtuigend resultaat op. Het prachtig uitgevoerde rapport bevat een zeer goede toelichting. De rijke geschiedenis van het complex die begint in de zeventiende eeuw toen het als weeshuis gebouwd werd en waarin in 1825 de rechtbank gehuisvest werd is uitgebreid onderzocht. Met het uitmuntende ontwerp slaagt de ontwerper er in om een combinatie van de nieuwe functie en het bestaande gebouw te realiseren die bijzonder wordt door het ontstaan van nieuwe ruimten en belevingen in het complex. De bedoeling om

de beweging door de ruimte en de beweging van de dans tot hun recht te laten komen in het ontwerp is geslaagd. Er is niet gekozen voor één krachtige ingreep of een contrasterende aanpak van oud en nieuw. De ontwerper is helemaal in het gebouw gekropen en heeft op professionele wijze een consistente eenheid ontworpen. Het ontwerp is mooi en eenvoudig gematerialiseerd en er is een prachtige ruimtelijkheid gecreëerd.

Donna van Milligen Bielke
Reversed Boogie Woogie
AvB Amsterdam (architectuur)
Op de plaats van de huidige Stopera in Amsterdam projecteert dit afstudeerplan een complex met hetzelfde programma maar met een totaal andere structuur. Het plan is ontworpen vanuit kritiek op het bestaande complex, het is de bedoeling om een representatief, laagdrempelig en openbaar alternatief te ontwerpen. De ontwerper slaagt er in een fascinerend alternatief plan te ontwerpen dat op vele aspecten een verbetering van de huidige situatie betekent. Binnen een krachtig monumentaal stedelijk volume ontwikkelt zich een kleinschalige, ook monumentaal aandoende, structuur van ruimten. De waarde van het plan zit in het sterke basisconcept en de radicaliteit ervan. Daarmee vormt het plan een goede bijdrage aan de discussie over de opgave. Een helder rapport met onder meer een typologische studie die deel uitmaakt van het plan is in dat kader ook van belang.
Op de realisatie van de ambitie om een openbaar laagdrempelig complex te realiseren valt het nodige af te dingen. De kwaliteit van de publieke ruimte wordt in het schematische ontwerp niet overtuigend aangetoond. Het karakter is eerder dat van een interieur dan een openbare ruimte. Het ongenaakbare monumentale uiterlijk maakt de confrontatie met de omliggende openbare ruimte erg hard.

Gerjanne Brink, René van Seumeren
Revitalizing Zeeuws-Vlaanderen
Wageningen Universiteit (landschapsarchitectuur)
Het zorgvuldig uitgewerkte plan voor Zeeuws-Vlaanderen presenteert een visie op regionaal niveau voor de revitalisatie van Zeeuws-Vlaanderen. Op basis van een diepgaande analyse worden goede voorstellen voor de ontwikkeling van Zeeuws-Vlaanderen gedaan. Daarbij worden twee drijvende krachten onderscheiden: de landbouw en de natuur. De bedoelingen van de ontwerpers worden helder en met precisie gecommuniceerd. Door herverkaveling en schaalvergroting krijgt de landbouw weer economisch perspectief. De kustzone en de kreken worden ontwikkeld tot natuurlandschap met een belangrijke recreatieve functie. De belevingskwaliteit van het landschap neemt sterk toe. De vraag blijft of de kosten van de vergroting van de natuurlijke component gedekt kunnen worden door de extra inkomsten uit toerisme en een beter functionerende landbouw. In hoeverre het plan een adequaat antwoord biedt op de krimp in de regio blijft onduidelijk. De voorgestelde ingrepen zijn weloverwogen en worden goed gepresenteerd.

Joost van den Ham
Ruimte voor de historische stad
AvB Rotterdam (architectuur)
Met de herbestemming van een dichtgegroeid bouwblok in de Noordelijke Oude stad van Utrecht tot openbaar park wil de ontwerper de potentie van dergelijke onbestemde ruimte aantonen. Daarmee stelt de ontwerper zich een opgave met een mooie ambitie. Op zorgvuldige wijze wordt de opgave uitgewerkt door de bebouwing van het bouwblok op een aantal cruciale plaatsen te vernieuwen zodat het binnengebied goed aangesloten wordt op de openbare ruimte van de stad. Het binnengebied wordt ingericht als openbaar park. De basisingrepen zijn goed doordacht in hun eenvoud en leveren een toegevoegde waarde op voor de locatie. De uitwerking blijft schematisch. Dat geldt zowel voor de inrichting van het binnengebied als voor de ontworpen bebouwing. In het heldere basisconcept blijft de historiserende architectuur schematisch, waar een extra kwaliteit gewenst is.

Loes Martens
S tot XL
TU Eindhoven (architectuur en stedenbouw)
Door middel van een stedenbouwkundige strategie
en een architectonische interventie voor een
Berlijnse siedlung wordt de ontwikkelingspotentie
van satellietsteden verkend. De relevante opgave
wordt serieus opgepakt. Een groepsrapportage
bevat een uitgebreid onderzoek naar de opbouw van
de stad Berlijn en een nauwgezette inventarisatie
van de daarin voorkomende woningtypologieën. De
motivatie van de voorgestelde verbetering blijft
echter onduidelijk, de sociale aspecten blijven
onderbelicht.
De moeilijk toegankelijke presentatie geeft de kwaliteiten van de stedenbouwkundige ingrepen niet
gemakkelijk prijs. Het realiseren van een mooie
straat met een goede relatie tussen de openbare
ruimte en de functies in de plint van de gebouwen
en het bewaren van de bestaande mix van hoog- en
laagbouw vormen op zich goede uitgangspunten
voor de uitwerking. Op architectonisch niveau zijn
de ingrepen sterk. Met het ontwerp van de nieuwe
hoogbouw wordt een gevarieerde mix van ruimtelijk
interessante woningen met uitgekiende plattegronden gerealiseerd. Het krachtige ontwerp levert een
woongebouw met fascinerende binnenruimten en
plattegronden op.

Johan van Ee
Sharia
AvB Arnhem (architectuur)
Met het plan voor een moskee in Amsterdam Noord
wil de ontwerper een alternatieve zienswijze presenteren op de beladen opgave. Door terug te gaan
naar de basis en vervolgens vanuit de functie en de
betekenis van de moskee een ruimtelijk ontwerp te
ontwikkelen ontstaat een zeer interessante eigen
interpretatie van de opgave. Daarmee ontsnapt het
ontwerp aan de stereotypen van de 'heimwee moskee' en de 'polder moskee'. De heldere presentatie
geeft goed inzicht in het ontwerp en de uitgangspunten alsook in het vakmanschap van de ontwerper. De ruimtelijke ontwikkeling sluit goed aan bij de
functionele opzet. Het is voor de jury echter moeilijk in te schatten of het plan goed aansluit bij de
beleving van de doelgroep. Het is jammer dat de
inpassing in de stedelijke context onderbelicht
blijft. Het eigenzinnige ontwerp levert een goede
bijdrage aan de discussie over de ontwikkeling van
de moskeetypologie.

Anna Allis
Sous le Sable: Souvenir van een luchtstad
AvB Amsterdam (architectuur)
In een fictieve terugblik van eeuwen in de tijd
beschrijft dit afstudeerontwerp de aanleg en het
verval van een duurzame luchthaven in de Algerijnse
Sahara. Het plan is fascinerend. Door de tijd op een
originele manier in het plan te betrekken, als een
archeologisch onderzoek naar de toekomst, wordt
de positie van de architectuur ter discussie gesteld.
Door architectuur terug te brengen tot een tijdelijk,
vergankelijk fenomeen wordt een interessant
aspect toegevoegd aan het debat.
Het plan voor het vliegveld wordt gepresenteerd
door middel van een reeks tekeningen. Een deel
daarvan bestaat uit zakelijke lijntekeningen, een
deel uit schetsmatige collages gebundeld tot een
enorm boek. De presentatie legt verbindingen met
allerhande relevante mondiale ontwikkelingen. De
gepresenteerde prikkelende beelden roepen allerlei
associaties op en zetten aan tot reflectie, daarin ligt
de kwaliteit van dit afstudeerplan. Er is echter geen
sprake van een helder plan, de beelden zijn arbitrair
en communiceren niet voldoende met de beschouwer om de bedoelingen goed over te brengen. Er is
eerder sprake van beeldende kunst of literatuur dan
van een architectonisch ontwerp.

Nathan den Besten
Towards an Open Delta
TU Delft (stedenbouw)
In lijn met de veranderende visie op het omgaan met
water, van strijd tegen het water naar werken met
de natuur, stelt dit afstudeerplan voor om de
natuurlijke dynamiek weer te introduceren in het
deel van de Hollandse Delta waar de getijdewerking

na uitvoering van de Deltawerking verdween.
Daarmee beoogt de ontwerper niet alleen een ecologische verbetering te bereiken maar hij ziet ook
een kans om de historische identiteit van de steden
en dorpen in het dynamische landschap te herstellen. Na bestudering van het rapport blijkt het plan
aanzienlijker dieper te graven dan de presentatie op
de panelen doet vermoeden. Er is precies onderzocht wat de gevolgen van de herintroductie van de
getijdewerking in de Delta zijn. Vervolgens is er een
goed onderzoek gedaan naar de patronen van de
dorpen in de delta, waarbij de waardevolle structuren in kaart zijn gebracht. De resultaten van het
onderzoek worden gebruikt om nieuwe terpen te
maken in het intergetijdengebied dat ontstaat na
introductie van de natuurlijke dynamiek. Het goed
gecomponeerde stedenbouwkundig plan bestaat uit
het herstellen van de verbinding van Oude Tonge
met het water. Het ontwerp sluit goed aan op het
onderzoek. Met het veranderende landschap als
aanleiding wordt er een mooie nieuwe laag aange-
bracht in de historie van het dorp.

Jan Verhagen
Tuinhuizen
TU Eindhoven (architectuur)
In de dorpse structuur langs de uitvalswegen van
Eindhoven presenteert het project een aantal voor-
beeldoplossingen voor de tuinhuizenstrategie.
Binnen de bestaande structuur worden kleinschalige projecten ontworpen die ruimte bieden aan de
bewoners om te voorzien in hun ruimtebehoefte, of
het nu gaat om een kantoor aan huis, een werkplaats of een woning voor oma.
In een helder en evenwichtig plan dat start met een
zorgvuldige analyse en eindigt met een aantal overtuigende ontwerpen toont de ontwerper aan dat
ruim opgezette stedelijke structuren een enorme
potentie bezitten. Door middel van de uiterst precieze ontwerpen wordt voorzien in de specifieke
behoefte van de bewoner en wordt de stedenbouwkundige structuur versterkt. Zo wordt bij een van
de voorstellen de kwaliteit van de achterstraten
sterk verbeterd door het toevoegen van hoogwaardige bebouwing. Een strategie van opwaardering
die enigszins vergelijkbaar is met de opwaardering
van de meer stedelijke mews in Groot Brittannië.
Als onderzoek naar de mogelijkheden van het
betreffende soort stedelijk weefsel is het project
zeer interessant en sluit het naadloos aan bij de
actuele opgave waarin de individuele burger een
centrale rol krijgt. De stelling dat de architect meer
naar de maatschappij moet toe bewegen wordt hier
overtuigend geïllustreerd. Het is goed voorstelbaar
dat de hoogwaardige nieuwbouw kan fungeren als
katalysator voor nieuwe ontwikkelingen. De vraag
hoe je dezelfde kwaliteit met zelfbouw kan bereiken
wordt echter niet goed beantwoord. Het plan ont-
leent zijn kracht aan de uiterst precieze uitwerking
door een getalenteerd architect en is in die zin een
pleidooi voor de inzet van vakkundige ontwerpers
voor dergelijke opgaven. De vereiste kwaliteiten
worden bereikt door een slimme ruimtelijke organisatie van het ontwerp, een trefzekere stedenbouwkundige inpassing, een goede materialisatie en een
zorgvuldige detaillering. Kortom, de potentie van de
tuinhuizenstrategie wordt op overtuigende wijze
voor het voetlicht gebracht, de vraag hoe de strategie geïmplementeerd kan worden blijft echter
onderbelicht.

Bas Barendse
Urban Pixels
TU Delft (architectuur)
Het ontwerp betreft een complex bestaande uit
eenheden (pixels) waarbinnen de gebruikers optimale vrijheid moeten krijgen om wonen en werken
naar hun eigen wensen te kunnen combineren. Het
in Amsterdam-Noord gesitueerde plan voorziet
daarmee in een groeiende behoefte om aan huis te
kunnen werken.
De ontwerper snijdt een mooie, relevante opgave
aan. In de zoektocht naar de mogelijkheden van
intensieve laagbouw worden belangrijke basisprin-
cipes ontwikkeld met betrekking tot de relatie van
de huisvesting met de buitenruimte en het parkeren. Daarbij wordt teruggegrepen op de modernis-

ten. Met als resultaat een efficiënt plan.
Desondanks blijft het de vraag in hoeverre de dwin-
gende genuanceerde vorm van de bouwmassa het
meest optimale ruimtelijk concept is voor de
gewenste flexibiliteit. Het zorgvuldig ontworpen
complex heeft een hoge ruimtelijke en esthetische
kwaliteit en geeft daarmee blijk van de hand van een
bekwame, talentvolle ontwerper.

Tim Snippert
Verborgen Kracht — Veenkoloniën 3.0
Wageningen Universiteit (landschapsarchitectuur)
Het afstudeerplan presenteert een benadering voor
de Veenkoloniën die oplossingen moet bieden voor
de regionale problemen die veroorzaakt worden
door krimp, energietransitie, waterproblematiek en
de gesubsidieerde landbouw. Op de lange termijn
moet de benadering leiden tot duurzame, stabiele
Veenkoloniën die goed geïntegreerd zijn in de regio.
Deze ambitie krijgt gestalte in een slimme benadering die vervolgens leidt tot een krachtig plan. Een
gedegen onderzoek naar nieuwe potenties binnen
het plangebied levert een goed uitgangspunt op
voor de uitwerking. Zo is het de bedoeling dat de
Veenkoloniën (weer) energie gaan leveren. Diverse
energiesystemen worden geanalyseerd en over
elkaar heen gelegd. Vervolgens wordt een sterke
greep gedaan door de potenties te clusteren op
specifieke locaties. Daar zouden lokale initiatiefne-
mers de kans moeten pakken om de potenties te
benutten. Of het plan voldoende impulsen bevat om
de strategie op die manier te implementeren is de
vraag. De ruimtelijke uitwerking bleef onderbelicht.

Jasper Nijveldt
The Wall
TU Delft (stedenbouw)
Het stedenbouwkundig plan presenteert een strategie om de groei van met name Chinese steden te
sturen. De strategie is bedoeld om de kwaliteit van
de stedelijke omgeving voor de bevolking te optimaliseren en een duurzame groei te realiseren. Het
ontwikkelde model voorziet in een sterk verdichte
stadsrand. In het geval van de voorbeelduitwerking
vormt een zone van 1 kilometer breed en 300 kilometer lang een muur om de stad. Binnen het concept van de muur is een gedetailleerd stedenbouwkundig plan uitgewerkt. Het concept van de muur
sluit mooi aan bij de Chinese traditie van ommuurde
steden en biedt een uitstekend uitgangspunt voor
het bereiken van de gestelde doelen. De wijze
waarop het vernieuwende plan de Chinese dynamiek benadert is zeer interessant. Het concept lijkt
niet alleen een adequaat antwoord te formuleren op
de onstuimige groei, het is eveneens een goede
strategie om het omringende platteland te beschermen. Door te reageren op lokale condities ontstaat
een gedifferentieerd plan. De uitwerking toont aan
dat het concept een kwalitatief hoogwaardige
woonomgeving mogelijk maakt. Het plan is indruk-
wekkend in zijn compleetheid. Alle schaalniveaus,
van de miljoenenstad in zijn geheel tot en met het
niveau van de straat is meegenomen in de gediffe-
rentieerde aanpak waarbij integraal allerlei relevante aspecten zijn meegenomen zoals groei, duurzaamheid, de potenties van verschillende
gridsystemen et cetera. Het plan presenteert al met
al een overtuigende strategie om stedelijke groei te
benaderen.
De presentatie is minder trefzeker. Het boek over-
tuigt wel, de panelenpresentatie bestaat uit een
complete compilatie van de boekpagina's en geeft
door de gefragmenteerdheid, vele tekst en de onge-
differentieerde beelden geen helder inzicht in de
kwaliteiten van het ontwerp.
Het plan bestaat uit twee delen waarbij in het eerste deel door de ontwerper is samengewerkt met
twee collega's die slechts in de marge genoemd
worden. Met dat plan werd een tweede prijs
behaald in een Chinese competitie. Het tweede deel
borduurt voort op het eerste en gaat daarbij ook in
op de kritiek op het prijsvraagplan. Het is bijzonder
knap dat een afstudeerder op een dergelijke wijze
omgaat met de opgave en in staat is om de kritiek te
beantwoorden in het ontwerp.
Het plan stelt een actuele en zeer relevante problematiek aan de orde en stuurt met de ontwikkelde

strategie de discussie over de groei van de stad in
zijn algemeenheid aan. Het fascinerende project
start vanuit de juiste premissen. Door de groei van
de stad op elke specifieke locatie te relateren aan
de plaatselijke context en de ondergrond van het
terrein ontstaan hoogwaardige milieus. De indrukwekkende uitwerking toont aan dat op alle niveaus
een hoge verblijfskwaliteit wordt gehaald.

Niels Groeneveld
Wat de pot schaft — een lokale keuken
voor een mondiale gemeenschap
TU Eindhoven (architectuur)

In een leegstaande boerderij in het Friese terpdorp
Wanswerd wordt op zorgvuldige wijze een lokale
keuken gehuisvest. Op de plaats van voormalige bij-
gebouwtjes zijn een materieelschuur en een gastenverblijf ontworpen. In een uitgebreid onderzoek,
waarvan verslag wordt gedaan in een goed geschreven rapport, komen alle relevante vragen die de
opgave aansnijdt aan bod. Het plan beoogt in aansluiting op de lokale omstandigheden en in samenwerking met de betrokken bewoners een nieuwe
economische functie te ontwikkelen voor het weg-
kwijnende traditionele kleinschalige agrarisch
bedrijf. Er wordt gekozen voor een kleinschalige
toeristische functie die past bij het idyllische karakter van het dorp. De goede ambities worden in het
consistente plan volledig waargemaakt. Op intelligente en eigenzinnige wijze wordt de studie, waarin
onder meer het werk van Caminada wordt geanalyseerd, vertaald naar een ambachtelijk ontwerp. Het
plan wordt op allerhande manieren verankerd in de
context. Dat geldt zowel voor de functie als voor
het ruimtelijk ontwerp. Het ontwerp sluit qua karakter uitstekend aan op de bestaande bebouwing en
het karakter van het dorp. Tot op detailniveau is het
plan goed doorgewerkt. Van het rapport tot en met
de prachtige presentatie en de mooi gemaakte
maquettes wordt het poëtische plan gekenmerkt
door een hoge mate van consistentie.

Nadia Pechler
De Wijnerie
AvB Groningen (architectuur)

Het afstudeerplan betreft een wijngaard met wijnmakerij gelegen aan de IJssel ten zuiden van Zwolle.
Het doel om een moderne, functionele wijnmakerij
te ontwikkelen die zich op gepaste wijze verhoudt
tot het Nederlandse landschap wordt bereikt met
een sterk basisconcept dat is gebaseerd op drie
verweven routes, één voor de productie, één voor
de bezoekers en één voor passanten. De ingewik-
kelde puzzel wordt in het ontwerp goed opgelost.
Er ontstaat een mooie ruimtelijke eenheid waarin
zowel de wijngaard als de wijnboerderij is opgenomen. De precisie van de analyse en het basisidee
mist echter in de uitwerking. Die blijft schematisch.

Thomas van Wanrooij
De Zeeuwse zoom — verbonden onder
   tegenstellingen
AAS Tilburg (stedenbouw)

Met een geleidelijk optimalisatieproces dat voortbouwt op de aanwezige potenties beoogt de ontwerper een sociaal economische impuls te geven
aan Zeeuws-Vlaanderen. De regio gaat gebukt
onder krimp en loopt het risico te desintegreren en
te verpauperen.
De gekozen benadering is goed, de ontwerper con-
stateert terecht dat de ruimte in hoge mate bepaald
wordt door allerhande systemen waarmee het verbonden is. Het uitgangspunt om hierin samenhang
te brengen is zinvol. Hierbij wordt teruggegrepen
op de gangbare cascostrategie waarbij onderscheid
gemaakt wordt tussen gebieden met een hoge en
gebieden met een lage dynamiek. Hoe de ontwerper
vervolgens de door hem gewenste optimalisatie wil
bereiken en wat die optimalisatie precies inhoudt
blijft in het clichématige plan onduidelijk. De
samenhang tussen de landschappelijke en stedenbouwkundige aspecten is onvoldoende onder-
bouwd, de krimp in de dorpen krijgt in de uitwerking
weinig aandacht terwijl het wel een belangrijk
aspect van de opgave is.

David DeClercq
Ziltwijzer — innovatiecampus voor
zoutwaterlandbouw
AAS Tilburg (architectuur)

Een innovatiecampus voor de zoutwaterlandbouw
gelegen in de kanaalzone bij Terneuzen in Zeeuws-
Vlaanderen beoogt de zoute buitendijkse vissers-
reld en de zoete binnendijkse polders bij elkaar te
brengen door middel van een strategische architecturale ingreep. De campus krijgt gestalte in een
enorm gebouw. Het goed gesitueerde gebouw
maakt deel uit van de infrastructuur waar het functioneel mee verbonden is. De programmering van
het gebouw is met zorg bepaald. De opbouw van het
gebouw is gebaseerd op de zoutwaterlandbouw die
er in grote lelievormige structuren onderzocht
wordt. Het systeem is goed doordacht. Daarin is de
ambitie om een gebouw als een levend organisme te
maken herkenbaar. De architectonische uitwerking
blijft schematisch, het hermetische ontwerp weet
zich niet goed los te maken van de metafoor van de
lelie. Mede daardoor komt het organiseren van de
gewenste interactie tussen de verschillende gebruikers niet tot leven in het gebouw.

Ricky Rijkenberg
Zutritt Verboten
AvB Amsterdam (architectuur)

Het fascinerende ontwerp voor een vergankelijke
toren in Wenen is bedoeld om onzichtbare lagen in
de stad voelbaar te maken en als een tijdcapsule
een ondergrondse wereld te ontsluiten met al haar
verhalen en mythes. Het plan is geïnspireerd op de
Flaktürme die in de Tweede Wereldoorlog in de stad
gebouwd werden en als betonnen reuzen nog steeds
in het stadslandschap staan. De ontwerper slaagt er
op overtuigende wijze in om met het poëtische plan
de beschouwer te intrigeren en de nieuwsgierigheid
op te wekken naar de achterliggende verborgen
wereld. Het eenvoudige ontwerp gaat vergezeld van
een mooi boek met een goed onderzoek naar alle
mogelijke aspecten van de onzichtbare stad. Het
plan is imaginair erg sterk. De toren vormt een mooi
symbool in de stad voor de onzichtbare wereld die
het ontsluit. Het ontwerp is echter niet realistisch,
ondanks de sterke architectonische component
neigt het plan naar autonome kunst. Het is daardoor een paradoxaal plan, de fascinatie voor het
collectieve geheugen, het onzichtbare wordt vertaald naar een nieuw imaginair bouwwerk.

De 3 Hazen —
Ben ik bezoeker of
hoor ik hier thuis

Alexander Augustus

Opleiding Academie van Bouwkunst Maastricht
Studierichting architectuur
Mentoren Birgit de Bruin Christine Hahn Roger Kengen

Strategie voor de bottom-up ontwikkeling van de wijk Beersdal in Heerlen.

Dit project gaat over de mens en haar stad, meer specifiek over de betekenis van een plek. Het uitgangspunt, de thematiek van herinnering en transformatie, is voortgekomen uit een persoonlijke herinnering uit mijn jeugd. Locatie van handeling: Heerlen. De initiële vraagstelling luidt: wat is de betekenis van individuele en persoonlijke beleving van een plek in een zich telkens transformerende stad.

De eerste stap is een tweeledig onderzoek op het schaalniveau van de stad: het eerste onderzoek, klassiek en objectief, ontrafelt top-down de stedenbouwkundige lagen die karakteristiek zijn voor Heerlen: landschap, historie, industrie en moderniteit. Het tweede onderzoek daarentegen is een subjectieve perceptie van binnenuit: ik heb 7 inwoners van Heerlen, van diverse leeftijd en achtergrond, gevraagd mij een plek in hun stad te tonen die zij een grote betekenis toedichten, positief dan wel negatief.

Het eerste onderzoek leidt mij langzaam maar zeker naar een locatie in de stad die duidelijk de gefragmenteerde en surrealistische opbouw laat zien die karakteristiek is voor de gehele stad. Deze wijk is onderdeel van het stedelijk areaal van Heerlen, maar heeft historisch gezien juist een landschappelijke relatie. Mede daardoor is Beersdal in de loop der tijd in een sociaal en fysiek isolement terecht gekomen. Het is een sluimerend probleem dat vanwege zijn ongrijpbare karakter niet echt op de politieke agenda voorkomt.

Het tweede onderzoek mondt uit in een proces van interpretatie. De interviews worden verwerkt tot filmische collage, tot geschreven teksten, tot ruimtelijke modellen, en uiteindelijk tot een waardering. Mijn bedoeling hierbij is de verhalen van de 7 inwoners langzaam los te weken van hun letterlijkheid en tot ze mijn eigendom te maken. Schijnbaar terloops is deze werkwijze mijn ontwerpmethodiek voor het latere plan geworden. De raakvlakken tussen beide onderzoeken zijn daarbij de leidraad geweest voor alle verdere beslissingen in mijn project.

Het feitelijke project De 3 Hazen is een strategie voor toekomstige ontwikkeling van de wijk Beersdal en haar directe omgeving die het isolement waarin de wijk verkeert opheft. Niet zoals in het verleden door grootschalige ingrepen, maar door een gefragmenteerd plan met kleinschalige interventies.

De 3 Hazen is een ontwerp voor een herberg die gebruik maakt van de reeds aanwezige historische, sociale en fysieke structuren, waardoor het bestaansrecht krijgt zowel in historische context als ten aanzien van de huidige bewoners van de wijk. Zij spelen namelijk een belangrijke rol in het verhaal van De 3 Hazen, letterlijk. Het is geen definitief plan, maar een strategie. Mijn project beoogt dan ook geen eindbeeld te genereren, maar juist een startpunt voor de toekomstige tijd.

En met die intentie refereer ik aan de vraagstelling waarmee ik mijn project ben gestart: wat is de betekenis van individuele en persoonlijke beleving van een plek in een zich telkens transformerende stad.

The 3 Hares —
Am I a visitor or do
I belong here

Alexander Augustus

Place of education Academy of architecture Maastricht
Specialization architecture
Tutors Birgit de Bruin Christine Hahn Roger Kengen

Strategy for the bottom-up development of the Beersdal area in Heerlen.

This project is about people and their city, and more specifically about the meaning of a place. The point of departure — the themes of memory and transformation — comes from a personal memory from my childhood. The place: Heerlen. The initial question: what is the meaning of individual and personal perception of a place in a city that is constantly transforming?
It begins with a two-part study into the city's scale. The first study is conventional and objective, a top-down exploration of the urban layers characteristic of Heerlen, namely landscape, history, industry and modernity. The second study by contrast is a subjective perception from the inside outwards: I asked seven inhabitants of Heerlen of varying ages and backgrounds to show me a place in their city that they considered to be of great significance in a positive or negative sense.
The first study led me slowly but surely to a part of Heerlen — the Beersdal area — that clearly showed the piecemeal and surreal build-up typical of the city as a whole. This part of town belongs to the urban district of Heerlen, although historically it is related to the countryside beyond. It is partly because of this that Beersdal has gradually drifted into social and physical isolation. It is a dormant issue whose elusive nature relegates it to the sidelines of the political agenda.
The second study reached fruition in a process of interpretation. The interviews were worked up into cinematic collage, written text, three-dimensional models and, ultimately, into an assessment. My intention here was to steadily dislodge the literal aspect from the narratives of the seven inhabitants and make them my own. This modus operandi became, almost en passant, my design methodology for the later plan. In that respect the common ground between the two studies became the template for all subsequent decisions in my project.
The project itself, The 3 Hares, is a strategy for future development of Beersdal and the immediate vicinity so as to reverse its slide into isolation. Not by major interventions as has been tried in the past but with a fragmentary plan of minor ones. The 3 Hares is a design for an inn that picks up on the historical, social and physical structures on site, giving it validity both in its historical context and with regard to its residents today. These last-named play quite literally a key role in the narrative of The 3 Hares. It is a strategy, not a definitive plan. My project therefore seeks to generate a starting-point for the time to come instead of a final picture.
With this in mind, I refer back to the question with which this project began, that of the meaning of individual and personal perception of a place in a city that is constantly transforming.

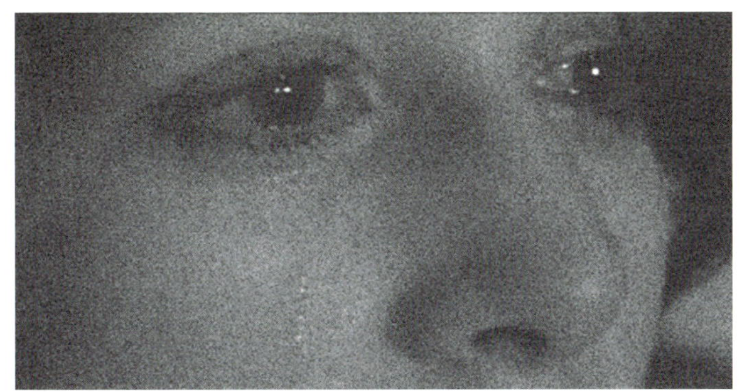

2

4

3

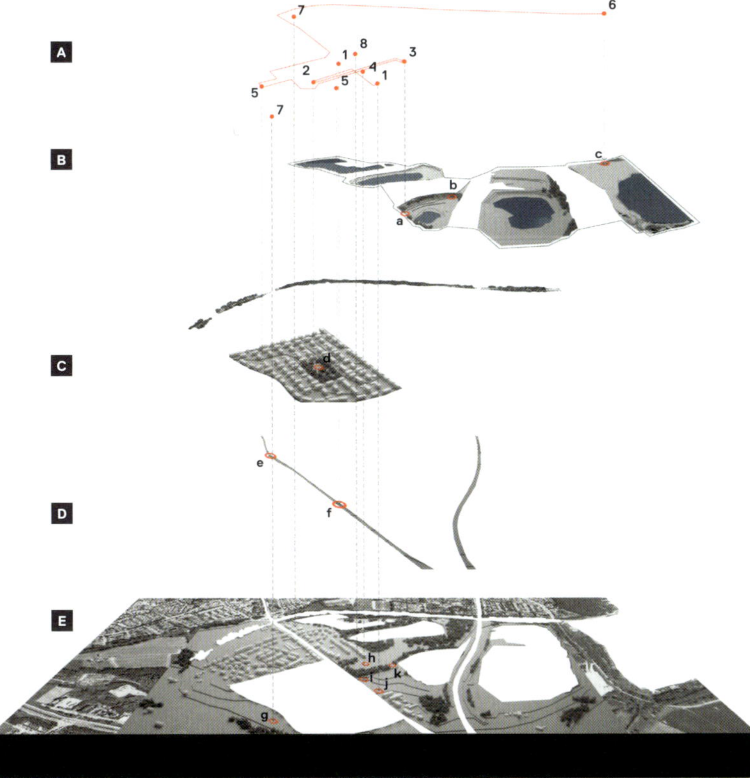

5

1   De gefragmenteerde stedenbouwkundige lagenstruc-
tuur van Heerlen. Fragmentary
structure of urban layers in
Heerlen.

2   Filmstill uit de interview-
collages. Still from the interview collages.

3   De eetkamer. Zwevend ba-
ken aan de rand van het nieuwe
landschap. Dining room. A
landmark hovering on the edge
of the new landscape.

4   Maquette. Model.

5   Ingreep herberg De 3
Hazen. Het programma gekoppeld aan bestaande fysieke en
sociale structuren. A. initieel
programma B. moderne economie C. industrie D. historie
E. landschap. Programma:
1. bushalte 2. receptie/bestaan-
de frituur 3. eetkamer 4. buurtwinkel 5. tuinkamer 6. paviljoen

7. buitenkamer 8. veldkamer.
Ankerpunten: a. scharnierpunt
tpv zandgroeve b. vista c. einde
voormalig mijnspoor d. plant-
soen arbeiderskolonie e. entree
Schelsberg f. hoogste punt
g. ontmoeting beekdal en wijk
h. boerenveld i. begin van het
pad j. relatie stad en land k.
doorgang. Intervention at The 3
Hares Inn. Programme hitched
to existing physical and social
structures. A. initial programme B. modern economy
C. industry D. history E. landscape. Programme: 1. bus stop
2. reception/existing chip shop
3. dining room 4. local shop
5. garden room 6. pavilion
7. open-air room 8. field room.
Mainstays: a. fulcrum at sand
quarry b. vista c. end of former
mine track d workers' colony
e. entrance to Schelsberg f highest point g. brook valley meets
Beersdal h. farm field i. the path
begins j. relationship between
city and country k. way through.

6

7

8

9

6 De buurtwinkel. Exponent van de ontmoeting tussen lokale bewoner en gast. Local shop. Exponent of the encounter between locals and visitors.

7 Maquette. Model.

8 Maquette. Model.

9 De nieuwe bushalte. Een voortdurende momentopname die laat zien wat in essentie altijd al aanwezig was: de relatie tussen wijk en landschap. New bus stop. A constantly recurring freeze frame showing what essentially was always there, namely the relationship between Beersdal and the landscape.

Acoustics by Additive Manufacturing

Foteini Setaki

Opleiding Technische Universiteit Delft
Studierichting architectuur
Mentoren Michela Turrin Arjan van Timmeren Martin Tenpierik

Geluidsabsorberend element op basis van passieve destructieve interferentie.

Geluid speelt een belangrijke rol bij de ervaring van een ruimte. Architecten houden er echter weinig rekening mee tijdens het ontwerpproces. De ambitie van dit onderzoeksproject is om een nieuwe manier van denken te ontwikkelen met betrekking tot akoestiek. Daarnaast wordt een element ontworpen dat geluid absorbeert en dat aanpasbaar is aan de gewenste geluidsprestatie.

Kantoren, auditoria, woningen, openbare ruimte, alle mogelijke ruimtelijke omstandigheden hebben hun eigen, unieke akoestische parameters. Het is daarom essentieel om specifieke, aan de omstandigheden aangepaste akoestische oplossingen toe te kunnen passen. Voor een succesvol akoestisch ontwerp is kennis over het te gebruiken materiaal en de vorm waarin het toegepast wordt essentieel. Ondanks het feit dat er veel bekend is over alle aspecten van de akoestiek en er sprake is van een gevestigde discipline, zijn er slechts enkele voorbeelden aan te wijzen waar geluid de aanjager van het ontwerpproces is. Daarin wil dit project verandering brengen. Dat kan ook omdat er nieuwe digitale technieken beschikbaar zijn gekomen die nieuwe mogelijkheden bieden voor het ontwerpproces en die nieuwe typen bouwcomponenten mogelijk maken. Nieuwe software maakt een hoge mate van aanpasbaarheid van het ontwerp aan de specifieke omstandigheden en een interdisciplinaire ontwerpbenadering mogelijk. Digitale productietechnieken faciliteren de industriële vervaardiging van unieke exemplaren van complexe geometrieën. Het vertrekpunt van het project bestaat uit het onderzoeken van de overlapping van additive manufacturing en akoestiek. Het ultieme doel is om een nieuw akoestisch product te ontwikkelen waarvan de akoestische prestatie gebaseerd is op passieve destructieve interferentie die gereguleerd wordt door de geometrische karakteristieken van het product. De geometrie van het product, de productie techniek en de akoestische prestatie zijn daarbij inherent aan elkaar gerelateerd. Door gebruik te maken van recent ontwikkelde digitale technologie kan het akoestische effect precies afgestemd worden op de context om het gewenste soundscape te realiseren. Dit project presenteert een digitaal ontwerp- en productieproces voor een niet gestandaardiseerde geluiddemper in combinatie met een case study waarbij dit proces wordt toegepast voor de akoestische verbetering van een specifieke ruimte.
Het onderzoek begint met een reeks testen die de akoestische consequenties van verschillende geometrische configuraties en materiaalkarakteristieken in kaart brengen. De analyse van de testresultaten vormt de basis van ontwerpregels voor geluidsabsorberende maatregelen. De regels worden door middel van parametrische modelering geïmplementeerd. De zoektocht naar mogelijke ontwerpoplossingen wordt vervolgd in de case study in samenwerking met de afdeling bouwtechniek van de faculteit architectuur van de TU-Delft.
Het ontwerpvoorstel richt zich op de verbetering van de akoestiek van een specifieke ruimte door middel van een speciaal voor die plek ontwikkeld plan. De geluidsabsorberende constructie is uitgevoerd als een organisch gevormde structuur die in de ruimte zweeft en 'groeit' waar geluidsabsorptie gewenst is. De op deze wijze gevormde geometrie regelt de akoestiek conform de gestelde criteria en de eisen die de onderzochte ruimte stelt.

Acoustics by Additive Manufacturing

Foteini Setaki

Place of education Delft University of Technology
Specialization architecture
Tutors Michela Turrin Arjan van Timmeren Martin Tenpierik

A sound absorptive element based on passive destructive interference.

Sound is key to how you experience a space. That said, architects take too little account of it during the design process. The idea behind this research project is to develop a new way of thinking about acoustics. Its designed component is an element that absorbs sound and can be modified to produce the desired sonic performance.

Offices, auditoria, dwellings, public space — every imaginable spatial condition has its own unique acoustic parameters. So it is essential that we are able to apply acoustic solutions to suit each particular condition. A knowledge of the material to be used and the form it is to take is essential if the acoustic design is to be a success. Although we know a great deal about every aspect of acoustics and it is now an established discipline, there are only a few examples to be found where sound is part of the design process. This project seeks to rectify this situation. This is possible thanks to the availability of new digital techniques that open up new opportunities for the design process and bring new types of building components into play. New software means that designs now have a high degree of adaptability to suit their particular circumstances and also enables an interdisciplinary design approach. Digital production techniques make it easier to industrially manufacture one-off examples with complex geometries.
The project's basic premise is to determine how additive manufacturing and acoustics can overlap. The aim is to develop a new acoustic product whose acoustic performance is based on passive destructive interference regulated by the product's geometric characteristics. Here, the geometry of the product, the production technique and the acoustic performance are inherently related. By making use of recently developed digital technology, the acoustic effect can be accurately tuned to the context to achieve the desired soundscape. This project presents a digital design and production process for a non-standardized sound damper combined with a case study in which this process is applied to improve the acoustics of a particular space.
The study began with a series of tests that mapped the acoustic consequences of different geometric configurations and material characteristics. Analysing the results of these tests gave a basis on which to construct design rules for sound absorptive measures. These rules are implemented using parametric modelling. The quest for possible solutions was followed up in the case study in association with the Building Technology department of the TU Delft's Architecture Faculty. The design proposal is primarily concerned with improving the acoustics of a particular space using a plan specially developed for that place. The sound sbsorptive construction is executed as an organically shaped structure floating in space that 'grows' whenever sound absorption is required. The geometry this creates regulates the acoustics in accordance with the prescribed criteria and the demands made by the space in question.

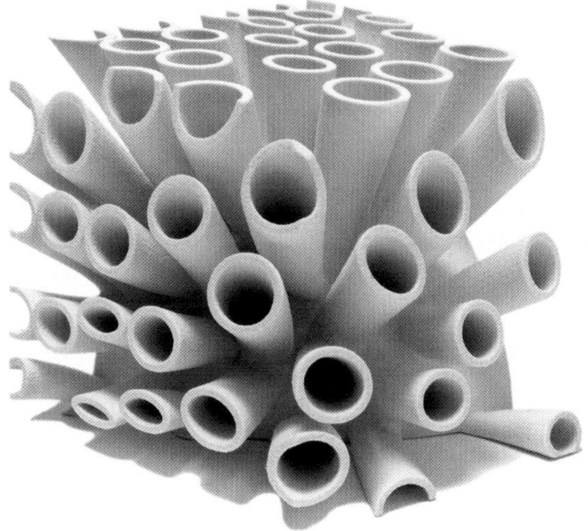

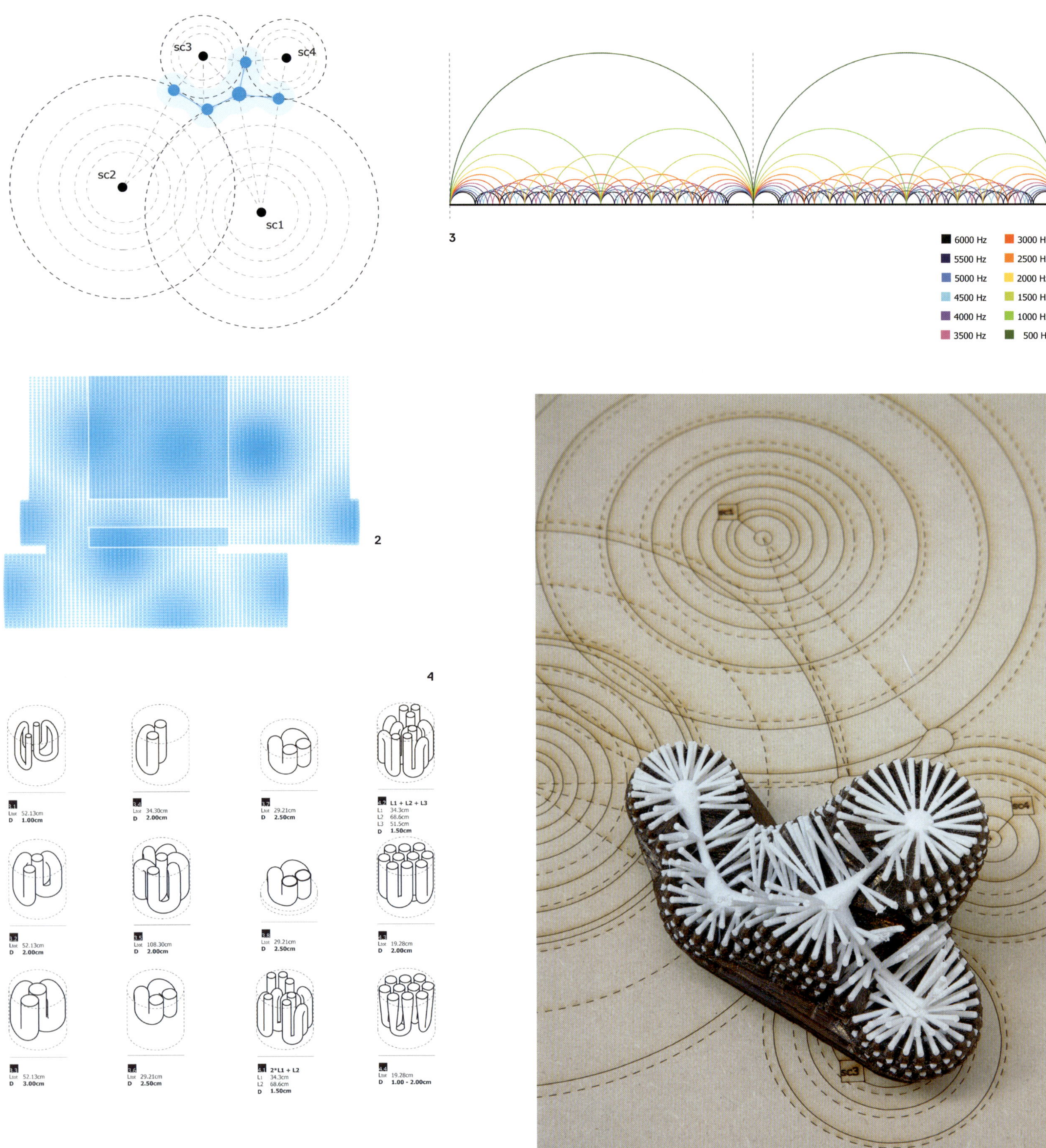

1   Maquette. Model.

2   Case study. Het ontwikke-len van de morfologie door de analyse van de soundscape. Case study. Developing the morphology by analysing the soundscape.

3   Akoestisch principe: passieve destructieve interferentie. Acoustic principle: passive destructive interference.

4   Inwendige geometrieën. Internal geometries.

5   Maquette. Model.

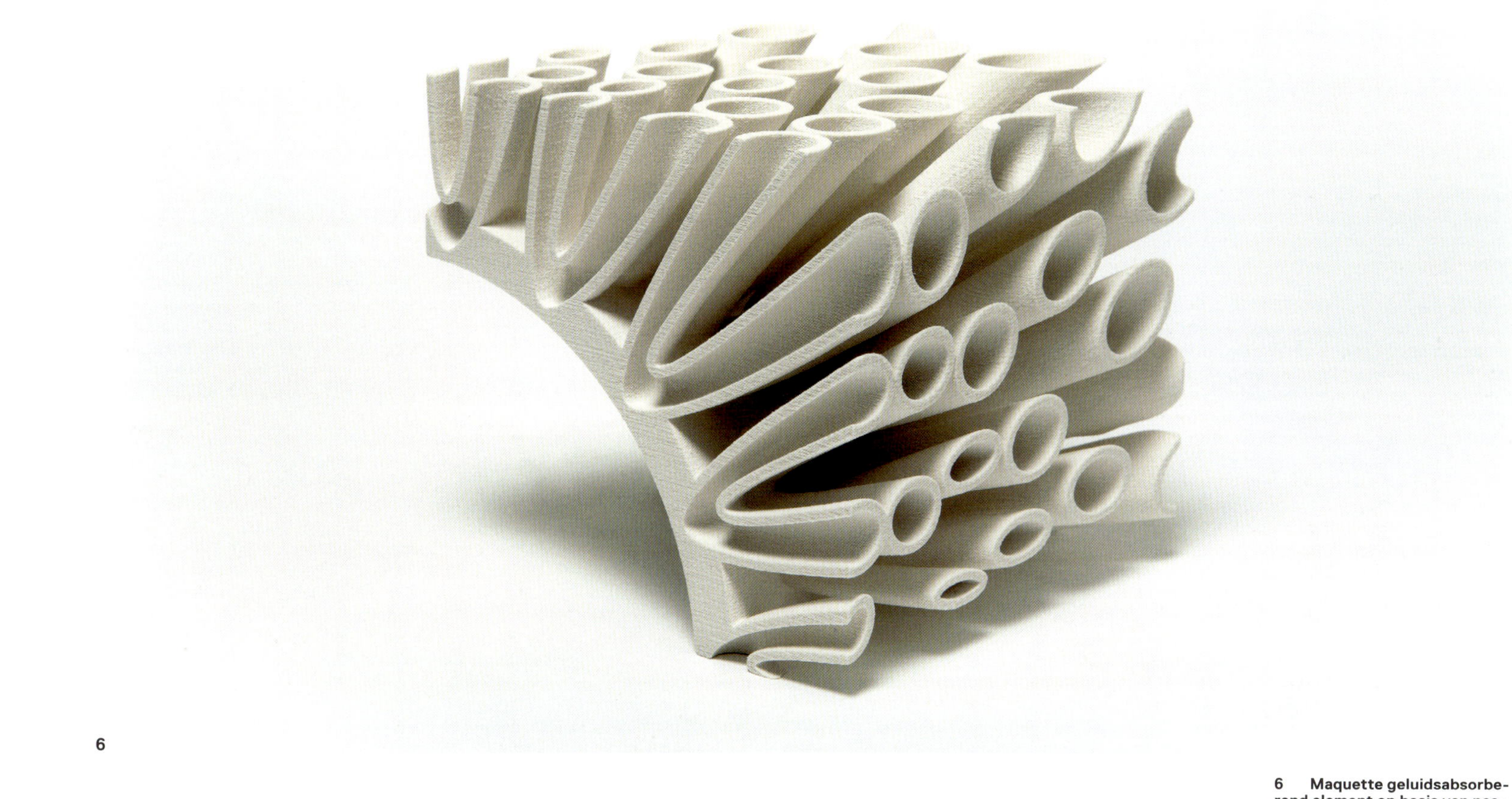

6 Maquette geluidsabsorbe-rend element op basis van passieve destructieve interferentie. Model of sound absorptive element based on passive destructive interference.

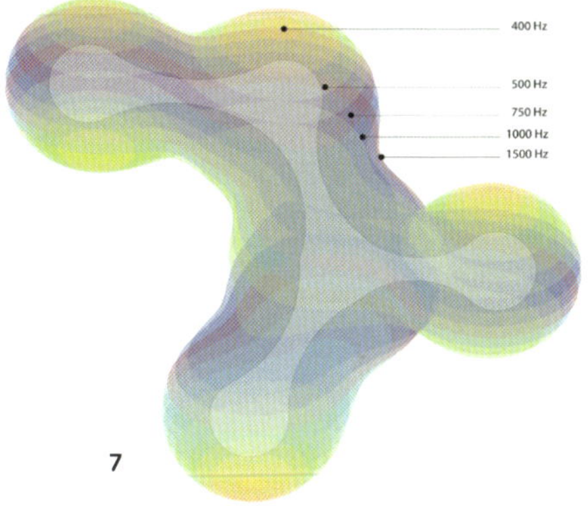

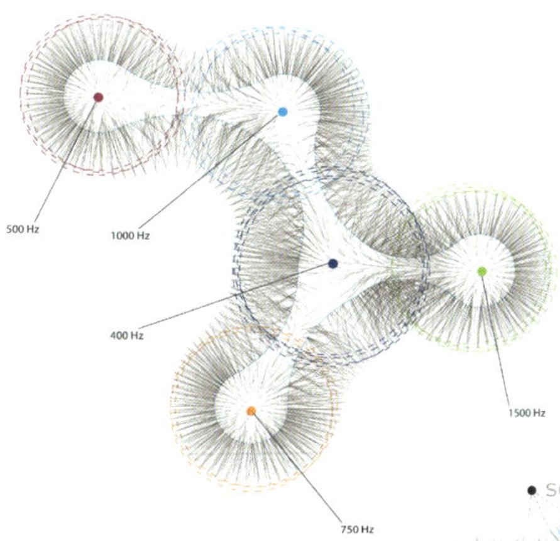

7 Doelfrequenties. Target frequencies.

8 Perspectief. Perspective drawing.

Beleefde ruimte en architectuur

Floor Frings

Opleiding Technische Universiteit Eindhoven
Studierichting architectuur
Mentoren Bauke de Vries Maarten Willems Jacob Voorthuis

Het afstudeerproject zoekt een antwoord op de vraag op welke wijze de abstractheid van het huidige gedigitaliseerde ontwerpproces van invloed is op de beleving van het architectonisch ontwerp. In twee experimenten is op ware schaal de lichamelijke ervaring van een ruimte onderzocht.

De computer geeft toegang tot een ongekende hoeveelheid informatie en maakt compleet nieuwe vormen van representatie mogelijk. Gefaciliteerd door de opkomst van de computer veranderen de architectonische ontwerpmodellen. Ontwerpideeën worden onderzocht en uitgewerkt met behulp van computerprogramma's. Zo kunnen bijvoorbeeld scripts de basis vormen voor een ruimtelijk ontwerp. De computer is met al zijn mogelijkheden een ongekende verrijking, maar behelst deze verrijking niet tevens een verarming?
In het afstudeerwerk Beleefde ruimte en architectuur is gekeken naar hoe de technologisch gegenereerde beelden en informatie ingezet kunnen worden in het belang van de architectuur. De achterliggende vraag is of en zo ja hoe, de lichaamloosheid van het technologisch idioom invloed heeft op het architectonisch ontwerpproces en de keuzes die daaruit voortvloeien. Het bredere kader waarbinnen dit afstudeerwerk kan worden gezien is de onderlinge relatie tussen het lichaam en het denken en de mogelijke consequenties van die relatie voor architectuur. Om een mogelijke afvlakking van de architectonische kwaliteit te voorkomen door de opkomst van het technologisch idioom, is de discrepantie tussen het lichaam en de lichaamloosheid van computers cruciaal.
Vanuit een opgesteld theoretisch kader zijn twee experiment uitgevoerd. Het ene experiment is opzoek gegaan naar een mogelijke verrijking voor architectuur door de technologisch gegenereerde beelden en informatie, het ander onderzocht een mogelijke verarming.
Om de verarming en de verrijking van het technologisch idioom voor architectuur te onderzoeken, is een vergelijking met een belichaamde ervaring onontbeerlijk. Een maquette op een verkleinende schaal zou hiervoor nooit helemaal volstaan. De leegstaande Schellensfabriek in Eindhoven is daarom als onderzoeksmaquette schaal 1:1 gebruikt. In deze fabriek zijn de twee experimenten uitgevoerd.
Het eerste experiment onderzoekt de verrijking van het technologisch idioom. Een ruimte in de Schellensfabriek is langdurig gefilmd en vervolgens geanalyseerd aan de hand van de videobeelden. Het technologisch idioom heeft de mogelijkheid om een veelstemmigheid, een polyfonie, aan de beelden en informatie te geven van een ruimte, waarbij elke partij zelfstandig wordt benaderd. Vanuit de polyfonie van de video kan intelligentie worden opgebouwd over ruimte. De analysefilm van de 'Onomatopee-ruimte' in de Schellensfabriek schetst bijvoorbeeld hoe licht ruimte kan laten stromen en de sequentie in een ruimte kan sturen.
Het tweede experiment bestaat uit een karton-installatie en gaat in op de mogelijke verarming veroorzaakt door het technologisch idioom. Aan architecten en architectuurstudenten zijn filmpjes, foto's en driedimensionale computermodellen getoond van het ontwerp van een kartonnen-ruimte. In de eerste fase van het experiment werd de mening over het ontwerp achterhaald aan de hand van deze beelden. De deelnemers moesten daarvoor een vragenlijst invullen. Voor de tweede fase van het experiment is in de Schellensfabriek de karton-installatie 1:1 gebouwd. Dezelfde mensen werden nu uitgenodigd om daadwerkelijk door het kartonnen bouwwerk te lopen. Daarna moesten ze wederom dezelfde vragenlijst invullen. Tussen de antwoorden van de twee vragenlijsten traden opmerkelijke verschillen op. De zaken in de ervaring van een ruimte zijn voor een groot deel zoals je ze zou verwachten, maar in de lichamelijke ervaring zijn ze veel rijker in hun specificiteit.
De kern van de dreigende verarming van architectuur als gevolg van de opkomst van het technologisch idioom, ligt in de specificiteit van het lichaam in de ervaring van ruimte. De dreigende verarming komt tot uiting in de materialisatie. Materiaal heeft een grote invloed op de details en in die zin op de specifieke lichamelijke beleving van ruimte. Met een computer kun je de meest perfecte ontwerpen maken, maar het is de weerbarstigheid van het materiaal waardoor architectuur gaat leven. In dit gebied tussen de perfectie van de computer en de imperfectie van de gebouwde werkelijkheid, krijgt materiaal haar betekenis.
De uitkomsten van het onderzoek zijn vertaald in een architectonisch ontwerp voor werkplekken in combinatie met een restaurant in de leegstaande Schellensfabriek. De onderzoeksresultaten hebben hun weerslag in de architectuur gevonden in de schoonheid van de vergankelijkheid, de materialiteit en in de wijze waarop de perfectie van het technologisch idioom en de imperfectie van de gebouwde werkelijkheid naast elkaar tot uiting komen.

Experienced Space and Architecture

Floor Frings

Place of education Eindhoven University of Technology
Specialization architecture
Tutors Bauke de Vries Maarten Willems Jacob Voorthuis

This graduation project seeks an answer to the question of how the abstraction of today's digitalized design process influences our perception of architectural designs. Two experiments explore at 1:1 scale the way we physically experience a space.

Computers have given us access to an unprecedented quantity of information and enable entirely new forms of representation. The rise of the computer has brought changes in the way we make architectural design models. These days computer programs help us to explore and develop design ideas. With all its possibilities the computer is an unparalleled enrichment, but does this enrichment simultaneously lead to an impoverishment?
In the graduation project 'Experienced Space and Architecture', this designer looks at how technologically generated images and information can be used in the interest of architecture. The underlying question is whether the incorporeality of technology is influencing the architectural design process and the decisions made there, and if so, in what way. This graduation project can also be regarded within the broader framework of the relationship between body and mind and the possible consequences of that relationship for architecture. The discrepancy between the body and the incorporeality of computers is of crucial importance if we are to avoid a decline in architectural quality due to the rise of technology. I created a theoretical framework and used it to conduct two experiments. One explored the possibility that architecture is enriched by technologically generated images and information, the other the possibility of impoverishment.
In order to weigh up the impoverishment and enrichment technology can mean for architecture, it is essential to compare this with a corporeal experience. A model at a reduced scale could never fully suffice in this situation. This is why I used the abandoned Schellens factory in Eindhoven as a research model at 1:1 scale. This is where the two experiments were carried out.
The first experiment explored the enrichment by technology. A space in the Schellens factory was filmed at length and the video images analysed. Technology has the potential to endow the images and information in a space with multiple voices, a polyphony, where each voice can be approached independently. Intelligence about that space can be assembled by drawing on the polyphony in the video. The film analysing the 'onomatopoeia space' in the Schellens factory, for example, shows how light can make space flow and guide the sequence in a space.
The second experiment consisted of a cardboard installation and entered into the possible impoverishment by technology. Architects and architecture students were shown films, photos and three-dimensional computer models of the design for a cardboard installation. In the first phase of the experiment, these images were used to elicit an opinion about the design, for which the participants were asked to fill in a questionnaire. For the second phase, the cardboard installation was built in the Schellens factory at 1:1 scale. These same people were now invited to actually walk through the building. After that they had to complete the same questionnaire again. This yielded remarkable differences between the two sets of answers. The issues in experiencing a space were largely as expected in both cases, but in the bodily experience they were much richer in detail.
The core of the threatened impoverishment of architecture as a result of the rise of technology, lies in the specific nature of the body in experiencing space. That threat is expressed in the material form. Material has a big impact on the details and, in that sense, on the specific bodily experience of space. You can make perfect designs with a computer but it is the refractory nature of the material that brings architecture to life. It is in this area between the perfection of the computer and the imperfection of built reality that material comes into its own.
I translated the results of the study into an architectural design for workplaces and a restaurant in the abandoned Schellens factory. Those results have found their architectural reflection in the beauty of the ephemeral, in the materials used and in the way the perfection of technology and the imperfection of built reality find expression together.

1 Een kartoninstallatie in de Schellensfabriek is ingezet om een mogelijke verarming van architectuur te onderzoeken als gevolg van de opkomst van het technologisch idioom in het ontwerpproces. A cardboard installation in the Schellens factory deployed to explore a possible architectural impoverishment brought by the rise of technology in the design process. The cardboard installation during the study.

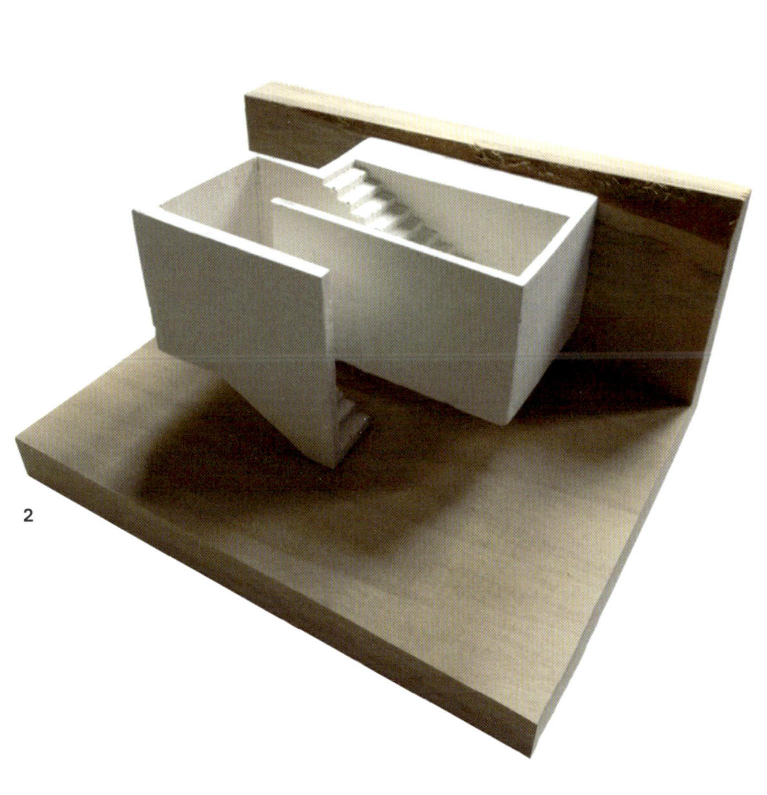

2 De trap onder het daklicht. Het object werkt als verbindend en sturend element tussen de verschillende ruimtes. The stair below the rooflight. This object draws the spaces together and gives them direction.

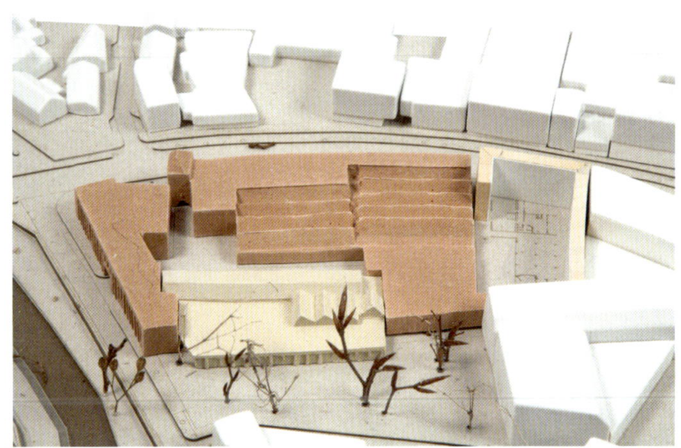

3 Maquette. Model.

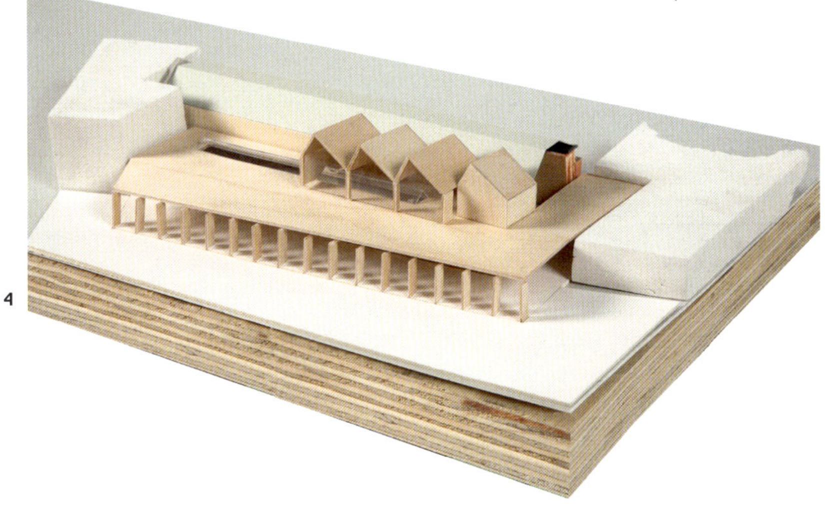

4 Maquette. Model.

5   Plattegrond en doorsneden van de Schellensfabriek waarop het restaurant met werkplekken, presentatiezalen en tuinkamer is uitgewerkt. De ruimtes kunnen worden gekoppeld of afzonderlijk van elkaar worden gebruikt. De oude en nieuwe delen van de textielfabriek vloeien in elkaar over. 1. Restaurant 2. Presentatie- en vergaderzalen 3. Tuinkamer werkplekken. Plan and sections of the Schellens factory, in which the restaurant with workplaces, presentation rooms and the sun room have been worked up. The spaces can be combined or used separately. Old and new parts of the textile factory meld together seamlessly. 1. Restaurant 2. presentation and meeting rooms 3. workplaces in sun room.

6   Het entreegebied waarbij de perfectie en imperfectie van de gevel de buitenruimte definieert. Met de tijd vormt het regenwater een roestpatroon over de gekleurde prefab-beton elementen. Het roestpatroon wordt gestuurd door de messing lijnen die door het beton lopen en door het wegknikken van het achterste deel van de wand. The entrance area, where the perfection and imperfection of the facade define the exterior space. In time the rainwater leaves a pattern of rust on the coloured precast concrete elements. The pattern is driven by the brass lines running through the concrete and by the kink made by the rear section of wall.

7   Beeld van de vrije werkplekken in de tuinkamer gezien vanuit de binnentuin. Impression of the free-form workplaces in the sun room seen from the courtyard garden.

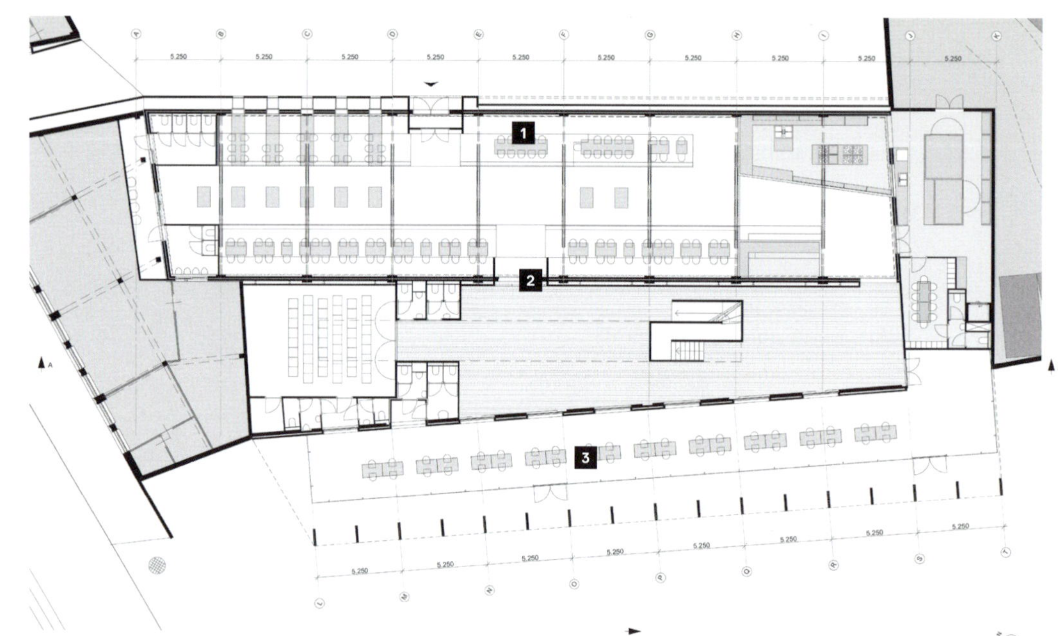

5

6

7

Ecologisch-productieve infrastructuren van de Port Authority Bus Terminal New York City

Noémie Benoit

Opleiding Technische Universiteit Delft
Studierichting architectuur
Mentoren Robert Nottrot Jan van de Voort Taeke de Jong Patrick Leitner

Het ontwerp bestaat uit een combinatie van een busterminal en een water-filtratiesysteem. Beide functies zijn verticaal georganiseerd in een infrastructuur waar de bezoekers zich bewegen tussen stromen van bussen en water. Het is de bedoeling om de bezoekers fysiek te betrekken bij de ecologische processen. Het water kan op zijn tocht langs de verschillende verdiepingen volgens een natuurlijk proces van sedimentatie en infiltratie gereinigd worden. Elke verdieping heeft een eigen ecosysteem. De busbaan is geconstrueerd als een dubbele helix van Cobiax lichtbeton. Het waterbeheersysteem is gepositioneerd in een boomvormige stalen gaasconstructie rondom de busterminal. De schil wordt gemodelleerd naar de stedelijke context en het zonlicht. Mensen beklimmen de infrastructuur zowel via de verticale kernen als via hellingbanen. Het verschil in levensduur van elke structuur maakt het mogelijk om het complex in de loop van de tijd aan te passen en er andere functies te huisvesten. De busterminal van de Port Authority of NYC is een plek die niet te stoppen is. Het gebouw en het gebruik ervan zetten scenario's in werking voor toe-eigening en kolonisatie door mensen, flora en fauna.

Aan het begin van dit project was ik gefascineerd door de huidige bedreiging van de biodiversiteit. Ik stelde me de vraag hoe ik als ontwerper hier invloed op zou kunnen uitoefenen. Het bewustzijn van de mensen voor het feit dat Ecosystemen worden aangetast door onze manier van consumeren is noodzakelijk om het probleem te kunnen aanpakken. De scheiding tussen mens en natuur is medeverantwoordelijk voor het gebrek aan besef van dit feit. Om de mensen weer bewust te maken van de waarde van het ecosysteem zou de mens op het raakvlak tussen Biosfeer en Technosfeer binnen de natuurlijke omgeving gepositioneerd moeten worden. Daar zie ik veelbelovende mogelijkheden voor nieuwe productieve en actieve raakvlakken tussen mens en natuur die ik met mijn plan wil benutten. De mechanismen van biodiversiteit heb ik vertaald naar vier leidende ontwerpprincipes: morfologische diversiteit, ecologie gerelateerd aan schaal, de vervlechting van stedelijke en natuurlijke ecosystemen en tenslotte de focus op grens-denken. Deze principes vormen de leidraad voor het ontwerpexperiment om de biodiversiteit te vergroten in de meest verstedelijkte gebieden.

Stedelijke ecosystemen worden steeds kwetsbaarder door de onder invloed van de klimaatverandering toegenomen risico's van overstromingen, hitte-eiland effecten, luchtvervuiling en waterschaarste. Hoewel steden natuurlijke landschappen hebben vervangen door deze te bedekken met bouwwerken, bieden ze een fysieke setting die de potentie heeft zowel planten als dierlijke soorten een goede biotoop te bieden. De stedelijke infrastructuren vormen de typologie met de grootste potentie. In New York City, een van de meest extreme stedelijke ecosystemen vormt het terrein van de Port Authority Bus Terminal, het grootste infrastructurele gebied van de stad, gelegen op nog geen 100 meter van Times Square. Het is een toegangspoort tot de stad voor een grote diversiteit aan mensen, van kantoormedewerkers en lokale werklieden tot inwoners en toeristen. Drie stedelijke weefsels komen er samen: buurtgemeenschappen, kantoren & wolkenkrabbers en industrie. De betonnen structuur in de vorm van een octopus is het resultaat van een opeenstapeling van ingrepen sinds 1950 om het complex productiever te maken.

Ik stel een 'wetland' model voor dat water op een natuurlijke manier absorbeert, vasthoudt en behandelt. Om overstromingsgebieden te beschermen op metropolitane schaal stelt de ontwerpstrategie decentrale ecologische waterbehandelingseenheden voor. Op de schaal van het district worden drie niveaus van porositeit gerealiseerd. Het stedelijke wetland binnen de buurt verkent vier typologieën van productieve landschappen waarin natuur en mensen samenwonen: stedelijke heuvels, het stedelijk park, een stedelijke jungle en de verticale busterminal. Elk van deze typologieën kent een speciaal ecologisch watermanagementsysteem met verschillende groottes van territoria en verbindingen die de ecologie van schaal omvat: meren, vijvers of doorgangen, terrassen en kanalen of aaneengesloten bassins.

Vergroting van de biodiversiteit betekent de vermindering van risico´s. Dat zal stakeholders interesseren en hun bereidheid het project te financieren en te ondersteunen vergroten. Het plan wordt gepresenteerd in de vorm van diensten die specifiek zijn toegespitst op elke stakeholder. Het business model van dit geïntegreerde systematische model legt uit hoe publiek-private samenwerkingen kunnen helpen bij het bouwen van relaties die waarde creëren voor zowel steden als aanbieders van oplossingen. Het wetland is een geïntegreerde ontwerpstrategie die de stad veerkracht geeft door bedreigingen het hoofd te bieden met natuurlijke ecologische mechanismen. De algemene benadering van flora en fauna in het ontwerpproces houdt in dat er ruimte gereserveerd moet worden voor complexe natuurlijke dynamiek. De ontwerper moet dus de beste 'lege doos' ontwerpen waar natuurlijke dynamiek zich kan ontwikkelen.

Alle inventieve architectonische oplossingen volgen de ecologieën van schaal om de ontwikkeling van natuurlijke dynamiek te verzekeren die een rijk natuurlijk en biodivers systeem kenmerken. But we cannot plan the bees…

Ecological-productive Infrastructures of the Port Authority Bus Terminal New York City

Noémie Benoit

Place of education Delft University of Technology
Specialization architecture
Tutors Robert Nottrot Jan van de Voort Taeke de Jong Patrick Leitner

The design is a combination of a bus terminal and a water purification system. The two functions are organized vertically in an infrastructure where visitors move between flows of buses and water. The aim is to physically involve the visitors in the ecological processes. The water is purified in a natural process of sedimentation and infiltration on its way through the various terminal floors. Each floor has its own ecosystem. The bus lane is constructed as a double helix of Cobiax lightweight concrete. The water control system is positioned in a tree-shaped structure of steel gauze wrapped round the bus terminal. The skin is modelled to the urban context and to the sunlight. People ascend the infrastructure either via the vertical cores or up ramps. The difference in life span of each structure means that the complex can be adapted over time and can accommodate other functions. The bus terminal of New York City's Port Authority is going places. The building and its use trigger scenarios in which it is appropriated and colonized by people, flora and fauna.

At the start of this project I was fascinated by the current threat to biodiversity. I asked myself how I as a designer could exert some influence on it. It is essential that people are made aware of the fact that ecosystems are being jeopardized by our consumer behaviour if the problem is to be tackled. The rift between humankind and nature is one reason for the lack of awareness of this fact. To reimpress on people the value of ecosystems, humankind needs positioning at the interface of biosphere and technosphere in the natural environment. I see opportunities of great promise there for new productive and active interfaces between humankind and nature and want to make use of these in my project. I have translated the mechanisms of biodiversity into four guiding design principles: morphological diversity, ecology related to scale, the interweaving of urban and natural ecosystems and a focus on border-thinking. These principles are the template for the design experiment to increase biodiversity in the most urbanized areas.

Urban ecosystems are becoming more and more vulnerable because of the increasing risk, brought on by climate change, of flooding, heat island effects, air pollution and water scarcity. Although cities have replaced natural landscapes by covering them in buildings and structures, they present a physical setting that has the potential of offering plants and animals a good biotope. Urban infrastructures are the typology with the greatest potential. In New York City, one of the most extreme urban ecosystems is the site of the Port Authority Bus Terminal, the city's largest concentration of infrastructure, located a mere 100 metres away from Times Square. It is a gateway to the city for a wide array of people, from office workers and local tradesmen to residents and tourists. Three urban fabrics converge here: local communities, offices & skyscrapers and industry. The concrete structure in the form of an octopus is the result of an accumulation of interventions carried out since 1950 to make the complex more productive.

I propose a 'wetland model' that absorbs, retains and treats the water in a natural way. The design strategy is one of decentralized ecological water treatment units to protect areas prone to flooding at the metropolitan scale. At district scale, there are to be three levels of porosity. The local urban wetland observes four types of productive landscape in which nature and people coexist: urban hills, the city park, an urban jungle and the vertical bus terminal. Each of these types has its own special ecological water management system with territories of different size and links taking in the ecology of scale: lakes, pools or passages, terraces and channels or strings of basins.

To enlarge the biodiversity is to reduce the risks. This will interest stakeholders and increase their willingness to finance and support the project. The plan is presented in the form of services targeted at each individual stakeholder. The business model of this integrated systematic model explains how public-private partnerships can help to build relationships that create value for both cities and solutions providers. The wetland is an all-in design strategy that makes the city resilient by countering threats with natural ecological mechanisms. The general approach to flora and fauna in the design process is a way of saying that space needs setting aside for complex natural dynamics. The designer therefore has to design the best 'empty box' where these natural dynamics can develop.

All inventive architectural solutions follow the ecologies of scale to guarantee the development of a natural dynamic typical of a rich, natural and biodiverse system. But we cannot plan the bees…

1 New York City wordt een wetland om de wateroverlast tijdens stormen te beperken. In dit ecosysteemmodel wordt water lokaal op ecologische wijze verwerkt. New York City is made a wetland to restrict flooding during storms. In this ecosystem, water is processed locally and ecologically.

2 Gevel gezien van het dak van een hotel aan de 40th steet. Facade seen from the roof of the hotel on 40th Street

3 Gezicht vanaf Times Square. View from Times Square.

Noémie Benoit Ecologisch-productieve infrastructuren **Ecological-productive Infrastructures**

4 Het terrein van de buster-minal van de Port Authority wordt getransformeerd om water te kunnen absorberen en zuiveren. The site of the Port Authority Bus Terminal is transformed to be able to absorb and purify water.

5 Bovenin de verticale busterminal in de winter een ijsbaan, in de zomer een waterpark. Atop the vertical bus terminal is a skating rink in winter and a water park in summer.

6 Bij de bushalte, hoog in de lucht. At the bus stop, high in the sky.

EU Parliament, Brussels

Timur Karimullin

Opleiding Technische Universiteit Delft
Studierichting architectuur
Mentoren Michiel Riedijk Niklaas Deboutte Huib Plomp Alper Semih Alkan

Het ontwerp betreft een nieuwe huisvesting voor het Europees parlement en wordt gekenmerkt door de naadloze integratie van het complex in de stedelijke structuur en helder gedefinieerde publieke en bureaucratische componenten met een actieve onderlinge interactie. Het project geeft een antwoord op de complexe opgave voor een politiek instituut dat een familie van 27 landen moet representeren. De focus van het plan ligt bij de relatie van de parlementariërs met de Europese burger.

De geschiedenis leert dat grote, publieke ruimten een belangrijke rol kunnen spelen in het sturen van de politieke koers. Denk aan het Sint-Pieterplein bij het Vaticaan en het Tahrirplein in Cairo. De rol van het Europees parlement is van invloed op het leven van de 500.000.000 Europeanen die ze vertegenwoordigt. Het parement bepaalt de basisregels voor een half miljard mensen. De belangrijkste vraag is dan ook hoe je het enorme programma van het instituut van 300.000 vierkante meter zodanig kan organiseren dat er een publiek gebouw ontstaat in combinatie met een publieke ruimte waar de Europese bevolking haar wensen tot uitdrukking kan brengen. In tegenstelling tot het huidige kantoorfort zou het nieuwe parlement zich open moeten stellen voor de bevolking en de stad Brussel.

Door de relatie tussen de Europeese bevolking en haar vertegenwordigers, de parlementariers, centraal te stellen wordt gestalte gegeven aan de belangrijkste voorwaarde voor het realiseren van het gewenste publieke karakter van gebouw en plein. Tegelijkertijd moet het gebouw voldoen aan de hoogste eisen voor wat betreft de beveiliging en moet het de vertegenwoordigers en de amternaren die er werken een aangename omgeving bieden. De verhuizing van het Europese parlement naar een open urbane ruimte is een grote stap die noodzakelijk is om het instituuut te herdefiniëren. De architectonische opzet komt voort uit de wens om de open relatie tussen burgers en parlement te verbeelden in de vorm van een icoon maar dan zonder gebruik te maken van de klassieke symboliek. Deze insteek leidt tot een stedelijk project voor een serie openbare parken in combinatie met de infrastructuur die het complex verbindt met de stad én twee archtectonische projecten. Eén voor het Europaplein en één voor de kantorenmatrix. De architectuur is erop gericht om het parlement te integreren in de stedelijke context. Een belangrijke ambitie van het ontwerp is om alle programmaonderdelen onder te brengen in een helder, samenhangend concept. Het publieke deel wordt vertegenwoordigd door het park en een serie pleinen terwijl de politieke wereld is een de articulatie van de matrix van kantoorvleugels. De andere ambitie is het creëren van interactie tussen het publieke en het bureaucratische programma. Om dat doel te bereiken wordt een sterke en dramatische ontmoetingsplek ontworpen waar de burgers en de politici elkaar kunnen ontmoeten: het nieuwe Europaplein. De grote vergaderzaal van de EU, de assemblee, wordt een onderdeel van het publieke multifunctionele en meerdere verdiepingen tellende plein dat getransformeerd kan worden van een evenementenplein tot de grootste publieke ontmoetingsruimte van Europa.

De architectonische componenten en de details van elke typologie zijn zo ontworpen dat ze zo krachtig mogelijk uitdrukking geven aan hun betekenis. De geordende repetitie en de flexibiliteit die nodig is om tegemoet te kunnen komen aan de steeds wisselende eisen die het parlement stelt komen tot hun recht in de modulaire cellenstructuur van de kantorenmatrix. Het idee van vrijheid, als de meest belangrijke democratische waarde, en de daarbij behorende improvisatie die het menselijk gedrag kenmerkt krijgt de ruimte op het grote open plein en wordt versterkt door de vorm van een amfitheater. Het vrij toegankelijke publieke park wordt ruimtelijk gestructureerd door de kantorenmatrix waardoor een systeem van verschillende themaparken ontstaat en waarbij tegelijkertijd de verbintenis en de afstand tussen de burger en de politici tot uitdrukking komt.

Het nieuwe Europese Parlement functioneert als een openbare ruimte voor de bewoners van Brussel en als de plek waar de toekomst van Europa wordt gedefinieerd.

EU Parliament, Brussels

Timur Karimullin

Place of education Delft University of Technology
Specialization architecture
Tutors Michiel Riedijk Niklaas Deboutte Huib Plomp Alper Semih Alkan

This design for new premises for the European Parliament is predicated on their seamless integration in the urban structure, with clearly defined public and bureaucratic components in an active interaction. The project addresses the complex brief for a political institution that has to represent a family of 27 countries. Its focus is on how the parliamentarians relate to the citizens of Europe. As history has shown, large public spaces can play a major part in guiding the course of politics. Think of St Peters Square in Rome and Tahrir Square in Cairo. The role of the European Parliament has a bearing on the lives of the 500 million Europeans it represents. Half a billion people live in accordance with basic rules laid down in the EP. The key question therefore is how to organize the institute's gigantic programme of 300,000 square metres so as to create a public building combined with a public arena where the European population can express its wishes. Unlike the present bureaucratic fort, the new Parliament should open up to the population and to the city of Brussels.

The key condition for the desired public nature of building and square is achieved by foregrounding the relationship between the European population and its representatives, the members of the EP. At the same time, the building has to satisfy the strictest security demands and provide a pleasant ambience for the representatives and officials working there. The EP's move to an open urban space is a major step that needs taking if the institute is to be redefined. The architecture derives from the wish to illustrate the open relationship between citizens and parliament in the shape of an icon but without drawing on conventional symbolism. This approach translates into an urban project for a series of public parks in combination with an infrastructure that binds the complex to the city and to two architectural projects, one for the station square (Europaplein) and the other for the matrix of offices. The architecture is dedicated to integrating the parliament in the urban context. One key ambition for the design is to house all programme components in an easy-to-read, close-knit concept. The public portion is represented by the park and a string of squares, while the political world is expressed in the articulation of the matrix of office wings. The other ambition is to generate interaction between the public and the bureaucratic programme. This is done by designing a high-powered, dramatic place of encounter — the new Europaplein — where citizens and politicians can meet. The large meeting hall of the EU, the plenary chamber, is made part of the public mixed-purpose multiple-height square, which can be transformed from an events area into the largest public meeting hall in Europe.

The architectural components and the details of each type are designed so that they express their meaning in the most forceful way possible. The ordered repetition as well as the flexibility necessary to comply with the ever-changing demands made by the parliament are brought out to full effect in the modular, cellular structure of the matrix of offices. The notion of freedom, as the most important value of democracy, and the attendant improvisation typical of human behaviour are given free rein in the large open square and strengthened by giving this the form of an amphitheatre. The freely accessible public park is structured spatially by the matrix of offices, giving rise to a system of theme parks as well as expressing both the commitment and the distance between citizen and politicians.

The new European Parliament acts as a public concourse for the inhabitants of Brussels and as the place where the future of Europe is mapped out.

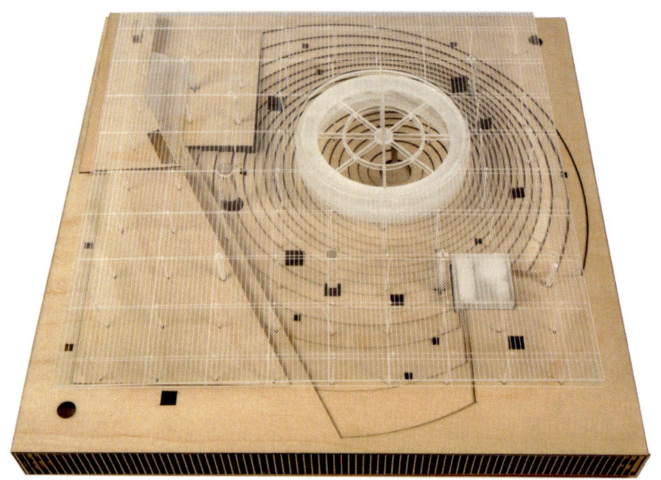

1

2

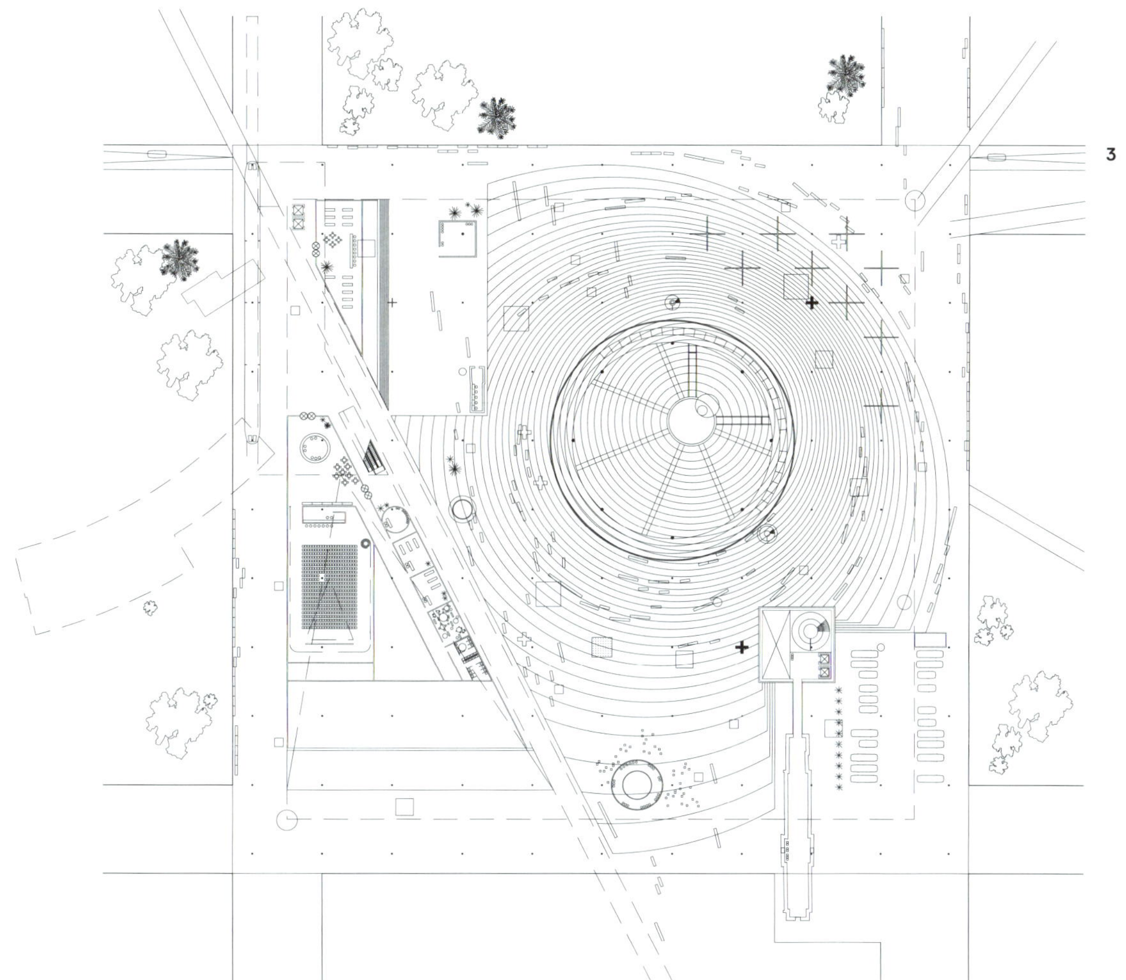

3

1 Maquette. Model.

2 Assembleeplein protest-bijeenkomst. Protest meeting in plenary square.

3 Assembleeplein platte-grond. Plan of plenary square.

4 Assemblee doorsnede. Section through plenary chamber.

4

5   Kantoormatrix binnenplaats. Courtyard in office matrix.

6   Assembleeplein exploded
view: 1. translucent dak
2. assembleehal 3. treinstation
4. assembleeplein 5. structuur,
woud van kolommen 6. lobby
van de politici 7. stedelijke context. Exploded view of plenary
square: 1. translucent roof
2. plenary chamber 3. railway
station 4. plenary square
5. structure, forest of columns
6. lobby for politicians 7. urban
context.

7   Masterplan ingemonteerd
in het stedelijk weefsel.
1. assembleeplein 2. voetgan-
gersbruggen 3. kantorenmatrix
4. erfgoed. Master plan mount-
ed into the urban fabric.
1. plenary square 2. footbridges
3. matrix of offices 4. heritage.

8   Assembleeplein politieke
bijeenkomst. Political meeting
in plenary square.

9   Kantoormatrix standaard
plattegrond. Typical plan of office matrix.

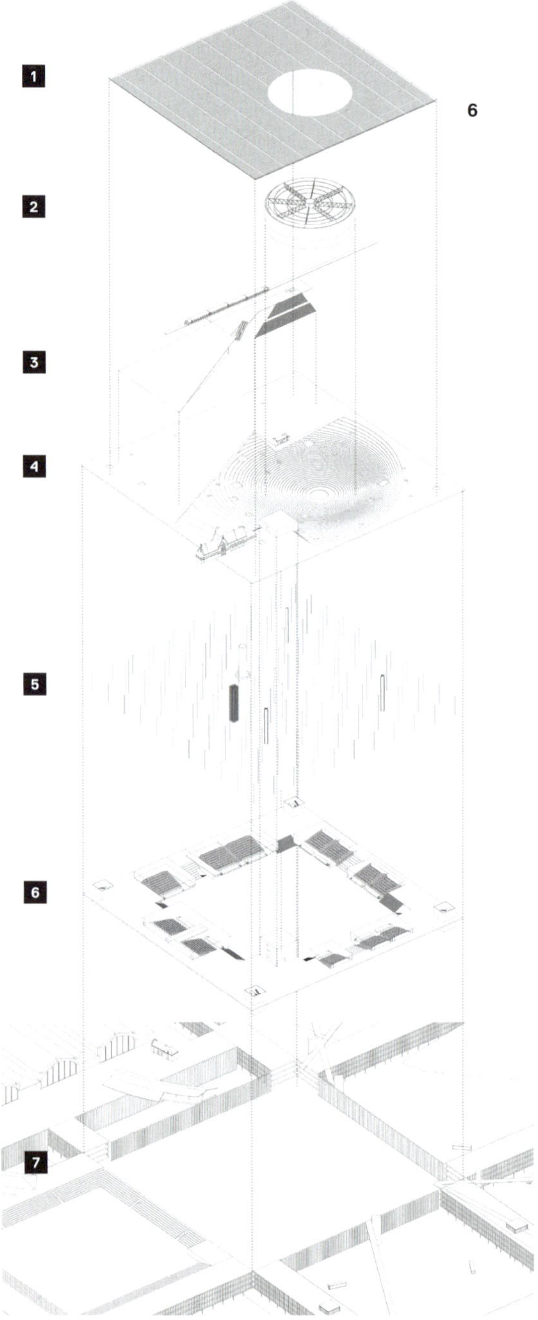

0   200m

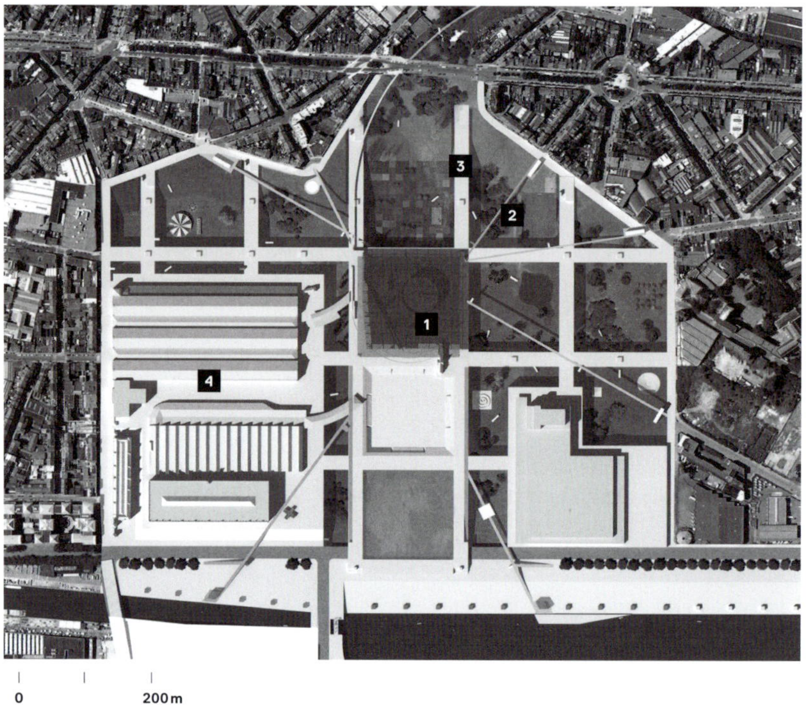

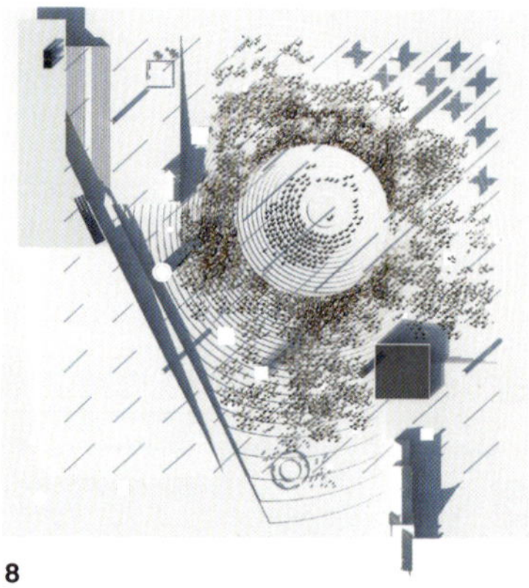

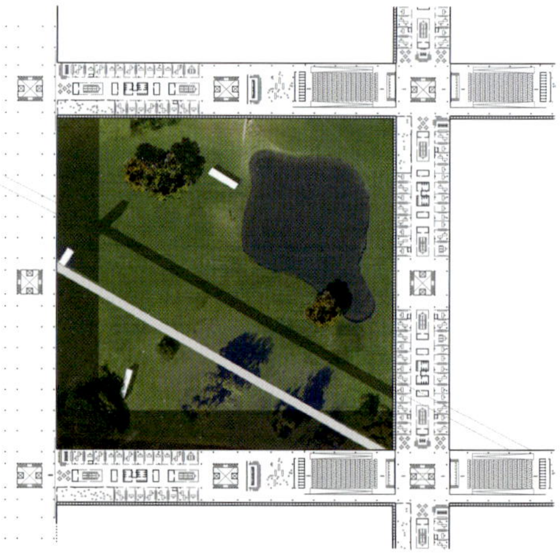

Klimaat als architectonisch instrument

Kasper Zoet

Opleiding Rotterdamse Academie van Bouwkunst
Studierichting architectuur
Mentoren Ralf Pasel Mareike Krautheim

Een klimaatschool voor Rotterdam

Eeuwenlang is het klimaat een belangrijke vormbepalende factor geweest in de architectuur. Oriëntatie, vorm en materialisering waren lange tijd het logische gevolg van lokale omstandigheden. Hieruit zijn de vele verschillende traditionele bouwstijlen voortgekomen, ieder met zijn eigen regionale kenmerken en vernuftigheden. Mooie voorbeelden hiervan zijn de Badgirs uit het Midden Oosten, de Mangh's uit India en, dichterbij huis, de geringe hellingshoek van daken in de Alpen. Dit zijn allemaal intelligente architectonische uitingen waarbij de architectuur is ingezet om specifieke lokale klimatologische aspecten te benutten. De globalisering, verstedelijking en technologische vooruitgang hebben er echter toe geleid dat de architectuur de rol van het klimaat als een belangrijk vormbepalend instrument heeft losgelaten. Het klimaat wordt tegenwoordig vooral gezien als een aspect waartegen we ons moeten beschermen. Een uitgangspunt waarbij veel kansen en potenties om te komen tot een meer rijke en duurzame architectuur bij voorbaat worden uitgesloten. In mijn afstudeerproject wordt het klimaat opnieuw ingezet als architectonisch instrument om zo te komen tot een ontwerp waarin het klimaat en de sensorische beleving weer de ruimte krijgen.

De klimaatschool is een instituut waar publiek en wetenschap elkaar ontmoeten. Specialistische Masteropleidingen vinden er hun plek en het biedt tevens een podium om lopende onderzoeken en gedane ontdekkingen te tonen aan het publiek. Het instituut draagt actief bij aan het creëren van bewustzijn en betrokkenheid van het publiek met het klimaat door middel van lezingen, tentoonstellingen en voorlichting en bovendien door de verschijningsvorm van het gebouw zelf.

Het ontwerp is gesitueerd op het Derde Katendrechtse Hoofd in Rotterdam, pal naast de SS Rotterdam. Een plek met een enorme potentie, een rijke geschiedenis, en belangrijker, een plek waar de natuurlijke bouwstenen volop aanwezig zijn. Bouwstenen als wind, zon en water zijn onderdeel van het ontwerpinstrumentarium. Dit resulteert in een gebouw dat zo is vormgegeven en gepositioneerd dat de meest voorkomende wind, de zuidwestenwind die over de Maas aan komt waaien, gebruikt wordt om het gebouw in de zomer te koelen. Het dak fungeert als een groot zonnescherm dat de zon op gerichte plekken doorlaat. Het water van de Maas kan vrij het gebouw instromen om zo het getij zichtbaar te maken en een bijdrage te leveren aan de temperatuurregeling door verdamping en door kernactivering. Het programma van de klimaatschool is onderverdeeld in verschillende temperatuurzones die aansluiten bij de functie van de verschillende ruimtes.

Het klimaat wordt ingezet om de energiebehoefte terug te dringen en wordt ook gebruikt om de afstand tussen de gebruiker en zijn omgeving te verkleinen. Hierdoor wordt het klimaat zichtbaar, voelbaar en ervaarbaar gemaakt. De zintuigen van de gebruiker worden geprikkeld; de verkoeling van de wind, de warmte van de zon, de stilte en de koelte van het ondergrondse en de geur van de algenakker bij laag tij. Sensorische ervaringen die normaal buiten een gebouw gehouden worden, spelen in de klimaatschool een belangrijke rol. Het zijn juist deze ervaringen die er toe leiden dat architectuur kan prikkelen, verbazen en kan zorgen voor een ongekende diepgang. Het ontwerp van de klimaatschool is dan ook een pleidooi om de architectuur niet alleen te zien als een middel om ons te beschermen tégen het klimaat, maar ook als een instrument om ons weer terug te brengen bij het klimaat.

Climate as an Architectural Instrument

Kasper Zoet

Place of education Rotterdam Academy of Architecture and Urban Design
Specialization architecture
Tutors Ralf Pasel Mareike Krautheim

A climate school for Rotterdam

Climate has been a major influence on architectural form for centuries. Orientation, form and materials were long the logical consequence of local conditions. This has given us the many different traditional styles of architecture, each with its own regional characteristics and resources. Good examples of these are the Badgirs in the Middle East, the Manghs in India and, closer to home, the negligible gradients of roofs in the Alps. These are all intelligent architectural expressions, with architecture deployed to exploit particular local climatological aspects. That said, globalization, urbanization and technological advances have caused architecture to abandon the role played by climate as a form-defining instrument. These days climate is mainly seen as something we need to protect ourselves against. This is a premise that automatically rules out many opportunities and potentials for achieving a richer and more sustainable architecture. In my graduation project, climate is once again deployed as an architectural instrument, so as to arrive at a design in which climate and sensory experience can function freely again.

The climate school is an institute where science and the public meet. It can offer specialized Master's programmes as well as a platform for publicly displaying research in progress and discoveries made. The institute contributes actively to creating an awareness of and commitment to climate through talks, exhibitions and education as well as through the look of the building itself.

The design is projected on Derde Katendrechtse Hoofd, in the western extremity of Katendrecht in South Rotterdam, next door to the steam ship SS Rotterdam. It is a place with enormous potential, a rich history and, more importantly, a place where the natural building blocks are there in abundance. Building blocks such as wind, sun and water are part of the design resources. The result is a building shaped and positioned so that the most prevalent wind, the south-west wind that blows up the River Maas, can be used to cool the building in summer. The roof acts as a huge sunscreen that lets the sun through at strategic places. Water from the Maas can flow freely into the building to show how tides work and to help regulate the temperature by evaporation and concrete core activation. The climate school programme is divided into different temperature zones to match the activities in the different rooms.

Climate is enlisted to reduce the need for energy and also to reduce the distance between users and their surroundings. In this way, the climate can be seen, felt and experienced. It stimulates the users' senses — the cooling effect of the wind, the warmth of the sun, the silence and coolness underground and the smell of algae at low tide. Sensory experiences normally to be had outside are key to the climate school. It is just these experiences that make architecture able to stimulate and surprise, as well as a source of unprecedented depth. The climate school design, therefore, is a call to see architecture not just as a means of protecting us against the climate, but also as an instrument to bring us back to it.

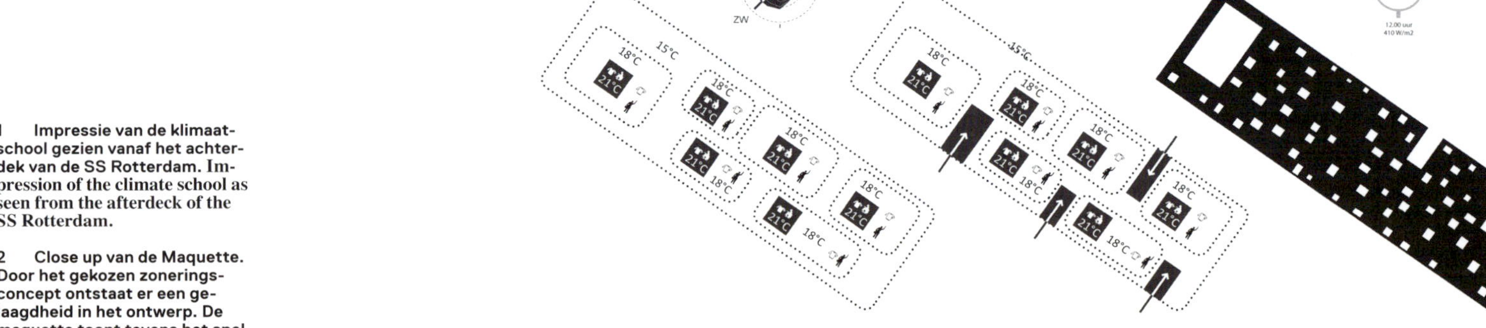

1 Impressie van de klimaat-school gezien vanaf het achter-dek van de SS Rotterdam. Impression of the climate school as seen from the afterdeck of the SS Rotterdam.

2 Close up van de Maquette. Door het gekozen zonerings-concept ontstaat er een ge-laagdheid in het ontwerp. De maquette toont tevens het spel van licht welke ontstaat door de perforaties in het dak. Close-up of the model. The layering in the design comes from the chosen zoning concept. The model also shows the play of light produced by the perforations in the roof.

3 De invloed van de lokale omstandigheden op het ont-werp. Met behulp van een aan-tal ontwerp ingrepen in het dak, de patio's en het zoneringsprin-cipe worden de klimatologische invloeden onderdeel van het ontwerp. Waardoor deze kun-nen worden ingezet om het kli-maat te benutten en te ervaren. 1. Klimatologische ordening van het programma 2. Georiënteerd op de heersende windrichting 3. Zontoetreding afgestemd op het programma. The influence of local conditions on the de-sign. Aided by a number of de-sign interventions — the roof, the courtyards and the zoning principle — the climatological influences are made part of the design, where they can be enlist-ed to exploit and experience the climate. 1. climatological ar-rangement of the programme 2. oriented to the prevailing wind direction 3. sunlight inci-dence tuned to the programme.

4 Impressie van één van de werkruimte op de luchtlaag. Door de positie van het volume in het dak ontstaan er afgeslo-ten buitenruimtes waardoor de passerende luchten ineens de belangrijkste afleiding zijn. Im-pression of one of the work-spaces on the open storey. The position of the volume in the roof creates closed-off outdoor spaces so that the passing skies are all at once the principal dis-traction.

5

6

5 Impressie van een college-zaal. De verblijfsruimten worden met hout bekleed waardoor er een duidelijk onderscheid ontstaat tussen de specifieke- en niet specifieke ruimten. Op de achtergrond is de patio te zien welke zorg draagt voor licht, lucht en ruimte. Impression of a lecture hall. The activity spaces are timber-clad giving a clear distinction between specific and non-specific spaces. In the background can be seen the courtyard, provider of light, air and space.

6 Impressie van de tussen-ruimte nabij de entree. Te zien is het multifunctionele gebruik van de ruimte en de perforatie van het dak waar de zon op gerichte plaatsen naar binnen schijnt. Impression of the intermediate space next to the entrance. Note its multifunctional use and the perforations in the roof letting in sunlight at strategic places.

Living In-Between

Gerwin Heidemann

Opleiding Technische Universiteit Delft
Studierichting architectuur
Mentoren Birgit Jürgenhake Ype Cuperus

Ontwerp voor een wooncomplex rond binnenhoven in Berlijn.

Het ontwerp bemiddelt tussen twee extreme posities van de stedelijke compositie. De traditionele Europese stad enerzijds en de moderne stad zoals Le Corbusier die presenteerde anderzijds. De discussie over de contrasterende benaderingen spitst zich steeds toe op het ontwerp van de openbare ruimte. In de traditionele stad definiëren de gevels de grenzen van de publieke ruimte die daardoor de vorm aanneemt van een serie open ruimtes in het stedelijk weefsel. De ruimte in de moderne stad bestaat uit een doorgaande open ruimte waarin de gebouwen als losse objecten zijn geplaatst.
Het ontwerpvoorstel bestaat uit een gebouwde omgeving waarin zowel de publieke als de semi-openbare als de private ruimte is uitgehold. Al deze ruimten zijn gekoppeld aan de aanliggende gebouwen aan de ene zijde, aan de overliggende zijde wordt de harde grens verzacht door gaten in de bouwmassa waardoor het publieke domein doordringt in het gebouw. Hierdoor ontstaat een nieuwe typologie van doorgaande hoven. Ze reflecteren zowel de kleine schaal van de 'Berliner Höfe' die kenmerkend is voor Kreuzberg als de grote open ruimte van de Media Spree.
Het is niet de hof op zichzelf die de kwaliteit van de typologie bepaalt, maar de wisselwerking tussen de open ruimte en de inpandige ruimte. Door drie centraal gelegen hoven te transformeren tot de slagaderen van het project ontstaat een heldere organiserende stervormige structuur die het plan verdeelt in drie kleinere stedelijke blokken. Elk blok heeft een eigen centrum met een eigen ingang. De verzameling hoven rond de centrale hof kennen een hiërarchie van openbaar naar privé. Hoe fijnmaziger het raster van de blokkenstructuur wordt, hoe transparanter, poreuzer en opwindender de ruimte zich voordoet.
Dit in tegenstelling tot de hoven in het hedendaagse Berlijn die 's nachts volledig afgesloten zijn en overdag aan het zicht onttrokken worden.
Het concept heeft niet alleen betrekking op de hoven, het is ook bepalend voor de kwaliteit van de woningen. Elke woning grenst aan drie hoven en biedt ruimte aan alle dagelijkse functies van het stedelijk leven. Zowel het wonen bestaande uit ontspanning, eten en slapen, als het werken kan binnen de smalle L-vormige woning door de bewoner naar keuze aan een van de drie aanliggende hoven gesitueerd worden.

Living In-Between

Gerwin Heidemann

Place of education Delft University of Technology
Specialization architecture
Tutors Birgit Jürgenhake Ype Cuperus

Design for a housing complex around courtyards in Berlin.

The design mediates between two extreme positions in urban composition: the traditional European city on one hand and the modern city as presented by Le Corbusier on the other. Discussion about the contrasting approaches invariably focuses on the design of public space. In the traditional city, it is the frontage that defines the boundaries of public space, which as a result takes on the form of a succession of open spaces in the urban fabric. Space in the modern city consists of an unbroken open space in which the buildings are placed as discrete objects. The design proposal is for a built environment in which all space — public, semi-public and private — has been scooped out. All these spaces are on one side hitched to the buildings alongside whereas on the other side the hard boundary is softened by holes punched in the built mass so that the public domain penetrates the building. This gives rise to a new typology of interlinked courtyards. They reflect the small scale of the 'Berlin courtyards' (Berliner Höfe) characteristic of the Kreuzberg area as well as the large open space of Mediaspree.
It is not the courtyard in itself that determines the quality of the type but the trade-off between open and internalized space. The design transforms three courtyards at its centre into the arteries of the project to create a lucid organizing star-shaped structure that divides the plan into three smaller city blocks. Each block has its own centre with its own entrance. The assemblage of courtyards round each of the three central courtyards admits to a hierarchy from public to private. The more finely-meshed the grid of the block structure, the more transparent, porous and compelling the space. This in contrast to the courtyards in Berlin now, which are closed at night and hidden from view during the day.
The concept relates not only to the courtyards but is also defining for the quality of the dwellings. Each narrow L-shaped dwelling borders on three courtyards and provides a venue for all day-to-day activities of urban life. The occupants can themselves decide which of the three courtyards they wish to overlook for their home life — relaxing, eating and sleeping — and for work.

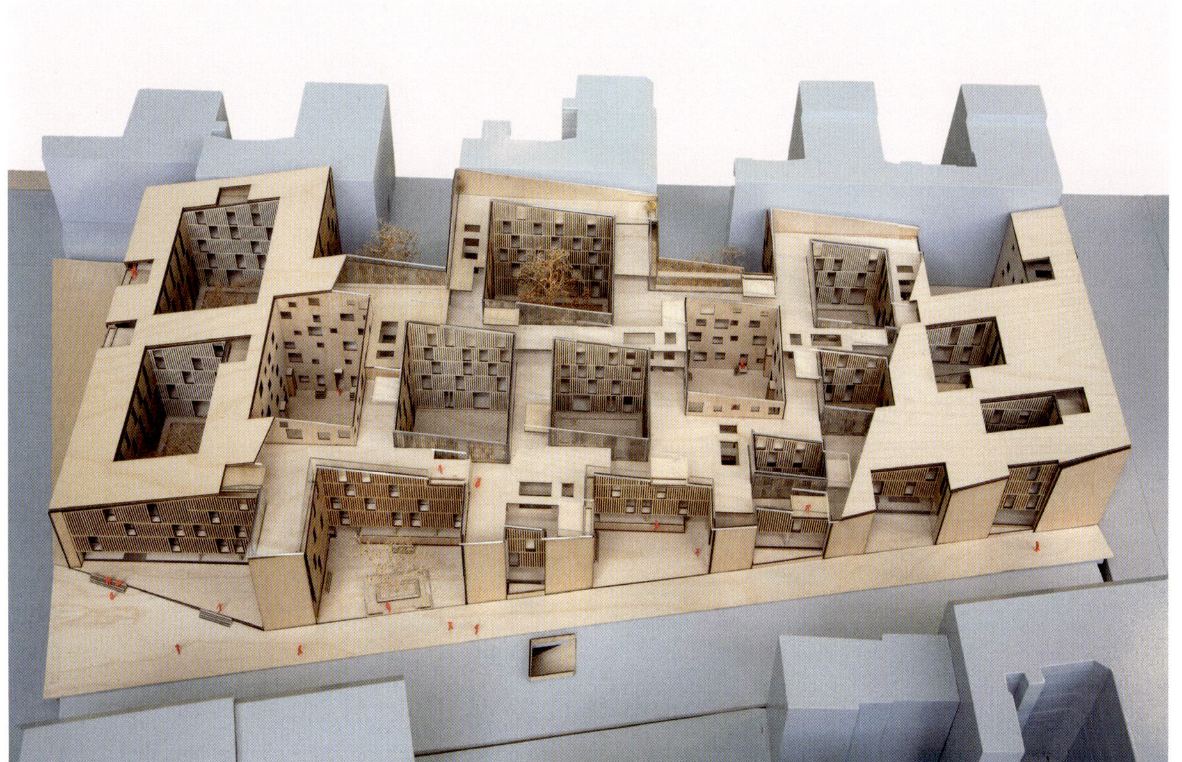

1

1 Maquette. Model.

2 Maquette. Model.

3 Hof 1: Commerciële plint. De buitenste schil van het gebouw biedt plek voor horeca en winkels. Courtyard 1: Commercial plinth. There is space for hospitality and retail in the building's outermost layer.

4 Hof 2: Publieke ruimte, centrale hof die de bestaande bebouwing verbindt met de nieuwe. Courtyard 2: Public space, central courtyard hitching together existing and new development.

3

4

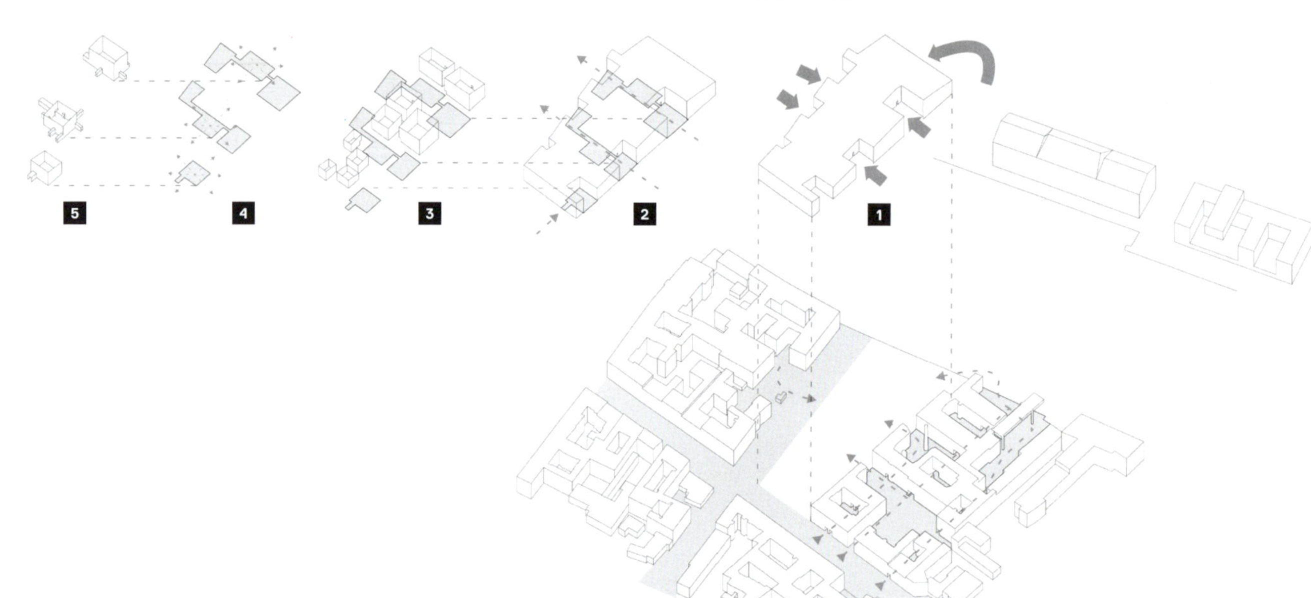

5   Routeing: 1. morphologie, 2. publieke domein, 3. privé hoven, 4. toegang, 5. poort. Routing: 1. morphology, 2. public domain, 3. private courtyards, 4. access, 5. gateway.

5

6   Hof 3: Private hof, gelegen rond de centrale hof. Deze is hoger gelegen en kan worden afgesloten van het publieke domein. Courtyard 3: Private courtyard, wrapped round the central courtyard. Located higher up, it can be closed off from the public domain.

6

7   Dwarsdoorsnede, in het midden het publieke domein met aan weerskanten de privé hoven. Cross section, with in the middle the public domain with private courtyards to either side.

7

Living Shell —
De transformatie van een jaren zeventig kantoorgebouw

Dik Houben

Opleiding Rotterdamse Academie van Bouwkunst
Studierichting architectuur
Mentoren André Kempe Rob Hootsmans Marcel de Boer Job Floris

Transformatie tot woongebouw van de Shelltoren aan het Hofplein te Rotterdam.

De Shelltoren uit 1976 is een schoolvoorbeeld van de architectuur van de jaren zeventig. Kenmerkend is de aandacht voor prefabricage, repetitie en standaardisatie. In die periode werd er volop geëxperimenteerd met nieuwe, industriële bouwmethoden. De toren staat al jaren vrijwel leeg, bouwtechnisch is het kantoorgebouw echter nog in goede staat. Door de Shelltoren te transformeren naar woongebouw wordt tegemoet gekomen aan de vraag naar bijzondere en luxe appartementen in de stad. Het levendiger maken van de plint kan een positief effect hebben op de directe omgeving.

De Shelltoren is gebouwd als beleggingsobject voor het Shell Pensioenfonds en is ontworpen door Piet Zanstra. Herkenbaar voor de stijl zijn de prefab gevelelementen van grof gewassen grindbeton, diepe neggen, afgeronde hoeken en de blok-achtige, geometrische en herhalende vormen. Interessant is de achterliggende bouwtechniek waar alles, van het stramien tot de kozijndetails, is ontworpen om zo efficiënt mogelijk te kunnen bouwen. Een negatief aspect van het gebouw is dat het nauwelijks een relatie met zijn omgeving aangaat: het manifesteert zich als autonoom object in de stad. In de transformatie is gezocht naar een strategie om het gebouw open te breken en onderdeel te laten zijn van het stedelijk weefsel met behoud van de architectonische kenmerken en het rationele karakter.
De constructie biedt mogelijkheden voor andere functies. Door de overgedimensioneerde kolommenstructuur en de grote verdiepingshoogte is de toren vrij indeelbaar, ook in verticale zin. Samen met de ruime kern met maar liefst zes liften biedt de toren mogelijkheden die met nieuwbouw nooit gerealiseerd zouden kunnen worden. Omdat woningen, anders dan kantoren, zwaardere eisen stellen aan daglicht en buitenruimtes, is het aantasten van de kenmerkende gevelelementen onvermijdelijk. De huidige repetitie van de gevel is zo dwingend dat alle betonnen gevelelementen vervangen dienen te worden. Een rationeel gebouw vraagt om een rationele nieuwe gevel en geen mix van oud-nieuw. Door het gebouw te verlossen van deze extreem zware elementen ontstaan er mogelijkheden die de transformatie ook economisch aantrekkelijk maken. Zonder dat het gewicht toeneemt kunnen er transparante gevels, buitenruimten en nieuwe verdiepingen gerealiseerd worden. Door de van oorsprong al aanwezige vrije indeelbaarheid van de verdiepingsvloeren te handhaven, blijven ook functieveranderingen in de toekomst mogelijk.
Kenmerkend voor de nieuwe gevel is de vormrijm met de architectonische articulatie van de bestaande gevel. De expressie van de Shelltoren blijft behouden door de bestaande plastiek uit te voeren in geweven metaalgaas. Dit lichtgewicht en transparante materiaal zorgt ervoor dat de lichtinval in de toren wordt verdubbeld terwijl de inkijk beperkt blijft. De toren wordt proportioneel vergroot met buitenruimtes rondom het bestaande bouwvolume en extra verdiepingen erbovenop. De moduulmaat van de gevelelementen is vergroot met behoud van de plastiek en repetitie van de elementen. Door de overmaat van de draagstructuur is het mogelijk om op gewenste plekken de prefab vloerelementen te verwijderen. Deze ingrepen zorgen ervoor dat er in de toren een grote variatie aan woningen mogelijk is en het basement meer ruimte krijgt voor commerciële voorzieningen.
Het basement van het bestaand gebouw bestaat voor het grootste gedeelte uit een parkeergarage en is om die reden maar aan één de zijde openbaar toegankelijk. Meer ruimte en transparantie wordt verkregen door de parkeergarage efficiënter in te delen met behulp van een parkeerlift. De gewonnen ruimte op straatniveau komt beschikbaar voor winkels en horecavoorzieningen, ook het huidige personeelsrestaurant met auditorium op de tweede verdieping wordt openbaar gemaakt. Het voorheen ondoordringbare gebouw is geopend en geeft een verloren plek weer terug aan de stad.
De Shelltoren is door zijn centrale positie, de generieke opbouw en de overgedimensioneerde constructie zeer geschikt om nieuwe functies te huisvesten. Met een aantal noodzakelijke ingrepen is het karakter van de Shelltoren en de eigenzinnige positie in de stad zowel bestendigd als vernieuwd.

Living Shell —
The transformation of a 1970s office building

Dik Houben

Place of education Rotterdam Academy of Architecture and Urban Design
Specialization architecture
Tutors André Kempe Rob Hootsmans Marcel de Boer Job Floris

A project to transform the Shell Tower on Rotterdam's Hofplein into an apartment building.

Built in 1976, the Shell Tower (Shelltoren) is a classic example of 1970s architecture. The key features of this architecture were prefabrication, repetition and standardization. Those were the days of experimenting with new, industrialized methods of construction. Although the office tower has been virtually empty for years, structurally it is still in good condition. In transforming the Shell Tower into housing, this project is satisfying the demand for exceptional luxury apartments in the city. Livening up the plinth can have a positive effect on the immediate surroundings.

The Shell Tower was built as an investment for the Royal Dutch Shell Pension Fund and was designed by Piet Zanstra. Typical of its style are the precast facade cladding units of course washed gravel concrete, deep recesses, rounded corners and the blocky, geometric and repetitive forms. An interesting aspect is the underlying construction strategy in which everything, from the module to the window and door frame details, was designed for maximum efficiency in building. A negative side is that the tower scarcely relates to its surroundings, registering as a stand-alone object in the city. In the present transformation, the designer sought a strategy to break open the building and make it part of the urban fabric while retaining its architectural character and rationalist ethos. The construction holds out opportunities for other duties. With its over-dimensioned column structure and great ceiling height, the tower is freely subdivisible, vertically as well as horizontally. Together with the generous core boasting no less than six lifts, the tower opens up possibilities that could never be achieved with new-build. Since dwellings unlike offices make greater demands on daylight and outdoor areas, it is impossible not to encroach on the characteristic facade cladding. The present repetition in the frontage is so restrictive that all concrete cladding units will need replacing. A rational building requires a rational new frontage and not a mix of old and new. Ridding the building of this exceedingly heavy cladding creates opportunities that make the transformation economically attractive too. Transparent facades, outdoor areas and new storeys can be added without increasing the building's weight. In retaining the original open, transformable qualities of the upper storey floors, it will always be possible to change the building's function in the future.
A key feature of the new frontage is that its form rhymes with the architectural articulation of the existing frontage. The Shell Tower keeps its expression by having its original sculptural aspect executed in woven metal gauze. This lightweight transparent material doubles the amount of light entering the building while keeping overlooking to a minimum. The tower is proportionally enlarged with outdoor spaces around the existing building volume and with additional storeys on top. The module of the cladding units has likewise been enlarged while retaining the sculptural aspect and repetition. The loose-fit format of the building's structure makes it possible to remove the precast floor slabs in the desired places. These interventions enable a wide variety of dwelling types in the tower and more room in the basement for commercial facilities.
The basement of the existing building consists in large part of a parking facility and for that reason is publicly accessible on one side only. More space and greater transparency is achieved by reorganizing the facility more efficiently with the aid of a parking lift. The space gained at street level is available for retail and hospitality and the present staff restaurant and auditorium on the second floor is made public. The once impenetrable building has been opened up and what was a non-place has been returned to the city.
The Shell Tower with its central position, generic composition and over-dimensioned construction is eminently suited to accommodating new duties. With a few necessary interventions, the character of the Shell Tower and its offbeat position in the city have been sustained and, at the same time, renewed.

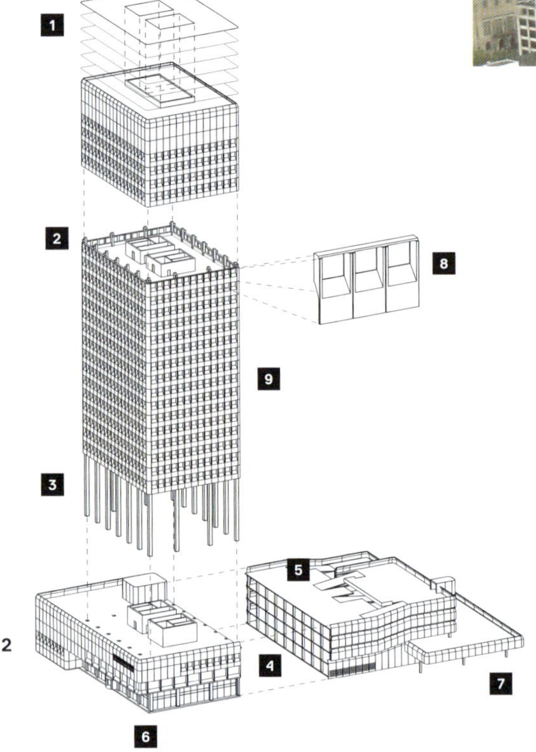

1 Doorsnede loft woning over twee verdiepingen. De bestaande kolommen zijn twee verdiepingen hoog en staan negen meter uit elkaar. Section through two-storey loft apartment. The existing columns are double-height and stand at nine-metre intervals.

2 Negen ingrediënten voor de transformatie van de Shelltoren: 1. optoppen, 2. centrale kern en vrije indeelbaarheid, 3. structuur met overmaat, 4. parkeren optimaliseren, 5. collectieve daktuin, 6. levendige plint, 7. hoogwaardige voorzieningen, 8. transparante gevels met balkons, 9. plasticiteit. Nine ingredients for the transformation of the Shell Tower: 1. topping up 2. central core and freely subdivisible space around 3. structure with oversize 4. optimized parking 5. communal roof garden 6. vibrant plinth 7. high-grade facilities 8. transparent facades with balconies 9. sculptural aspect.

3 Kenmerkend voor de nieuwe gevel is de vormrijm met de architectonische articulatie van de bestaande gevel. De expressie van de Shelltoren blijft behouden door de bestaande plastiek uit te voeren in geweven metaalgaas. A key feature of the new frontage is that its form rhymes with the architectural articulation of the existing frontage. The Shell Tower keeps its expression by having its original sculptural aspect executed in woven metal gauze.

4   Dubbelhoge hoekwoning met vide. De doorlopende balkons worden bekleed met geweven metaalgaas dat zorgt voor veel lichtinval en weinig inkijk. Double-height corner apartment with lightwell. The continuous balconies are clad in woven metal gauze, encouraging light and discouraging views.

5   De duurzaamheid blijkt niet te zitten in de gevel, maar in de overmaat van constructie en ontsluiting die na het verwijderen van de gevel benut kan worden. Hierdoor is intern een grotere variëteit, flexibiliteit en bijzondere woonvormen mogelijk. The sustainable component proves to reside not in the frontage but in the loose fit of structure and access which can be exploited once that frontage has been removed. This makes for greater variety and flexibility internally and enables exceptional dwelling forms.

6   De aansluiting van het gebouw op de straat wordt verbeterd door de gesloten delen te vervangen door transparante puien. Ook worden de vloeren van de eerste verdieping rondom verwijderd. De gewonnen hoogte maakt de plint licht en open. The building's relationship with the street has been improved by replacing the opaque parts with areas of glass. Also, floors slabs at the perimeter of the first floor have been removed. The height gained this way makes for a light-filled, open plinth.

Material Bank

Dalia Zakaite

Opleiding Technische Universiteit Delft
Studierichting architectuur
Mentoren Heidi Sohn Gerhard Bruyns Huib Plomp Florian Heinzelmann

De Material Bank is een uitwisselingspunt voor materialen, werk, informatie en geld in Riberas del Bravo, een woonwijk in de 1,6 miljoen inwoners tellende Mexicaanse stad Ciudad Juarez gelegen aan de grens met de Verenigde Staten.

De Material Bank functioneert als een intermediair tussen de bewoners van sociale woningbouwprojecten in Riberas del Bravo, lokale fabrikanten, bouwvakkers en derden als de gemeente, NGO's etc. De meerderheid van de bevolking is werkzaam in maquiladoras, op de export georiënteerde assemblage fabrieken van fabrikanten als FOXCONN, Bosch, Siemens en Toshiba. De werknemers wonen in mensonterende omstandigheden in getto's van kleine huisjes verspreid tot ver in de woestijn.

De Material Bank is in de eerste plaats bedoeld om de bewoners die gevangen zitten in de geschetste situatie te betrekken bij de bouw van uitbreidingen aan bestaande gebouwen, hen een opleiding te bieden en mogelijkheden te creëren voor nieuwe locate economieën. Het hoofdgebouw van de Material Bank ontwikkelt zich geleidelijk, het begint met een informatiewand. Vervolgens wordt het in verschillende kleinere stappen uitgebreid tot een structuur met opslagruimten, werkplaatsen, ruimten voor de inkoop van oud ijzer, advies. Dit alles om een kringloop van geld, tijd, werk en materialen op te starten die op zijn beurt een nieuwe lokale economie vormt. In de werkplaatsen worden uitbreidingen van bestaande woningen gefabriceerd. Locale arbeid en lokale materialen worden ingezet ten behoeve van de sociale en economische omstandigheden en om de problemen met de constructie en de architectuur in Riberas del Bravo aan te pakken.
In de tweede plaats fungeert de Material Bank als een kweekvijver voor een alternatief sociaal woningbouwsysteem. In het bestaande systeem wordt de bewoner slechts gezien als een financiële post en de afstand tussen de fabriek, het huis en de bewoner is groot. Die situatie heeft geleid tot een teruggang in zowel het aantal als de kwaliteit van de woonunits. In het voorgestelde nieuwe systeem worden alle intermediaren geëlimineerd. De structuur van de Material Bank is zodanig opgezet dat ze op termijn kan transformeren in woningen. De door de werknemers gebouwde werkplaatsen kunnen getransformeerd worden in woningen, winkels en voorzieningen. Op die manier wordt een woonomgeving gecreëerd die resulteert in een nieuwe lokale economie, een nieuw sociaal leven en een nieuwe gebouwde omgeving.

Material Bank

Dalia Zakaite

Place of education Delft University of Technology
Specialization architecture
Tutors Heidi Sohn Gerhard Bruyns Huib Plomp Florian Heinzelmann

The Material Bank is an exchange for materials, work, information and money in Riberas del Bravo, a neighbourhood in Cuidad Juarez, a Mexican city of 1.6 million souls on the Mexico-US border.

The Material Bank acts as an intermediary between the inhabitants of social housing projects in Riberas del Bravo, local factory-owners, construction workers and third parties such as the town council and NGOs. The majority of the population work in maquiladoras, export-oriented manufacturing operations for firms like FOXCONN, Bosch, Siemens and Toshiba. The employees live in pitiful conditions in ghettos of small huts that extend far into the desert.

The Material Bank is primarily intended to involve inhabitants caught up in the above-named situation in the construction of extensions to existing buildings, offer them training and create opportunities for new local economies. The principal building of the Material Bank evolves gradually, beginning with an information wall. It is then expanded in a number of smaller steps into a structure containing storage units, workshops, retail spaces for the sale of old iron and an information centre. Al this is to get in place a cycle of money, time, work and materials that in turn constitutes a new local economy. The workplaces are used to make extensions to existing houses. Local labour and local materials are deployed to improve the social and economic circumstances and to tackle structural and architectural problems in Riberas del Bravo.
Secondly, the Material Bank acts as a breeding pool for an alternative system of social housing. In the existing system, residents are seen purely as a way of making money and the distance between factory, house and resident is considerable. This situation has led to a decrease in both the number and the quality of living units. In the proposed new system all intermediaries are eliminated. The structure of the Material Bank is such that in time it can transform into housing. The workplaces built by the employees can be transformed into houses, shops and services. The living environment thus created will result in a new local economy, a new social life and a new built environment.

1

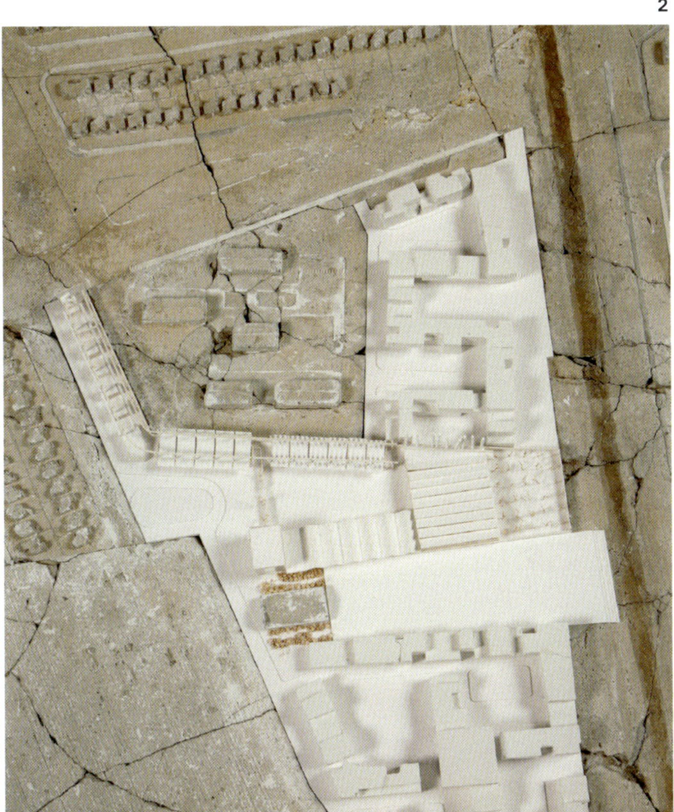

2

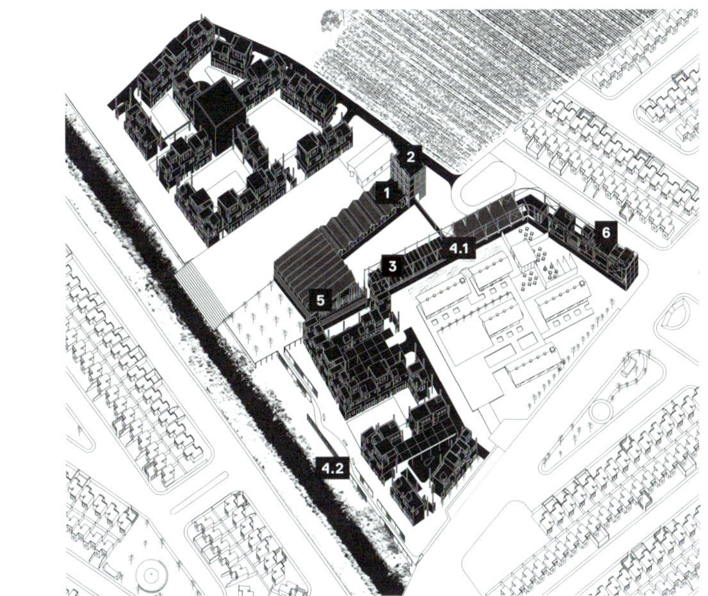

3

5

4

1 De informatiewand wordt als eerste ruimtevormend element gebouwd. Mensen kunnen er informatie uitwisselen en de gemeentelijke organisaties kunnen er hun informatie op kwijt. The information wall built as the first space-defining element, where people can exchange information and the government organizations can deposit theirs.

2 Maquette. Model.

3 Informatiecentrum met informatiepunt en receptie, spreekkamers en verhuurbare ruimten. Information centre with information point and reception, interview rooms and lettable rooms.

4 Binnenplaats voor de opslag van te recyclen materialen, gedeeltelijk overdekte opslagruimte. Courtyard for storing materials for recycling with a partly roofed storage area.

5 Axonometrisch aanzicht. 1. Informatiewand 2. Informatiecentrum 3. Binnenplaats voor de opslag 4.1. Kraanbaan 4.2. Wandelroute 5. Werkplaats 6. Assemblagelijn 1. Information wall 2. Information centre 3. Courtyard for storing materials 4.1. Crane runway 4.2. Pedestrian route 5. Workshop 6. Assembly line

6

7

8

9

6 De kraanbaan bepaalt de routing van de goederen en faciliteert de logistiek, ook op de lange termijn. The crane runway determines the routeing of goods and facilitates the logistics, also in the long term.

7 De route voor de mensen wordt gevormd door groen en zonneschermen, het vormt een onderdeel van de wandelroute tussen oude en nieuwe publieke ruimten. The route for people is shaped by green space and sunscreens and is part of the pedestrian route between the old and new public areas.

8 Transformatie van de assemblagelijn: collectief wonen, individuele woning, gemengd gebruik, tijdelijke woonruimte, winkel, assemblage showcase, assemblage werkplaats. Transformation of the assembly line: collective habitation, individual dwelling, mixed use, temporary living space, assembly showcase, assembly workspace.

9 Werkplaats die gebruikt wordt om de aangevoerde materialen te verwerken tot bruikbare onderdelen. Ze worden daarna opgeslagen in een afzonderlijke opslag. Hier werken lokale werklozen. Workshop used to process incoming materials into usable parts which are then stored separately. This is work for the local unemployed.

10 Kerkplein. Church square.

10

Met de tijd gebouwd

Marius Grootveld

Opleiding Technische Universiteit Delft
Studierichting architectuur
Mentoren Eireen Schreurs Jan van de Voort

Dit afstudeerproject onderzoekt de relatie van een gebouw met de tijd op twee thema's, Flexibiliteit door traditie en Geschiedenis door verwering. Het eerste thema gaat in op de functionele en ruimtelijke aspecten van de tijd en het laatste op de fenomenologische en materiële aspecten. Daarbij heb ik vooral inspiratie geput uit de directe context van het project, de stad Venetië. Een stad die bij uitstek beïnvloed is door de tijd.

Gebouwen zijn onderhevig aan de tand des tijds. De tijd laat haar sporen achter op het gebouw. Dit kunnen fysieke sporen zijn van gebruik en verwering maar ook de ruimtelijke sporen van voorgaande functies. Tegenwoordig is de algemene consensus dat deze sporen voorkomen of gerepareerd moeten worden, nieuw is goed. Een gebouw is dan een autonome entiteit die sterk gerelateerd is aan de originele functie en de gedachten van de architect voor het moment van oplevering. De eerste staat is de ultieme staat. De realiteit is echter dat gebouwen verweren en dat functies veranderen. Met de huidige instelling zullen we altijd achter de feiten aan lopen. Waarom accepteren we de invloed van de tijd niet en ontwerpen we ermee in plaats van ertegen.

Flexibiliteit door traditie

De aanvankelijke lay-out van een gebouw wordt vaak bepaald door de functie waarvoor het is ontworpen. Functies veranderen, vandaag de dag sneller dan vroeger. Het toelaten van de tijd is het toelaten van verandering. Bij een flexibel gebouw dient de vorm niet uit de functie voort te komen maar moet de functie zich kunnen vinden in de vorm. Een lokale traditie en de daarbij behorende typologieën geven meer perspectief op ruimtelijk gebruik dan een programma van eisen. De traditie heeft zich immers in de loop der tijd bewezen en de typologie heeft al vele gebruiken ondergaan. Aan de hand van deze gewoontes uit het verleden kan er worden geanticipeerd op toekomstig gebruik.

Het onderzoek over flexibiliteit en traditie kijkt voornamelijk naar het type van het Venetiaans palazzo. Aspecten als de mate van openbaarheid, hiërarchie van ruimten en de relatie tot de publieke ruimte zijn geanalyseerd en geherinterpreteerd voor het uiteindelijke ontwerp.

Geschiedenis door verwering

Verwering wordt zelden ontworpen. Het tegengaan hiervan wel. Vandaag de dag weet een goede architect waar een gebouw kan verweren en hoe hij dit voorkomt. Toch zie ik als ik door een stadscentrum loop overal de invloed van de tijd in groeven met vuil, gedeeltelijk gepolijste stenen en roestrichels. Tegen beter weten in ben ik de vormen van dit verval gaan waarderen. Het zou zomaar bedoeld kunnen zijn.

Naast een esthetische dimensie werken deze slijtages ook in culturele zin. De sporen van verwering vertellen ons iets over de mensen die ze hebben achtergelaten. Een mat en dof gepolijst familiegraf in een kerk vertelt ons meerdere verhalen over zijn geschiedenis. Over de stollingsprocessen bij het ontstaan van de natuursteen, over de hand van de kunstenaar die hem heeft vormgegeven, over de rijkdom en status van de familie die zich de steen kon veroorloven en over de massa's mensen die er overheen hebben gelopen. Het schept een afstand in tijd tot de herinnering aan deze familie. Het zijn culturele gebeurtenissen die besloten liggen in de verweerde steen. Elk stukje verwering is een stukje geschiedenis dat ons verbindt met het verleden.

Het onderzoek naar de geschiedenis door verwering bestaat uit een essay over de culturele waarde van veroudering en een foto-inventarisatie over de ordening van de variaties van het verweer.

Building with Time

Marius Grootveld

Place of education Delft University of Technology
Specialization architecture
Tutors Eireen Schreurs Jan van de Voort

This graduation project explores the relationship between a building and time on the back of two themes: Flexibility through tradition and History through weathering. The first theme addresses the functional and spatial aspects of time and the second the phenomenological and material aspects. I drew most of my inspiration from the immediate context of the project, the city of Venice, a city pre-eminently influenced by time.

Buildings are prey to the ravages of time, which leaves its traces on them. These can be physical traces of use and weathering but also the spatial traces of the building's former functions. The general consensus these days is that these traces have to be avoided or repaired; new is good. That said, a building is an autonomous entity that is strongly related to its original purpose and the ideas of its architect at the time of its completion. The initial state is the ultimate state. The reality however is that buildings weather and functions change. The current attitude means that we are continually running after a moving target. Why don't we accept the influence of time and design with it rather than against it?

Flexibility through tradition

Often the original layout of a building is dictated by the purpose for which it was designed. Functions change, more rapidly these days than formerly. To admit time is to admit change. In a flexible building, the form need not issue from the function but the function should be at home in the form. A local tradition and the typologies attendant on it give a better perspective on spatial use than an architect's brief. Indeed, tradition has proved its worth and the typologies in question have had many uses over the years. Armed with these customs from the past, it is possible to look ahead to uses in the future.

The study into flexibility and tradition focuses most closely on the Venetian palazzo type. Such aspects as the degree of publicity, the hierarchy of spaces and the relationship with the public domain have been analysed and reinterpreted for the final design.

History through weathering

Weathering is seldom designed. What does get designed is the fight against weathering. Today any architect worth their salt knows where a building may weather and what to do about it. And yet whenever I walk through a city centre I see everywhere the influence of time in grooves full of dirt, partially smoothed stones and rusting edges. Against my better judgement, I have come to value the forms of this decay. It could easily have been intended this way.

Besides an aesthetic dimension, these abrasions also register in a cultural sense. The traces of weathering tell us something about the people who left them like that. A worn-down family tablet on the floor of a church tells us several stories about its history: about the solidifying processes when the stone was made, about the hand of the artist who shaped it, about the wealth and status of the family who could afford the tablet and about the masses of people who have walked across it. It creates a distance in time to the memory of this family. So there are cultural events contained in the weathered tablet. Each element of weathering is an element of history binding us to the past.

The study into the history through weathering consists of an essay about the cultural value of ageing and a photo inventory that organizes the varieties of weathering.

1

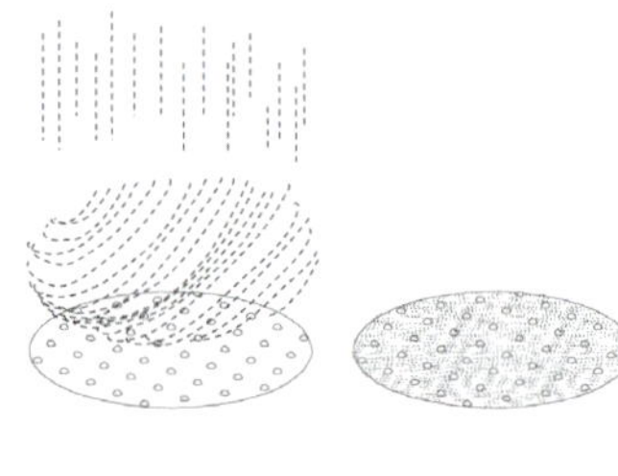

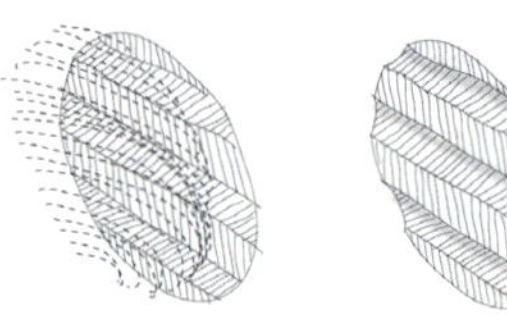

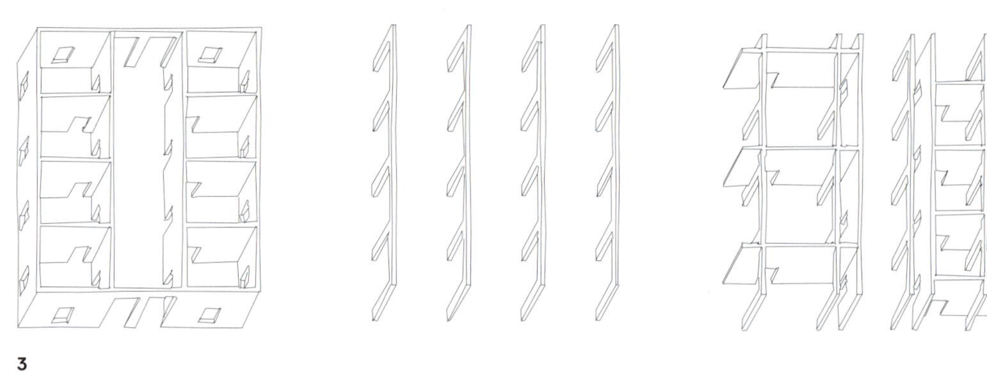

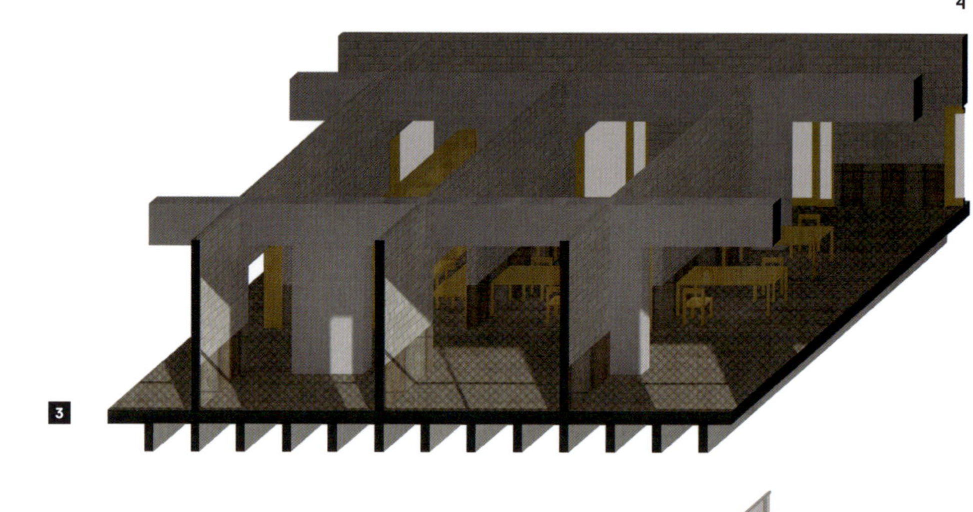

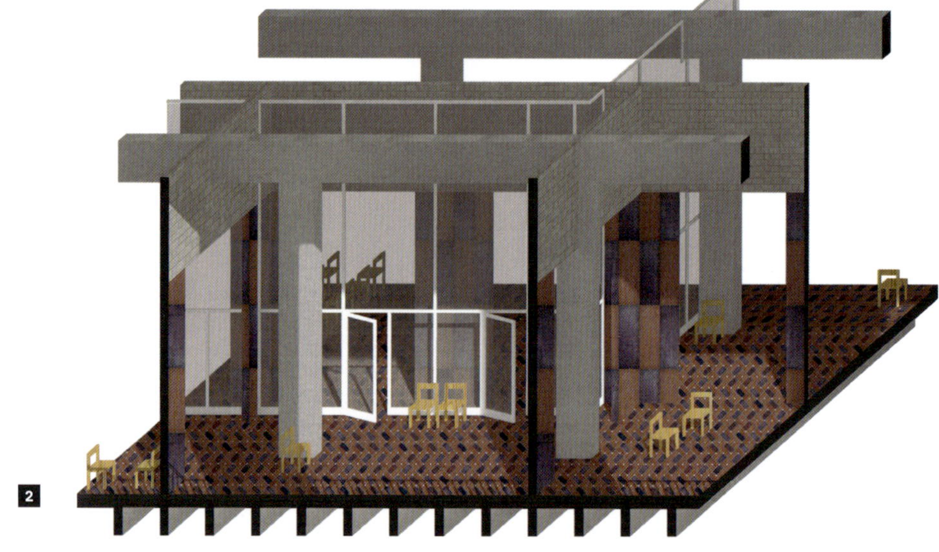

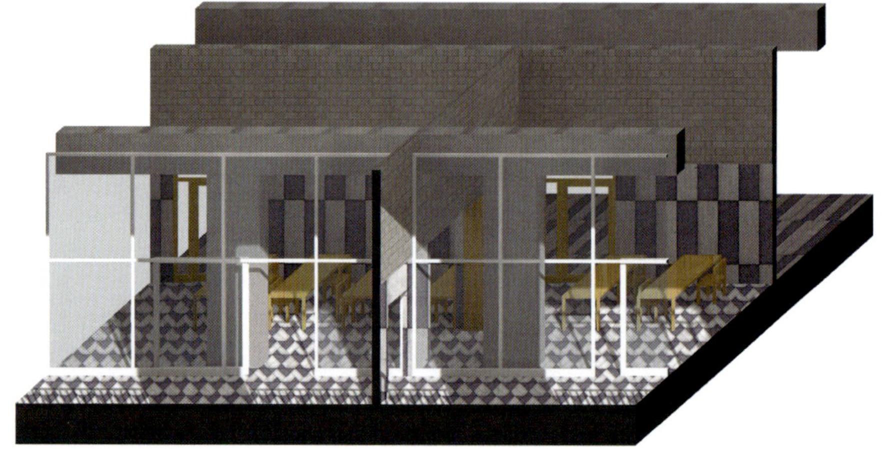

1   Impressie. Impression.

2   De reactie en vastlegging van het gebruik op de bekleding. 1. Door het verschil in hardheid van de toegepaste natuurstenen ontstaat er een relief bij langdurige wrijving. 2. De metalen pinnen tussen de bakstenen worden gepolijst bij wrijving. Er ontstaat een verloop in contrast. 3. De groeven in de houten vloer stompen af bij gebruik resulterend in een kussentjes reliëf. The response to use and its rendition in the cladding. 1. Sustained rubbing creates a relief in the stones due to a difference in hardness. 2. The metal pins between the bricks are smoothed by rubbing, producing a shift in contrast. 3. The grooves in the wooden floor become worn through use, resulting in a patterned relief.

3   Herinterpretatie van de palazzo plattegrond. Het constructieve en ruimte delende nut van de wanden is uit elkaar gehaald. Hierdoor ontstaat nu ook binnenin de kamers een ruimtelijke hiërarchie. Reinterpretation of the palazzo plan. A distinction is made between the structural and space-dividing uses of the walls. This brings a spatial hierarchy into the rooms themselves.

4   De collectieve (1), publieke (2) en private (3) laag van het ontwerp kennen ieder hun specifieke ruimtelijke en materiële uitwerking. The collective (1), public (2) and private (3) layers of the design each have their own spatial and material treatment.

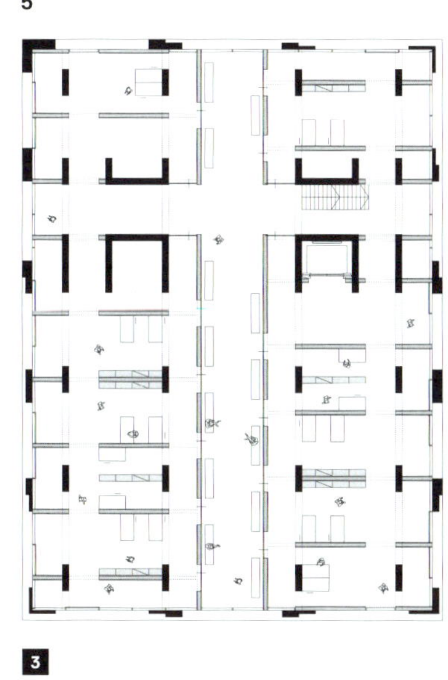

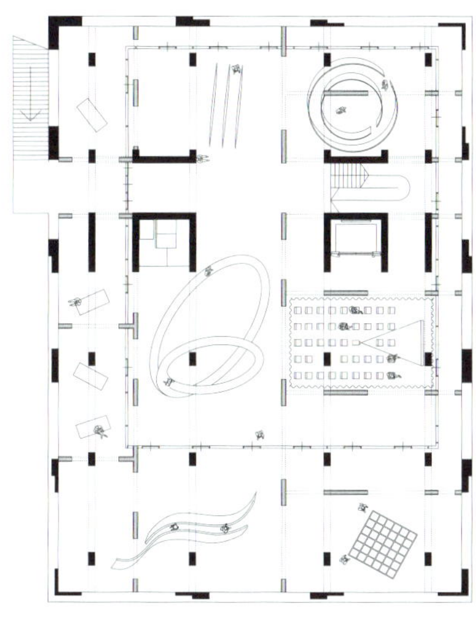

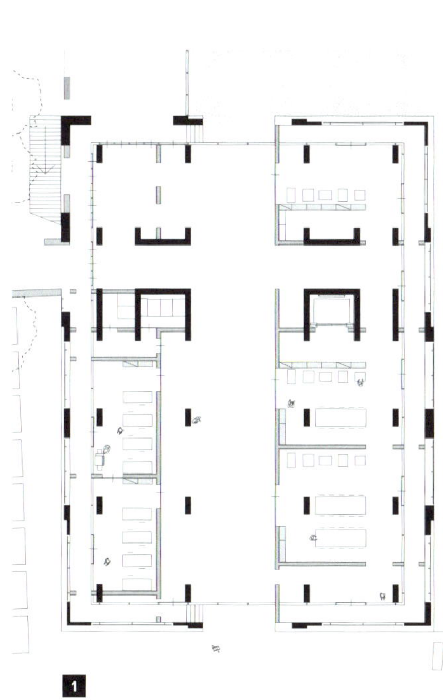

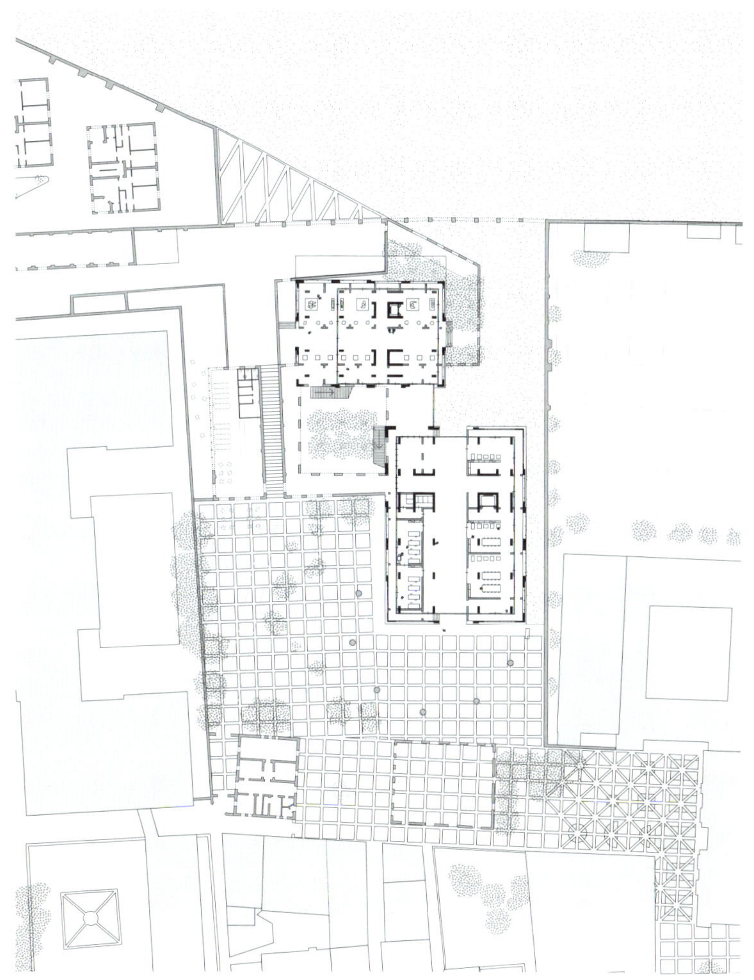

5 Zuidelijke gebouw. 1. Plattegrond begane grond: het collectieve niveau. 2. Plattegrond eerste verdieping: het publieke niveau. 3. Plattegrond tweede verdieping: het private niveau. South building. 1. Ground floor plan: communal level. 2. First floor plan: public level. 3. Second floor plan: private level.

6 Impressie. Impression.

7 Situatie van het ontwerp van een re-interpretatie van het Venetiaans palazzo met ten noorden de lagune van Venetië en ten zuiden een nieuw ontworpen plein. Site plan of the design to reinterpret the Venetian palazzo with the Venetian Lagoon to the north and a newly designed square to the south.

Pas-de-deux

Tara Steenvoorden

Opleiding Academie van Bouwkunst Amsterdam
Studierichting architectuur
Mentoren Jan-Richard Kikkert Trude Hooykaas Gianni Cito

Nationale balletschool aan de Prinsengracht

Uitgangspunt voor het ontwerp van de Nationale Balletschool is een dialoog tussen het bestaande gebouw en de nieuwe functie, waarbij kwalitatief hoogwaardige delen van het bestaande gebouw behouden worden en waarbij nieuwbouw wordt gepleegd waar de functie daarom vraagt: een pas-de-deux.

L'orginalité [...] ne consiste pas à forger des mots nouveaux,
mais à se servir bien des mots anciens. Ils peuvent suffire à tout.
Elles ont encore, malgré tout, malgré tous, tant de
beauté, nos vieilles pierres vives!
— Auguste Rodin, les cathédrales de France

In de binnenstad van Amsterdam dient een stille kans zich aan: een uitzonderlijk groot gebouw met een rijke maar onzichtbare historische waarde komt vrij voor nieuw gebruik. De wortels van dit pand liggen in de zeventiende eeuw, als aan de nieuw aangelegde Prinsengracht een weeshuis verrijst. Het pand heeft twee binnenplaatsen één voor de jongens en één voor de meisjes. Er staat een lange bank tegen de voorgevel, het levendig tafereel van minnen met een schare kinderen completeert het beeld. Het open en toegankelijke karakter verandert echter wanneer in 1825 de rechtspraak zijn intrek neemt in het gebouw. Als Paleis van justitie behoudt het gebouw vooral afstand, het verschanst zich meer en meer achter een statig gesloten gevel en een zware beveiliging. Na ontelbare aan- en verbouwingen slibt het complex dicht. Met het aanstaande vertrek van justitie ontstaat de mogelijkheid om het gebouw nieuw leven in te blazen en het een nieuwe relatie tot de stad te geven.
De kwaliteit van het bestaande wordt zichtbaar met het afpellen van het gebouw. Er ontstaat een rijk palet aan verhalende elementen gedragen door de zeventiende eeuwse oerstructuur, bestaande uit een grid met vaste maateenheden opgebouwd uit klassieke verhoudingen en een rigide ritme van gevelopeningen. De weinige nog resterende complete interieurelementen zoals een oude bibliotheek, een geornamenteerde kolommengalerij en een theatraal trappenhuis uit de 19e eeuw krijgen in het plan een nieuwe samenhang en hebben hun functie niet verloren.
Voor de nieuwbouw wordt de grammatica van de gevonden oerstructuur gebruikt en omgezet naar een hedendaagse invulling, de nieuwe bouwdelen spreken de taal van het oude gebouw maar zijn gevormd vanuit een nieuw gebruik. Oud en nieuw raken elkaar, reageren op elkaar zonder in elkaar op te lossen of elkaar te overschreeuwen en benadrukken in hun samenkomst elkaars kwaliteiten.
Alle voorzieningen voor de school zijn gesitueerd in de eerste vier bouwlagen en op de nieuwe zolder is ruimte gemaakt voor de woonverblijven van de kinderen. Één van de twee binnenplaatsen wordt weer onderdeel van het stedelijk leven en de route door de stad door haar te verbinden met de straat middels nieuwe passages die historische namen dragen als Wollemoedersgang en Bakkersgang. De tweede binnenplaats wordt overdekt en doet dienst als centrale ruimte in de school, een plek voor ontmoeting tussen de lessen en decor voor feestelijkheden. Verdeeld over drie beuken zijn van de hoofdpijlers van de opleiding ondergebracht: de school met klaslokalen, het theater met foyer en de dansstudio's. Onder de opgetilde kap wonen 100 studenten op een lichte woonzolder. Een ruime eetzaal en keuken vormen het decor voor een dagelijks ritueel als 80 jonge dansers aan lange tafels het avondeten genieten.
Door dina gerichte ingrepen in de voorgevel hervindt het gebouw zijn van oudsher benaderbare karakter, krijgt het theater een gezicht aan de straat en worden materialen ingezet om eenwording van oud en nieuw kracht bij te zetten.
Beweging door de ruimte is leidend thema voor de vormgeving van het interieur, de organisatie van routes en het vertalen van grote ruimten naar de menselijke maat. Met aandacht is het historische materialenpalet onderzocht en uitgebreid met materialen die sporen van gebruik kunnen verdragen en de tand des tijds kunnen doorstaan.
De ontmoeting tussen de vastheid en traagheid van dit oude gebouw en de vluchtigheid van de dans heeft geleid tot een transparante huid van metselwerk die aanraakbaar is en ruimten schept voor het menselijk lichaam. Een proces van evenwichtige stappen, niet gevoed door een nostalgische wens voor conservering of de drang tot sloop, maken een gebouw rijk aan historie en tegelijk klaar voor de toekomst. *Et l'histoire se répete*; in de zeventiende eeuw gebouwd als een huis voor wezen, in de 21e eeuw wederom een thuisbasis voor jonge mensen in Amsterdam.

... en wanneer 's avonds de binnenplaatsen oplichten en silhouetten dansen langs de gracht, wordt de balletschool een lantaarn in de stad, een levendig tafereel dat je in verwondering stil doet staan.

Pas-de-deux

Tara Steenvoorden

Place of education Academy of architecture Amsterdam
Specialization architecture
Tutors Jan-Richard Kikkert Trude Hooykaas Gianni Cito

National Ballet School on Prinsengracht

The design for the National Ballet School steps off from a dialogue between the existing building and its new duty, retaining high-quality parts of that building and adding new-build where the new duty requires it: a pas-de-deux.

Originality… consists not of inventing new words but of making good use of the old ones. They suffice for everything… Despite it all, they still have so much beauty, our old living stones!
— Auguste Rodin, Les cathédrales de France

In Amsterdam's inner city there is a quiet opportunity for the taking: an exceptionally large building of a rich if invisible historic value is about to be freed for new use. Its roots are in the 17th century, when an orphanage was built on the then newly laid-out Prinsengracht. The building had two yards, one for the boys and one for the girls. A long bench stood against the front facade, a tableau vivant of nuns with a cluster of children completing the picture. The building's open and accessible character changed, however, when in 1825 the law of the land moved in. In its new duty as law courts the building basically kept its distance, entrenching itself increasingly behind a solemn imperforate facade and a large measure of security. After countless additions and alterations the ensemble was built solid. With justice now about to make its departure, the possibility arises of infusing new life into the building and giving it a new relationship with the city. In this project the quality of the existing is brought into view by peeling layers off the building. This creates a rich palette of narrative elements carried by the original 17th-century structure, which consists of a grid of fixed dimensional units assembled from classical proportions and a strict rhythm of openings in the frontage. The few remaining complete interior elements — an old library, a gallery of ornamented columns, a dramatic staircase from the 19th century — are drawn into a new relationship without forfeiting their original duties. For the new-build, the grammar of the discovered original structure was taken and converted into a contemporary infill; the new parts speak the language of the old building but in terms of their new use. Old and new touch and respond to each other without one neutralizing the other or shouting it down, but rather emphasizing each other's qualities in their convergence.
All facilities serving the school are on the first four floors with space in the new attic for the children's living quarters. One of the two courtyards has been reinstated as part of urban life and the route through the city by stitching it to the street with new arcades with old-sounding names (Wollemoedersgang, Bakkersgang etc). The second courtyard has been roofed over and does duty as a central concourse in the school, a place to meet between lessons and the venue for festivities. The mainstays of the institution — the school with its classrooms, the theatre with foyer and the dance studios — are distributed across three bays. A hundred students live under the raised roof in a light-filled attic. A spacious dining hall and kitchen are the setting for a daily ritual when 80 young dancers enjoy their evening meal at long tables.
Three dedicated interventions in the front facade return to the building the accessibility it had always had, give the theatre a face to the street and introduce materials that stress the union of old and new.
Movement through space is the guiding theme that informs the interior's design, organizes the routes and translates large spaces into human dimensions. The palette of historical materials has been carefully explored and expanded with materials able to bear traces of use and withstand the ravages of time.
The encounter between the certainty and measured pace of this old building and the fleeting nature of the dance has resulted in a transparent though tangible brickwork skin that generates spaces for the human body. A process of measured steps, fuelled neither by a nostalgic desire for conservation nor the urge to demolish, makes a building rich in history and at the same time primes it for the future. And history repeats itself: built in the 17th century as a home for orphans, it is back as a home base for young people in Amsterdam in the 21st century.

... and when the courtyards are lit up at night and silhouettes dance along the canal, the ballet school becomes a lantern in the city, a tableau vivant that makes you stop in wonder.

1

2

3

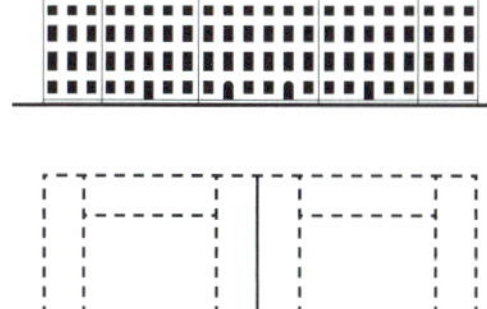

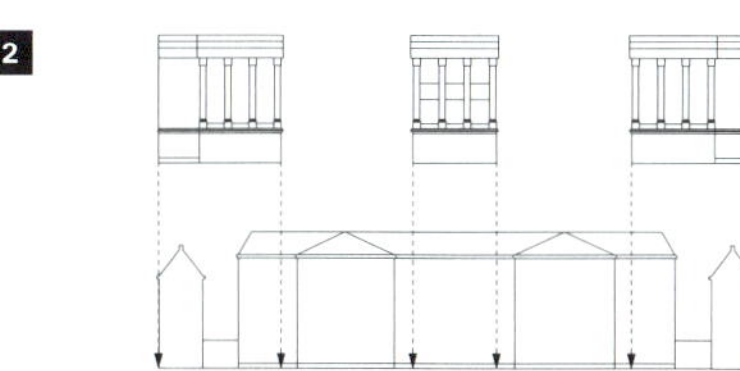

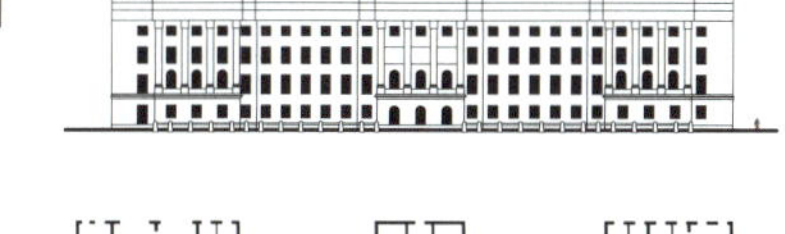

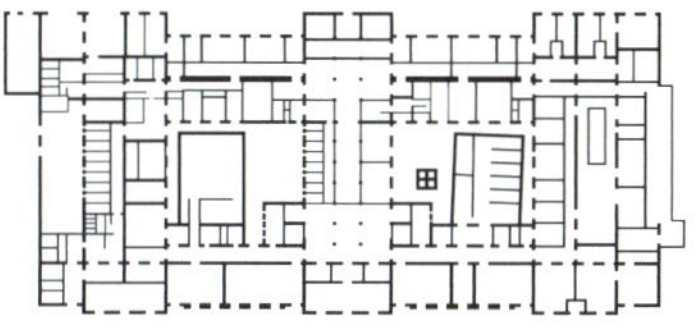

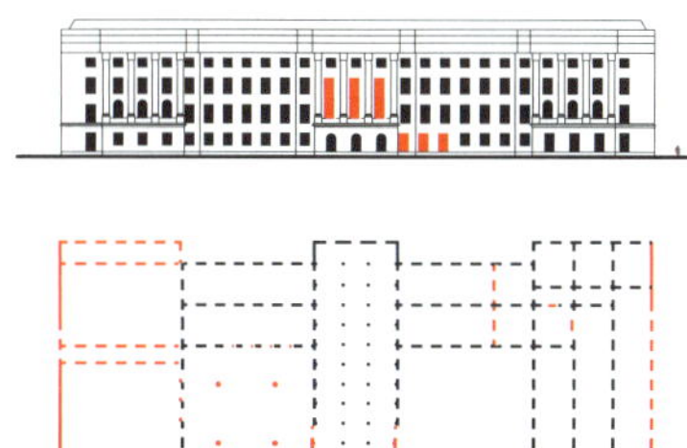

4

1 Prinsengracht 436 in Amsterdam, oorspronkelijk gebouwd als weeshuis in 1666. Prinsengracht 436 in Amsterdam, originally built as an orphanage in 1666.

2 De smalle binnenplaats in de schoolvleugel wordt overdekt en biedt ruimte om van het studielandschap over te steken naar de serene stilte van de oude leeszaal uit 1890. The narrow courtyard in the school wing has been roofed over so as to afford shelter when crossing from the study landscape to the tranquillity of the old reading room of 1890.

3 De passage en galerij bieden een nieuwe ruimtelijke relatie tussen de publiek toegankelijke binnenplaats en de straat en refereren aan de oorspronkelijke 'gaanderijen'. The arcade and gallery open up a new spatial relationship between the publicly accessible courtyard and the street and refer to the building's original galleries.

4 1. Op de kaart uit 1662 staat het gebouw rond twee binnenplaatsen al ingepland. 2. In 1825 wordt het pand getransformeerd tot Paleis van Justitie door een neo-klassieke gevel te plaatsen voor het voormalig weeshuis. 3. De diverse tijdslagen in het gebouw. 4. In de twee eeuwen als Paleis van Justitie slibt het gebouw volledig dicht en gaan diverse historische elementen verloren. Als Nationale Balletschool krijgt het pand een nieuw leven en een nieuwe relatie tot de stad. 5. Bestaande en te slopen delen van het gebouw. 6. Nieuwe situatie op locatie. 1. A map dating from 1662 shows the building already projected around two courtyards. 2. In 1825 the premises were transformed into law courts by placing a neoclassical facade in front of the former orphanage. 3. Layers in time at Prinsengracht 436. 4. In its two centuries as 'palace of justice' the building was gradually built solid and a number of old elements perished as a result. As the National Ballet School the building enters a new life and a new relation with the city. 5. Existing and condemned parts of the building. 6. New situation on site.

 Tara Steenvoorden   Pas-de-deux   Pas-de-deux   1e prijs   1st prize

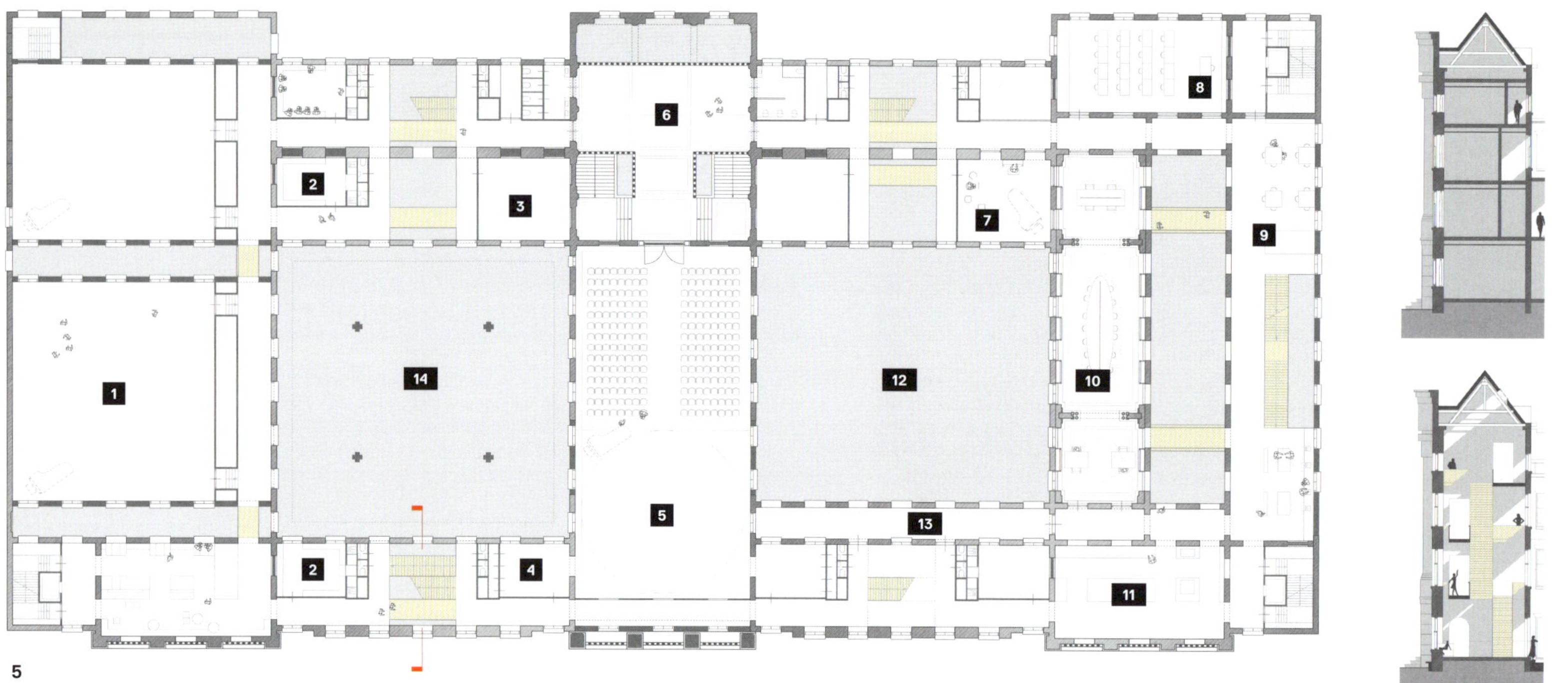

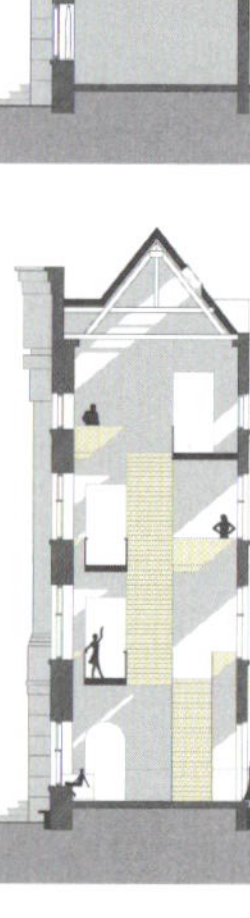

5

6

7

15. Prinsengracht. First floor plan, with the library (1890) on the right and the grand staircase (1894) at the centre. 1. dance studios 2. changing rooms 3. theatre support 4. backstage and wings 5. auditorium (Aalmoessenierszaal) 6. classical staircase (1894) 7. music study 8. classroom 9. study landscape 10. old library/silent study (1890) 11. print room 12. Meijdenplaats (outdoor area accessible to the public) 13. outdoor circulation gallery 14. Cour de danse (roofed courtyard) 15. Prinsengracht.

6   Centraal thema in het ontwerp is het openwerken van de gebouwstructuur. The design's principal objective is to open up the building's structure.

7   Nieuwe situatie op locatie. New situation on site.

8   De overdekte binnenplaats van de Balletschool, centrale ontmoetingsruimte en decor voor feestelijkheden. The roofed courtyard of the ballet school, central place of encounter and setting for festivities.

8

Reversed Boogie Woogie

Donna van Milligen Bielke

Opleiding Academie van Bouwkunst Amsterdam
Studierichting architectuur
Mentoren Jan-Richard Kikkert Chris Scheen Hans van der Made

Nieuw ontwerp voor de Amsterdamse Stopera

Reversed Boogie Woogie is een stad in de stad, een gebouw in de stad en tegelijkertijd een stad in een gebouw. Een project waarbinnen de grenzen tussen architectuur en stedenbouw worden opgezocht, overschreden of zoekgemaakt waardoor geheel nieuwe, ongekende verbindingen ontstaan tussen beide. Reversed Boogie Woogie is een voorstel ter vervanging van de bestaande "stopera". Het ontwerp omvat dezelfde functies als het bestaande gebouw, het Amsterdamse stadhuis, de Nederlandse Opera, het metrostation Waterlooplein en de Waterloopleinmarkt. Het is gevestigd op de huidige locatie. De opgave is ontstaan uit de ergernis over het bestaande gebouw die bij mijzelf, maar ook bij vele andere Amsterdammers, en bezoekers heerst. Ik heb al menig zoekende toerist moeten teleurstellen met het feit dat het grote gesloten gebouw dat zo pontificaal de stedelijke ruimte frustreert, toch echt het Amsterdamse stadhuis is.

Een stadhuis is een belangrijk onderdeel van de stad. Het huisvest de publieke basis van de stad. Hier worden besluiten worden genomen en de koers van de stad bepaald. Het zou daarom een representatief gebouw moeten zijn dat zowel bij de luister van de stad als bij de openbare functie past. Door de ontwikkelingen van de machtsverhouding van het stadsbestuur de laatste eeuwen moet iedere burger zich er welkom voelen. Het stadhuis is van iedereen. Daarom zou het gebouw een open en laagdrempelig karakter moeten hebben. Idealiter zou het stadhuis een onderdeel van het stedelijk leven kunnen vormen. De toevoeging van de verschillende functies, zoals de opera, metrohalte en markt aan het gebouw biedt hiervoor de kans. De opgave bevat nog een paradox; het vraagt om een enorm gebouw dat tegelijkertijd de fijnmazige schaal van de binnenstad in zich op kan nemen.

Het uitgangspunt voor het ontwerp is het erkennen van de schaal van dit grote hybride gebouw. In plaats van de grootte te verdoezelen door het op te delen in kleinere fragmenten zoals vaak gedaan wordt in de historische binnenstad. Het programma is te groot voor zijn context, dat verandert niet door het in zekere zin te ontkennen. De verkleining zal op een ander niveau moeten plaats vinden. Doordat de omvang wordt vergroot krijgt het een representatief en herkenbaar karakter. Om vervolgens aansluiting bij de omliggende stadsstructuur te vinden en het gebouw doordringbaar en laagdrempelig te maken, wordt de massa van het gebouw van binnenuit uitgehold. Omliggende routes worden door een aaneenschakeling van openbare ruimten in de vorm van pleinen, voorruimtes en tussenkamers, door het gebouw getrokken. Hierdoor wordt het gebouw de drager van nieuwe openbare ruimte die toegang geeft tot de verschillende openbare functies die zich in het gebouw bevinden. Tegelijkertijd ontstaat hierdoor de fijnmazigheid van het gebouw en hecht het zich vast in het omliggende stedelijke weefsel. Door de vele entrees en inkijk mogelijkheden aan de openbare routes die door het gebouw heen lopen, wordt het als volledig doordringbaar gebouw ervaren.

De aaneenschakeling van verschillende openbare ruimten die de route vormen, zijn soms buitenruimten (pleinen) om het openbare karakter van het gebouw te benadrukken, soms half-buitenruimten, in de vorm van een colonnade (voorruimten), en soms binnenruimten (tussenkamers) om de route aan het gebouw te hechten. De verhouding tussen raam en gesloten vlak geeft de wandelaar in het gebouw eenvoudige maar effectieve informatie over of een functie al dan niet openbaar is. Door het afwisselen van de verschillende condities vervaagt de grens tussen binnen en buiten. De openbare ruimte loopt over in de semi-openbare ruimte die vervolgens weer aansluiting zoekt bij het besloten programma. Zo is het stadhuis georganiseerd rondom het stadhuisplein. Dit plein ligt op het kruispunt van alle routes. Aan het plein zijn de meest openbare onderdelen gelegen, de entreehal van het stadhuis, de loketten en publieke vergaderruimten. Direct hierachter liggen functies die hieraan gekoppeld zijn, maar die in mindere maten publiek toegankelijk zijn zoals de raadzaal en de trouwzalen. Het operaplein is het eerste plein dat gevonden wordt wanneer het gebouw van de zuidoost kant betreden wordt, waar de meeste operabezoekers het gebouw binnenkomen.

De routes, de pleinen en de daarbij horende openbare functies vormen de statische programma onderdelen van het gebouw. Het omliggende besloten programma, de massa, is vloeibaarder van aard en kan naar behoefte van de verschillende functies uitgewisseld worden.

Een gebouw-stad of stad-gebouw, een project dat zo exact op de grens tussen stedenbouw en architectuur zit dat het niet meer te zeggen is welke van de twee het betreft.

Reversed Boogie Woogie

Donna van Milligen Bielke

Place of education Academy of architecture Amsterdam
Specialization architecture
Tutors Jan-Richard Kikkert Chris Scheen Hans van der Made

A new design for the Amsterdam Stopera

Reversed Boogie Woogie is a city in the city, a building in the city and at the same time a city in a building; a project in which the borders between architecture and urban design are sought, transgressed or mislaid, giving rise to entirely new and unprecedented links between the two. Reversed Boogie Woogie is a proposal to replace the building popularly known as the Stopera. The design gives it the same duties it has now — the Town Hall, the Netherlands Opera House, the marketplace in Waterlooplein and the metro station of that name — and the same site. The brief grew out of the sense of irritation the present building produces in me and in many other locals and visitors to the city. I have had to disappoint no end of enquiring tourists with the fact that the hulking great affair imperiously blocking the flow of urban space really is Amsterdam Town Hall.

A town hall is a key component of a city, housing its administrative heart. This is where decisions are taken and the course of the city is set. For those reasons it should be a signature building that matches the splendour of the city as well as its public duty. Thanks to changes in the balance of power of the city administration in recent centuries, every citizen should now feel welcome. The town hall belongs to everyone — which is why the building should be of an open and inviting nature. Ideally, the town hall should be part of city life. The building's additional duties — opera house, metro station and market — are a means towards achieving that end. The brief adds a further paradox: it calls for a vast building that still manages to incorporate the fine grain of Amsterdam's inner city.

The design is predicated on the idea of acknowledging the scale of this big hybrid building, instead of trying to conceal its great size by dividing it up into smaller parts as is often done in the old inner city. The programme is too large for its context, and to deny this in any way will do nothing to change it. Its size will have be reduced on another level.

Its dimensions are in fact increased to give a signature building that is readily identifiable. Next the building's mass is hollowed out from the inside so that it can connect with the urban structure round about and itself become permeable and inviting. Surrounding routes are drawn through the building in a necklace of public squares, ante spaces and between-spaces, so that the building is made a bearer of new public space accessing the assorted public duties located in it. This also gives the building its fine grain enabling it to lock firmly into the surrounding urban fabric. The many entrances and the views in afforded by the public routes running through the building give it an expression of thorough permeability.

The chain of public spaces constituting the route are sometimes outdoors (squares) to stress the building's public nature, sometimes semi-outdoors in the form of a colonnade (ante spaces) and sometimes indoors (spaces between rooms) to stitch the route to the building. The relationship between windows and opaque surfaces give those walking through the building simple but effective information about whether or not a particular service is public. Conditions alternate to blur the border between inside and outside. Public space bleeds into semi-public space which in turn seeks to link into the non-public components of the programme. Thus, for example, the town hall is organized around the town hall square, located where all routes intersect. The most public components — town hall lobby, service windows and public meeting rooms — are located on the square. Directly behind these are the services related to them but less publicly accessible, such as the council chamber and the marriage rooms. The opera house square is the first square encountered when entering the building from the south-east, which is where most opera-goers enter the building. Routes, squares and the attendant public duties constitute the building's static programme components. The surrounding private programme, the mass, is more fluid by nature and is interchangeable should the duties it contains require it.

A building-city or a city-building? The project is set so precisely on the border between urbanism and architecture that it is impossible to say whether it is one or the other.

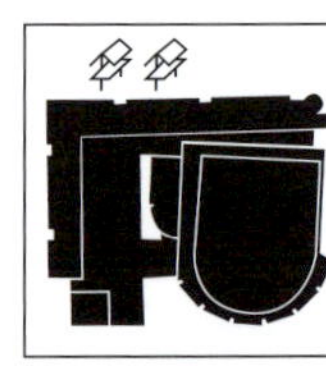

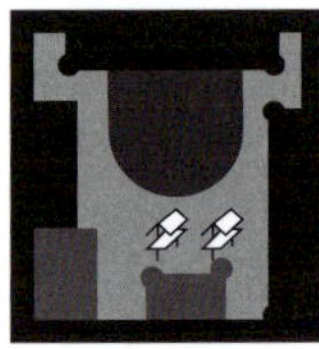

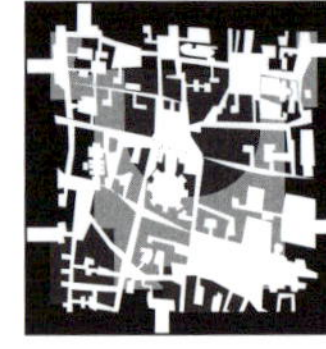

1   Maquette, een aaneenschakeling van verschillende openbare ruimten. Model, a necklace of assorted public spaces.

2   Concept. 1. Bestaand programma van de huidige "Stopera". 2. Harde stedenbouwkundige grenzen door het programma binnenstebuiten te keren. 3. Grenzen vervagen door toevoegen openbaar netwerk met verschillende klimatologische condities. Concept. 1. Existing programme of the present 'Stopera'. 2. Hard urban borders achieved by turning the programme inside. 3. Borders blurred by adding a public network of differing climatic conditions.

3   Zicht van dichtbij, vanaf Meester Visserplein. Near view from Meester Visserplein.

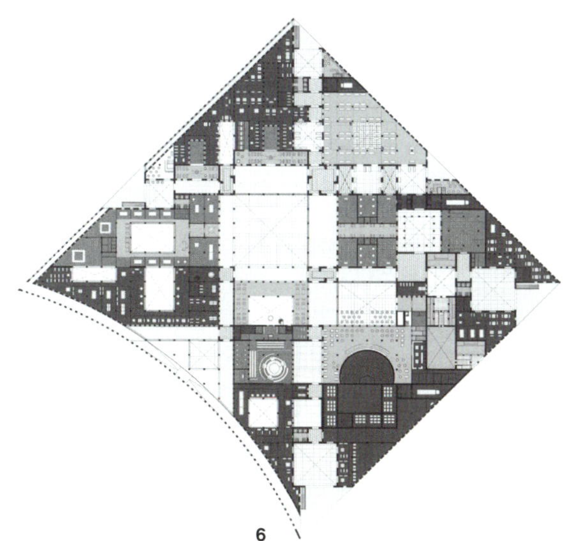

4 Situatie. Site plan.

6 Interieurbeeld openbare route, aaneenschakeling van verschillende openbare ruimten. Interior view of public route, a chain of assorted public spaces.

6 Plattegrond begane grond, met gradiënt in openbaarheid. Hoe donkerder de plattegrond hoe meer besloten het programma is. Ground floor plan, increasingly private by degrees. The darker the plan, the more private the programme.

Revitalizing Zeeuws-Vlaanderen

Gerjanne Brink René van Seumeren

Opleiding Wageningen Universiteit en Researchcentrum
Studierichting landschapsarchitectuur
Mentoren Tutors Ingrid Duchhart

Een onderzoek naar de betekenis van bevolkingskrimp voor het vak landschapsarchitectuur en de toepassing hiervan in een ontwerpexperiment voor Zeeuws-Vlaanderen, een klimaatgevoelige krimpregio.

Dit afstudeerproject presenteert een visie op regionaal schaalniveau waarin de mechanismen van het natuurlijk systeem de basis vormen voor het revitaliseren van Zeeuws-Vlaanderen en haar belangrijkste economische drijvende krachten: landbouw en recreatie. De visie is gebaseerd op differentiatie. De uitwisseling tussen natuurlijke en maatschappelijke processen leidt tot langzame en snelle zones, tot plekken waar ontwikkelingen leidend zijn en plekken waar het langzame ritme van de deltadynamiek zijn gang kan gaan. De veerkrachtige, brede kustzone is deel van de oplossing om de veiligheid te verhogen en om verzilting tegen te gaan. Hier kan de recreatie zich zo ontwikkelen dat het kwaliteit toevoegt aan het landschap en het niet aantast. In de landinwaarts gelegen productieve polders krijgt grootschalige landbouw alle ruimte. De kreken vormen de basis voor een duurzaam zoetwatersysteem. In deze aantrekkelijke kleinschalige slingers door de grote open polders worden zoetwaterbellen vergroot waardoor de landbouw nog decennia vooruit kan.
Bevolkingskrimp is in Nederland een opkomend fenomeen en vereist een omslag in ons denken. Het vak landschapsarchitectuur kan niet langer uitgaan van ongebreidelde groei maar moet op zoek naar strategieën om krimp te begrijpen en er op in te kunnen spelen. In dit afstudeerproject is onderzocht hoe een landschaps-architectonisch ontwerpexperiment een bijdrage kan leveren aan strategieën voor het omgaan met de krimp in Zeeuws-Vlaanderen. Hiermee wordt een startpunt geboden voor discussie over de relatie tussen krimp en landschap. Krimp is een sluipend proces. De ruimtelijke effecten zijn in Zeeuws-Vlaanderen nu nog moeilijk waar te nemen maar zullen de komende decennia in steeds sterkere mate zichtbaar worden. Een blik in de toekomst van Zeeuws-Vlaanderen is daarom noodzakelijk. De vraag is wat de regio draaiende kan houden in de komende decennia? Deze thesis concentreert zich daarom op de belangrijkste economische pijlers van Zeeuws-Vlaanderen: de landbouw en de recreatie.
Boeren hebben geen opvolgers meer en de uitdaging voor de agrarische sector wordt groter door voortdurende schaalvergroting en door de effecten van klimaatverandering. Er treedt verzilting op in de lage polders bij de kust en de neerslag kent meer extremen. In een poging economische groei te bereiken worden in Zeeuws-Vlaanderen in rap tempo grote recreatieparken gebouwd. De kust raakt hierdoor steeds voller en onaantrekkelijker terwijl de verbinding met de oude historische kernen ondermaats is. Het meest waardevolle 'product' voor de toekomst van de regio, het landschap, staat onder druk.
De regio neemt als onderdeel van de prachtige zuidwestelijke delta een unieke positie in binnen een ring van grote steden in België en Nederland, met onder meer Gent, Antwerpen, Bergen op Zoom en Rotterdam. Juist deze ligging en het unieke deltalandschap bieden grote potentie voor de toekomst van Zeeuws-Vlaanderen.
Omgaan met krimp betekent investeren in sommige plekken en een stap terug doen in andere. Dit geldt voor de infrastructuur en ook voor de dorpen in Zeeuws-Vlaanderen. De aantrekkelijke dorpen in de kustzone vormen de basis voor investeringen die aansluiten op het landschap zoals kleinschalige recreatie, zilte teelten en aantrekkelijke routes. Voor de dorpen in de productieve zones zijn acupuncturele interventies het principe. Het gaat om interventies op een lager schaalniveau zoals het vergroenen van de omgeving en hergebruik van de gebouwen.
Met dit ontwerpexperiment is een aantal ideeën voor de toekomst van Zeeuws-Vlaanderen gepresenteerd. Verandering kan echter alleen bewerkstelligd worden wanneer dit door een groot publiek wordt ondersteund. Een ontwerpexperiment is waardevol wanneer actoren in het gebied, zoals inwoners, projectontwikkelaars en overheden enthousiast worden door de gepresenteerde ideeën en wanneer zij coalities vormen rond onderwerpen en visies waarin zij gezamenlijke belangen hebben. De strategieën die in dit afstudeerproject zijn voorgesteld kunnen de basis vormen voor zulke coalities en kunnen een inspiratiebron zijn bij de discussie en de volgende stappen in het proces waarin de krimpregio Zeeuws-Vlaanderen een nieuwe impuls krijgt.

Revitalizing Zeeuws-Vlaanderen

Gerjanne Brink René van Seumeren

Place of education Wageningen University and Research
Specialization landscape architecture
Tutors Ingrid Duchhart

A study into the significance of population shrinkage for landscape architecture and its application in a design experiment for the shrinking and climate sensitive region of Zeeuws-Vlaanderen.

This graduation project presents a perspective at the regional scale, in which the mechanisms of the natural system lay the foundations for revitalizing Zeeuws-Vlaanderen, the southernmost region of Zeeland province, and its principal economic driving forces: agriculture and recreation. The perspective is based on differentiation. The exchange between natural and societal processes creates slow zones and fast zones, places where developments are uppermost and places where the unhurried rhythm of the delta dynamic has free rein. The resilient, broad coastal zone is part of the solution to increase safety and combat salinization. Here, the recreational aspect can develop so that it adds quality to the landscape instead of doing violence to it. In the productive polders located inland, large-scale agriculture will have all the room it needs. Creeks winding through the large open polders provide the basis for a sustainable freshwater system. These attractive small-scale ribbons include freshwater lenses that will be enlarged so that agriculture can continue for decades to come.
Population shrinkage is on the rise in the Netherlands and requires a sea change in our thinking. Landscape architecture as a profession can no longer assume a rampant growth but needs to seek strategies for understanding shrinkage and turning it into an advantage. In this graduation project, we have sought to determine how a landscape-architectural design experiment can contribute to strategies for dealing with the shrinkage in Zeeuws-Vlaanderen. This would offer a springboard for discussion about the relationship between shrinkage and landscape. Population shrinkage is an insidious process. Its spatial impact on Zeeuws-Vlaanderen is as yet unclear but will become increasing visible in the decades to come. So a glimpse into the future of Zeeuws-Vlaanderen is essential. The question is how to keep the region up and running in the coming decades. This thesis therefore concentrates on the most important economic mainstays of Zeeuws-Vlaanderen, namely agriculture and recreation.
Farmers have no heirs these days and the challenge for the agricultural sector is getting greater due to the continual scaling-up and the effects of climate change. The low-lying coastal polders are affected by salinization and precipitation is exhibiting more extreme behaviour. In an attempt to achieve economic growth, Zeeuws-Vlaanderen is laying on large recreation parks at a furious pace. As a result the coast is getting more clogged and less attractive and the link with the old historic cores is suffering. The most valuable 'product' for the future of the region, the landscape, is under pressure.
As part of the magnificent Southwest Delta, the region occupies a unique position within a ring of major cities in Belgium and the Netherlands, amongst them Ghent, Antwerp, Bergen op Zoom and Rotterdam. Just this position and the unique delta landscape hold out great potential for the future of Zeeuws-Vlaanderen.
Dealing with population shrinkage means investing in some places and easing off in others. This holds for the infrastructure and also for the villages in Zeeuws-Vlaanderen. The picturesque villages in the coastal zone are good for landscape-related investments such as small-scale recreation, saline culture and attractive routes. For the villages in the productive zones the principle is acupuncture interventions. These are interventions at a lower scale, such as greening the surroundings and reusing buildings.
This design experiment presents a number of ideas for the future of Zeeuws-Vlaanderen. That said, change can only be implemented when supported by the public at large. A design experiment is valuable when players in the area — inhabitants, property developers and the authorities — are enthusiastic about the presented ideas and when they form coalitions based on subjects and viewpoints of common interest. The strategies proposed in this graduation project can lay the foundations for such coalitions and be a source of inspiration in the discourse on, and subsequent steps in, the process of breathing new life into what is now the shrinkage region of Zeeuws-Vlaanderen.

1

2

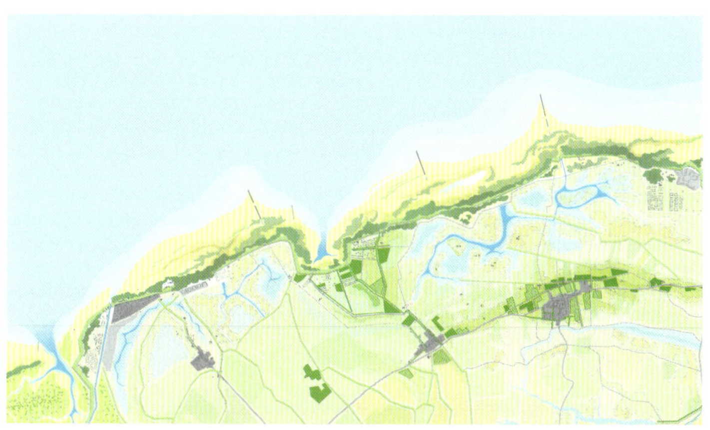

3

4

1   De brede, veerkrachtige kustzone biedt veiligheid voor de toekomst en vormt een barrière tegen verzilting. The broad resilient coastal zone provides safety for the future and a barrier against salinization.

2   Differentiatie in 'langzame' en 'snelle' zones. In de grote productieruimten staat landbouw voorop. In de kreek- en kustlandschappen wordt een kader geboden voor recreatieve ontwikkelingen. Differentiation into 'fast' and 'slow' zones. In the large production areas farming takes centre stage. The coastal and creek landscapes by contrast present a framework for recreational developments.

3   Ontwikkelingsstrategie voor de brede kust, met gradiënten van de dorpen op de zoetwaterruggen tot de lagere zilte kleipolders. De brede duinformaties beschermen tegen verzilting en zeespiegelstijging. De brede kust wordt in verschillende fasen gevormd. Begonnen wordt met de constructie van lange dammen in zee. Na 5 jaar wordt begonnen met zandsuppletie waarbij per dam na 35 jaar ±140 ha nieuw land gevormd wordt. Daarna start de duinvorming. En ontstaat de brede kust zoals op de afbeelding is te zien. Development strategy for the broad coast, with gradients from the villages on the freshwater ridges to the lower-lying saline clay polders. The broad dune formations protect against salinization and rising sea levels. The broad coast is to be constructed in several stages, beginning with long offshore dams. Sand nourishment will commence after five years, which over the course of 35 years will give some 140 hectares of new land per dam. The next stage is dune formation. This will give a broad coast as seen in the illustration.

4   Ontwikkelingsstrategie voor de productieve polders: de kreken zorgen voor waterberging in de winter en kunnen de omliggende polders van vol-

doende water voorzien in de zomer. Het monofunctionele gebruik van de polders wordt in verschillende fases vervangen door een watersysteem waarbij de grondwaterspiegel wordt verhoogd en er een grotere hoeveelheid vers water in stabiele waterbellen beschikbaar komt voor de landbouw. Op strategische plaatsen worden kleinschalige lanen met bomen geplant. Tegelijkertijd vindt een schaalvergroting plaats door de vele kleine boerderijen en het fijnmazige wegennet te vervangen door grote boerderijen en een efficiënte infrastructuur waardoor het gebied weer concurrerend wordt. Langs de kreken komen langzame routes door het landschap. Development strategy for the productive polders: the creeks can store water in winter and provide the surrounding polders with sufficient water in summer. The monofunctional use of the polders is replaced in stages by a water system that raises the groundwater level and makes a larger quantity of fresh water in stable lenses available for farming. Small avenues of trees are planted at strategic places. At the same time a scaling-up is brought to bear by replacing the many small farms and the fine-meshed road network with large farms and an efficient infrastructure so that the area can be competitive again. Slow routes through the landscape are added alongside the creeks.

5   Impressie van het zilte landschap bij het dorp Cadzand. Impression of the saline landscape at the village of Cadzand.

6   Impressie van het kleinschalige, recreatief aantrekkelijke krekenlandschap. Impression of the small-scale, recreationally attractive creek landscape.

5

6

Ruimte voor de historische stad

Joost van den Ham

Opleiding Rotterdamse Academie van Bouwkunst
Studierichting architectuur
Mentoren Floris Cornelisse Klaas van der Molen Paul Meurs
Willemijn Lofvers

Ontwerp voor de revitalisatie van een bouwblok in de historische binnenstad van Utrecht door de transformatie van een verwaarloosde tuin tot stadspark en de aanheling van de bebouwing met nieuwe woningen.

'Ruimte voor de historische stad' gaat over het hergebruik en openbaar maken van stedelijke ruimte. In de middeleeuwse binnenstad van Utrecht is veel ongebruikte en onbestemde buitenruimte afgesloten van het openbare stedelijke weefsel. Een van de ruimtes is het binnengebied in het dichtgegroeide bouwblok aan de Plompetorengracht in de Noordelijke Oude stad. Een met groen overwoekerde ruimte ligt als leeg perceel in het langzaam dichtgegroeide bouwblok; een ruimte met een enorme potentie en waar een enorme bouwdruk op rust. Ruimte in de stad is immers schaars en wordt vaak ingezet voor verdichting. Historisch onderzoek toont aan dat het perceel als privétuin is ontworpen voor de woning aan de Plompetorengracht 18. De tuin is, als onderdeel van het singel-ontwerp, vormgegeven door J. D. Zocher jr. in de tweede helft van de 19e eeuw. De weelderige tuin is in de loop van de tijd losgesneden van de bebouwing en als perceel in onbruik geraakt. In 'Ruimte voor de historische stad' is gekozen om het gebied onderdeel te laten worden van het openbare stedelijk weefsel door er woningbouwprogramma aan toe te voegen. Dit programma wordt niet in de tuin gesitueerd maar gebruikt om het bestaande bouwblok aan te vullen. Het aanlassen van hout is een bekende restauratietechniek. Door onbruikbare delen te verwijderen en te vervangen door een nieuw maar gelijk deel krijgt het bestaande opnieuw betekenis en functie. In dit project is deze techniek toegepast op zowel de schaal van de stad als op de schaal van de individuele woning. De tuin wordt omgevormd tot publiek stadspark. Een rustplek waarbinnen de drukke stad ontvlucht kan worden. Een plek waar het geluid verstomt en je je in een andere wereld waant. Het bouwblok wordt met precisie aangevuld, drie nieuwe openingen vormen de toegang tot het park.
Het park kent drie entrees met een verschillende schaal. Ze sluiten aan bij de sfeer van het aanliggende gebied. Aan de zijde van het centrum is het bestaande plein naar binnen verlengd. Hierdoor ontstaat een natuurlijke stedelijke overgang in de gradatie van openbaar naar privé. Aan het nieuwe plein zijn stadswoningen geplaatst en een hotel. De vormgeving is een continuering van de stedelijke wanden.
Aan de grachtzijde is een voorplein gecreëerd door in de gevelwand een pand haaks toe te voegen. Het voorplein zorgt voor een verbreding van de stoep waardoor de aandacht op de ingang van het park wordt gericht.
Aan de singelzijde wordt het bestaande 19e eeuwse poortgebouw hersteld als poort. De straat wordt gecompleteerd door muurwoningen toe te voegen die de bezoeker wijzen op de poort. De bebouwing is ten opzichte van de muur teruggeplaatst waardoor de wand wel gesloten is maar het poortgebouw benadrukt wordt.
De architectuur van de nieuwe bebouwing sluit aan op het bestaande in materiaal, schaal en verschijningsvorm. De detaillering is daarentegen herkenbaar eigentijds. De woningen kennen een verschillende aan typologieën. Aan het plein bevinden zich ondiepe meerlaagse stadswoningen. Door de geringe diepte ontstaat een grote interactie tussen bewoning en het plein. Aan de gracht is de diepe woning gericht op het voorplein. Aan de singelzijde zijn de woningen terugliggend ten opzichte van de straat geplaatst. Hierdoor wordt een meer privé woning gemaakt die zich met een collectieve voorruimte afsluit van de publieke straat.
Het park wordt van binnenuit opnieuw omkaderd door de bestaande tuinmuren aan te vullen en door de drie belangrijkste gebouwen als enige met de voet in het park te situeren. Zo wordt het park afgesloten van de aanliggende private bebouwing en wordt het een onderdeel van het publieke stedelijke weefsel.
Met deze nieuwe toevoeging in programma wordt een nieuwe laag toegevoegd aan het weefsel, waarin men de rijkdom van de historische stad kan ervaren. Een verdichting met aandacht voor de bestaande cultuurhistorische waarden van de stad Utrecht.

Room for the Historic City

Joost van den Ham

Place of education Rotterdam Academy of Architecture and Urban Design
Specialization architecture
Tutors Floris Cornelisse Klaas van der Molen Paul Meurs Willemijn Lofvers

A design to revitalize a city block in the historic centre of Utrecht by transforming a neglected garden into an urban park and patching the built development with new dwellings.

'Room for the Historic City' is about reusing urban space and opening it up to the public. In the medieval centre of Utrecht, there is a lot of unused and unallocated outdoor space shut away from the public urban fabric. One example is the courtyard of the overdeveloped city block on Plompetorengracht in the old northern part of the city. A space overgrown with greenery constitutes an empty plot in a block that has itself steadily seized up. It is a space of enormous potential and therefore under intense pressure from developers. Space is a scarce commodity in the city and is often used for compaction purposes.
Historical research shows that the plot was designed as a private garden for the house at Plompetorengracht 18. The garden was designed by J.D. Zocher Jr. in the latter half of the 19th century as part of his design for the 'singel' or tree-lined canal surrounding the old town centre. The lush garden became detached from the buildings over time and the plot fell into disuse. In 'Room for the Historic City' I have chosen to make the area part of the public urban fabric by adding a housing programme to it. This programme is not to be sited in the garden but used to supplement the city block.
A familiar restoration technique for wood products involves removing unusable parts and replacing them with new parts of identical shape and size, giving the product renewed significance and purpose. In this project I have applied this technique at the scale of the city and of individual dwellings. It transforms the garden into a public urban park, a place of repose in which you can escape the bustling city, a place when the city noise is silenced and you find yourself in another world. The city block has been added to with great precision, with three new openings serving as entrances to the park.
Each of the park's three entrances has its own scale, and all lock into the ambience of the neighbouring area. On the side facing the city centre, the existing square has been extended inwards. This creates a natural urban transition in the gradation from public to private. Townhouses stand along the new square, together with a hotel, their design a continuation of the present urban elevations.
The canal side gets a forecourt made by adding a new volume at right angles to the frontage. The forecourt causes the pavement to widen, focusing attention on the entrance to the park.
On the side of the 'singel', the existing 19th-century gatehouse has been reinstated as a gateway. The street is completed by adding 'wall-houses' that call the visitor's attention to the gateway. These are set back with regard to the wall so that the elevation is unbroken but the gatehouse is emphasized.
The architecture of the new-build conforms to the existing in material, scale and presence. The detailing by contrast is recognizably contemporary. The dwellings span a variety of types. Shallow multiple-storey townhouses stand along the square, their negligible depth generating serious interaction between square and inhabitation. The deep dwellings on the canal faces onto the forecourt. On the side to the tree-lined singel the dwellings are set back from the street so that these are more private, with a shared forecourt separating them from the public street.
The park is framed again, from the inside outwards, by adding to existing garden walls and having the three key buildings set foot in the park. This closes off the park from the private developments alongside and makes it part of the public urban fabric. This additional programmatic form adds a new layer to the fabric, one in which the riches of the historic city can be experienced. It is a compaction whose focus is the received cultural historical values of the city of Utrecht.

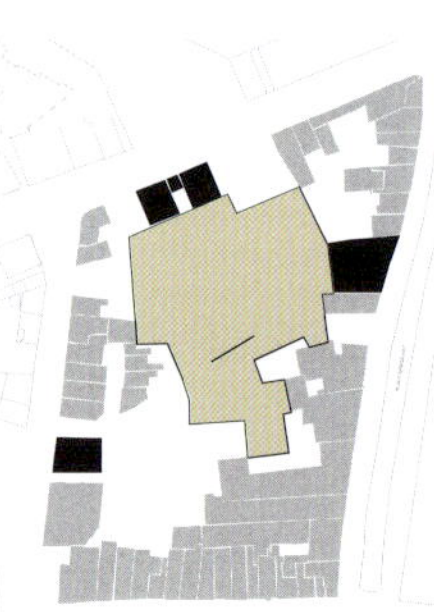

1

2

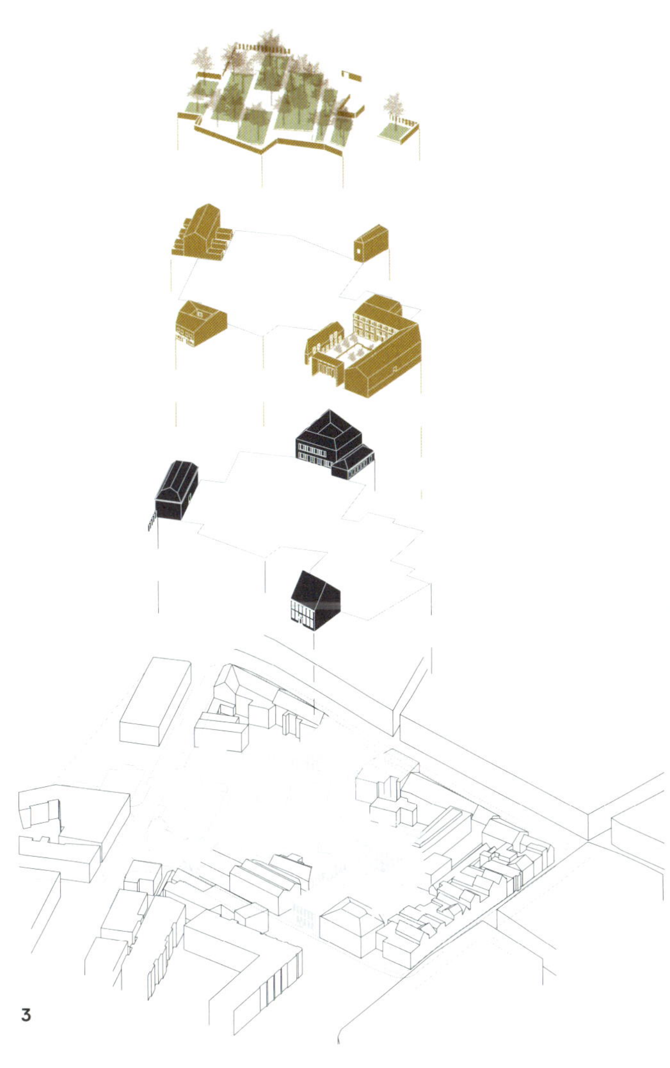

3

4

1 Transformatiereeks en totaalplan. Het bestaande bouwblok wordt ontdaan van zijn detonerende bebouwing, het bouwblok wordt aangevuld, de nieuwe bebouwing past zich aan de bestaande omgeving aan, drie entrees worden gevormd en een stadspark omsloten. Series of transformations and overall plan. The city block has been stripped of its clashing fabric and supplemented with new development that conforms to its surroundings, adding three entrances and enfolding an urban park.

2 Grachtwoningen aan de Plompetorengracht. Canal houses on Plompetorengracht.

3 Exploded view van de gelaagdheid van het plan. Vanaf onder; bestaande situatie, bestaande belangrijke gebouwen met een nieuwe functie, nieuwe bebouwing om bouwblok te completeren en route te vormen, nieuw stadspark gevormd tussen de tuinmuren op locatie historische binnentuin. Exploded view showing the layers of the plan. From below: the site today, key existing buildings with a new duty, new development to complete the block and provide routeing, new urban park generated between the garden walls on the site of the old courtyard.

4 Interieurbeeld van een diepe grachtwoning. View inside deep canal house.

5

6

7

5 Perspectief nieuw stadspark direct na de entree via het bestaande poortgebouw. Impression of new urban park immediately upon entry via the existing gatehouse.

6 Exterieur van de courwoningen aan de Wijde Begijnestraat. Exterior of courtyard dwellings on Wijde Begijnestraat.

7 Geveldetail van een woning aan het Wijde Begijnhof, een herkenbare architectuur maar duidelijk eigentijds. Elevation detail of a house on Wijde Begijnhof, a familiar architecture but clearly of these times.

8 Situatie. Site plan.

9 Interieur van een courwoning. Interior of a courtyard dwelling.

8

9

S tot XL

Loes Martens

Opleiding Technische Universiteit Eindhoven
Studierichting architectuur en stedenbouw
Mentoren Christian Rapp Michiel Dehaene Kees Doevendans

Grootschalige woongebieden als belangrijke exponent van polycentrisch Berlijn, een stedenbouwkundige strategie en een architectonische interventie.

Dit afstudeerproject zoekt naar de ontwikkelingspotenties van de Großsiedlung, satellietsteden met 20.000 tot 100.000 inwoners. Deze grootschalige wonlngbouwontwikkelingen vormen centra met hoge dichtheid in een periferie met een lage dichtheid. De potenties moeten een uitgangspunt vormen voor het verder bouwen aan dit stuk stad.
Het gefragmenteerde karakter van Berlijn komt voort uit de roerige geschiedenis van de stad waaronder de verwondingen die de stad in de 20e eeuw opliep. Een plek waar deze samenkomst van stukken stad door geplande ontwikkelingen en spontane groei sterk naar voren komt is de locatie van de Großsiedlung. Hoewel deze wijken vaak een sterke centraliteit kennen, die wordt gevormd door de functiescheiding principes van het modernisme, levert de huidige samenkomst van verschillende woonmilieus een gelaagd weefsel op.
De grootschalige woningbouwprojecten van na de tweede wereldoorlog werden gezien als satellietsteden en ontwikkelden zich met inwonersaantallen tussen de 20.000 en 100.000. Deze verdichte woonwijken zouden een draagvlak vormen voor verschillende soorten infrastructuur en werden dus vaak ontwikkeld in de buurt van de S- en U-bahn haltes. Hier zou een levensvatbaar stadsdeel moeten ontstaan met een mix van verschillende woningtypen, verschillende bouwhoogten, een differentiatie aan groengebieden, aangemeten infrastructuur en ruimte voor buurthuizen. Juist deze diversiteit en gelaagdheid is in de siedlung Märkisches Viertel in voormalig West-Berlijn tot uiting gekomen. Hier bevond zich oorspronkelijk een groot gebied met volkstuinen, dat rond 1925 uit nood van de arme Berlijnse bevolking ontstond en onder erbarmelijke omstandigheden, zonder aanwezigheid van stroom en water, bewoond werden. Eén van de oplossingen voor deze gebieden was de transformatie naar permanente huisvesting in de vorm van eengezinswoningen. Na de bouw van de Berlijnse muur werd hier tussen 1963 en 1974 het grootste herontwikkelingsgebied van Berlijn gerealiseerd. Deze gold als een van de grootste en meest omstreden nieuwbouw gebieden van Duitsland.
De huidige status van de wijk wordt gekenmerkt door zijn gelaagdheid en vraagt daarbij om een interdisciplinaire aanpak. De kwaliteit van het wonen in de wijk, van de verbindingen met het landschap en van het mobiliteits- netwerk, zijn aspecten die daarbij een belangrijke rol spelen. De kern van de visie ligt in de decentralisatie van de voorzieningen in de wijk, waarbij het behoud van de groenzones in relatie tot recreatie en sport en het constant optimaliseren en verbeteren van het openbaar vervoer systeem, een belangrijke rol inneemt bij het realiseren van nieuwe projecten.
Het project 'de straat' gaat over de Wilhemsruher Damm: een as die het gebied dwars doorkruist en een belangrijke rol speelt in de ontsluiting. De aanwezigheid van verschillende schalen aan de straat vormt de input het ontwikkelen van nieuwe projecten. De straat kan omschreven worden als een sequentie van ruimten die gedefinieerd worden door beplanting, bebouwing en infrastructurele voorzieningen. De projecten die gerealiseerd worden binnen deze visie zullen eraan moeten bijdragen om binnen de sequentie van de straat kwalitatieve stedelijke ruimten te creëren. Daarvoor zijn ter hoogte van het voormalige centrum twee projecten ontworpen.
Een laagbouwmilieu ter plaatse van het voormalige centrum waar de verplaatsing van de collectieve voorzieningen ruimte maakt voor de herverkaveling en nieuwe ontwikkelingen die een diversiteit aan ruimtegebruik toe laat.
De nieuwe collectieve hoogbouw voegt zich in de aanwezige hoogbouw structuur door aan beide zijden, in hoogte en rooilijn, aan te sluiten om de al aanwezige bebouwing. Het hoofdidee van het woongebouw ligt in de stapsgewijze verandering van collectieve ruimten naar private ruimten, van een deel naar een module naar het geheel. Binnen deze structuur kan een diversiteit aan woningtypes ontwikkeld worden. Een module is opgebouwd uit drie verschillende collectieve ruimten, die verbonden zijn aan de ontsluiting; de patio, de galerij en de corridor.
Dit ontwerpend onderzoek heeft vanuit de stadsvorm naar het thema wonen in de stad gekeken en daarbij een mogelijke doorontwikkeling van de grootschalige woonwijk geschetst. Het vormt een reflectie op de ontwikkeling van deze kerngebieden in het weefsel van de stad, die na jaren van kritiek en stilzwijgen toe zijn aan erkenning en inbedding in de stedelijke structuur. Het gaat daarbij in op diverse schaallagen in de stad die naar mijn mening de directe relatie vormen tussen het realiseren van een project en een reflectie op de stadsvorm waaraan we bouwen.

S to XL

Loes Martens

Place of education Eindhoven University of Technology
Specialization architecture and urban design
Tutors Christian Rapp Michiel Dehaene Kees Doevendans

Large-scale residential areas as a key exponent of polycentric Berlin, an urban design strategy and an architectural intervention.

This graduation project explores the development potentials of the Großsiedlungen, satellite towns of 20,000 to 100,000 inhabitants. These large-scale housing developments are high-density centres in a low-density periphery. The potentials are to be a stepping-off point for the further development of this part of the city. Berlin's piecemeal character is a result of the city's turbulent history, including the wounds it incurred in the 20th century. Großsiedlungen are places where this convergence of urban fragments through planned developments and spontaneous growth is most strongly felt. Although these residential areas are often heavily centralized, having been shaped by modernism's division into functions, today's convergence of disparate habitats gives rise to a layered fabric.
Built after the Second World War, these large-scale housing projects were regarded as satellite towns and developed to accommodate populations of between 20,000 and 100,000. These compacted residential estates were to provide a broad base for different types of infrastructure and were often developed in the vicinity of S-Bahn and U-Bahn stops. They were to become thriving parts of town with a mix of dwelling types and building heights, a differentiation in green areas, infrastructure to match and community centres. Just this diversity and layering has been achieved in Märkisches Viertel, a Siedlung in what used to be West Berlin. Originally, this was a large area of allotment gardens, built in about 1925 for the poor of Berlin who lived here in pitiful conditions without electricity and running water. One solution for this area was to transform it into permanent accommodation in the form of single-family houses. After the arrival of the Berlin Wall, it became the site of the city's biggest redevelopment project, between 1963 and 1974, and would remain one of the largest and most controversial new-build areas in Germany.
The locality's present status is marked by its configuration in layers and therefore requires an interdisciplinary approach. The quality of living in the area, of the ties with the landscape and of the mobility network, are aspects that play a key role in this status. At the core of the perspective on Märkisches Viertel is decentralization of its facilities, with retention of the green zones for recreation and sports and an ongoing optimization and improvement of the public transport system as key aspects when getting new projects in place.
'The street' is a project devoted to Wilhemsruher Damm, an axis that slices clear through the area and figures prominently in accessing it. The presence in that street of multiple scales provides the input for developing new projects. The street can be described as a sequence of spaces defined by plantings, buildings and infrastructure facilities. The projects to be implemented in this perspective will have to contribute to creating high-grade urban spaces within the sequence of the street. To this end, two projects have been designed at what used to be the Siedlung's centre.
One is a low-rise environment in the former centre where relocation of the communal facilities frees space for reparcellation and for new developments that admit a wide variety of space use.
The new communal high-rise slots into the existing high-rise structure by conforming on both sides in both height and building line to the situation on site. The principal idea behind the residential building resides in the step-by-step change from communal spaces to private spaces, from a part by way of a module to the whole thing. A wealth of dwelling types can be developed within this structure. A module has been assembled from three distinct communal spaces — courtyard, gallery and corridor — related to the means of access.
This research by design study has explored the theme of dwelling in the city in terms of urban form, thereby sketching how this large-scale residential area might develop in the future. It reflects on the history of these core areas in the city fabric, which after years of criticism and silence on the matter are due for recognition and embedding in the urban structure. To do so, it enters into several layers of scale in the city that in my opinion constitute the direct relationship between getting a project in place and reflecting on the urban form upon which we build.

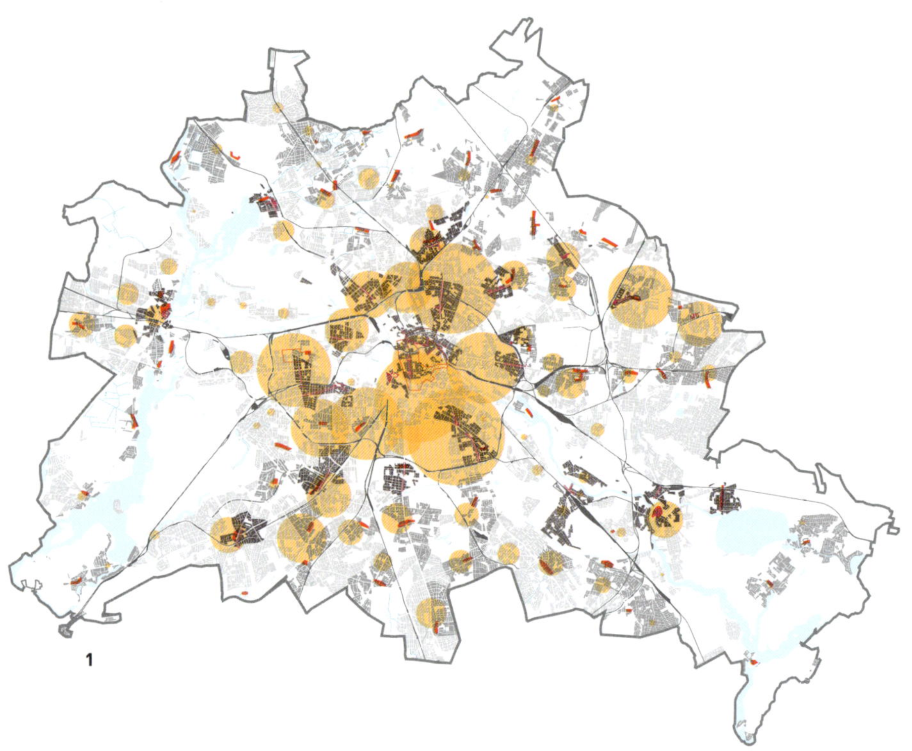

1	Deze kaart toont het poly-centrisch karakter van Berlijn gebaseerd op inwonersaantallen, voormalige dorpskernen en huidige ontwikkelingskernen. Map showing Berlin's polycentric character based on numbers of inhabitants, former village cores and current cores of development.

2	De hoogbouw van het grootschalige woningbouwproject in relatie tot de bestaande zee van eengezinswoningen. The high-rise of the large housing project as it relates to the existing sea of single-family houses.

3	De wijk Markisches Viertel werd in de jaren '70 in Berlijn gebouwd en lijkt door zijn structuur volledig te zijn ingebed het huidige weefsel. Built in the 1970s, the Markisches Viertel project has a structure that seems to fully embed it in the fabric of Berlin today.

4	Maquette. Model.

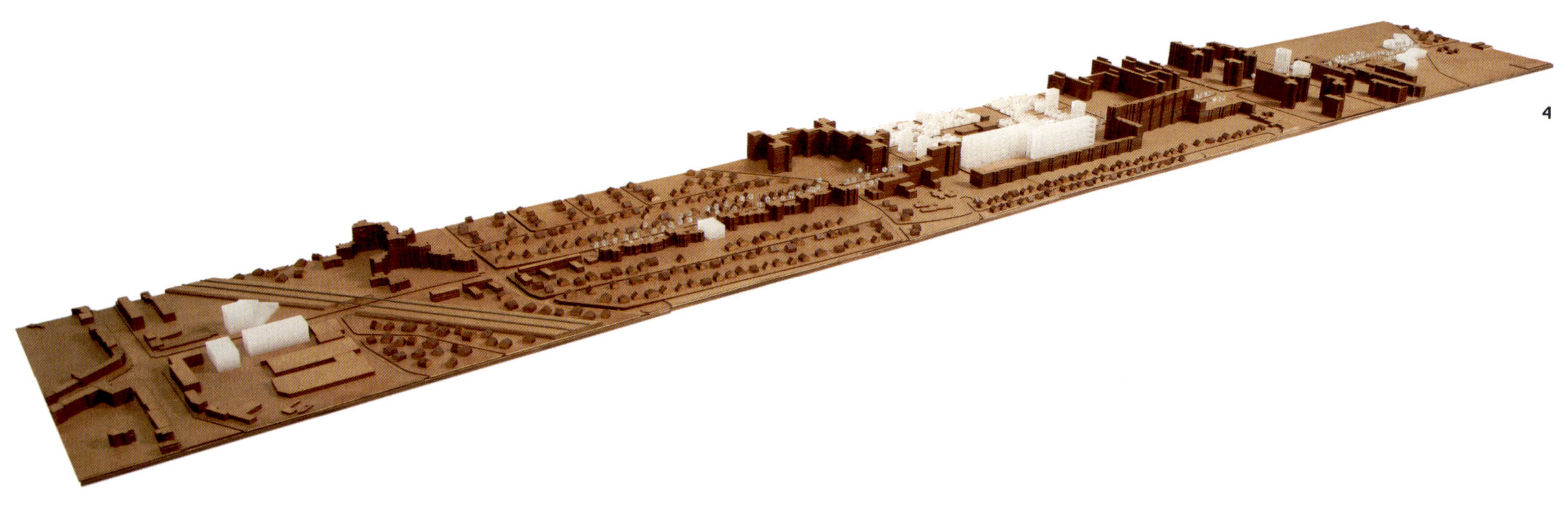

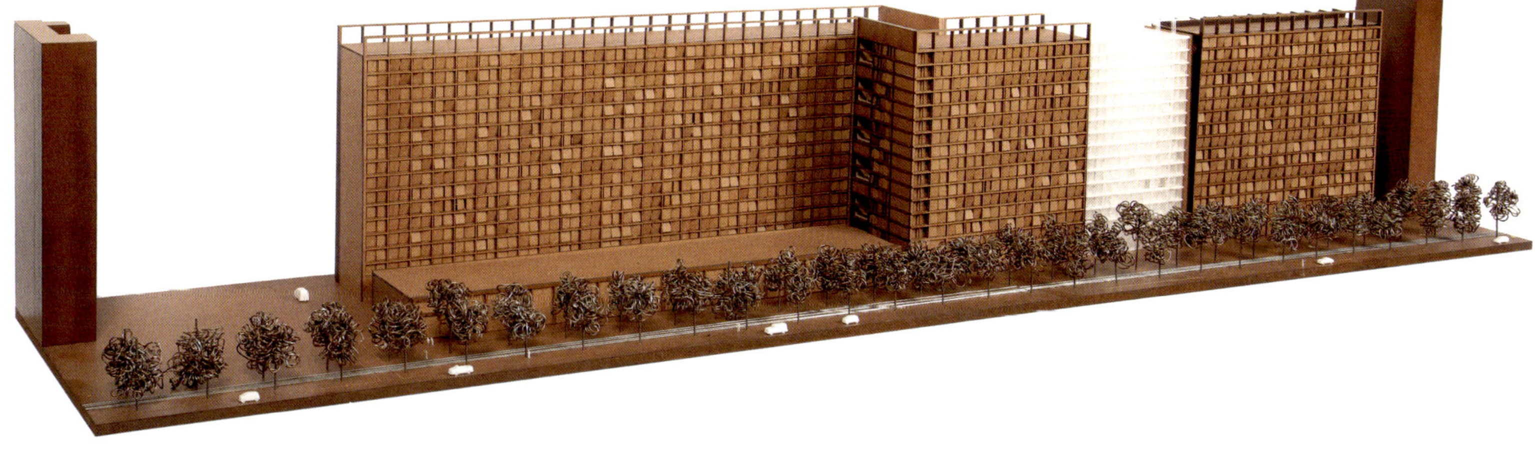

5

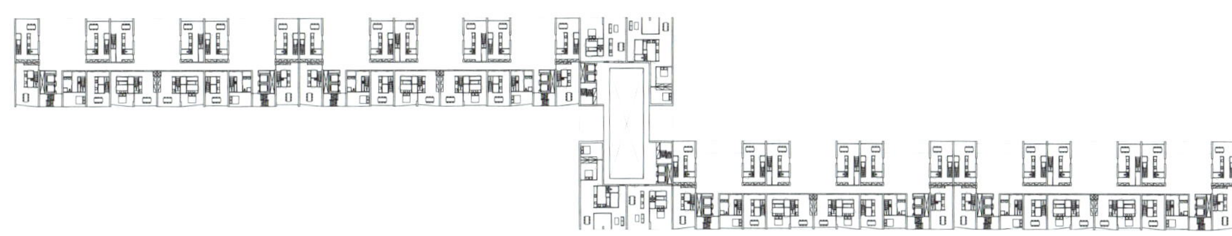

6

7

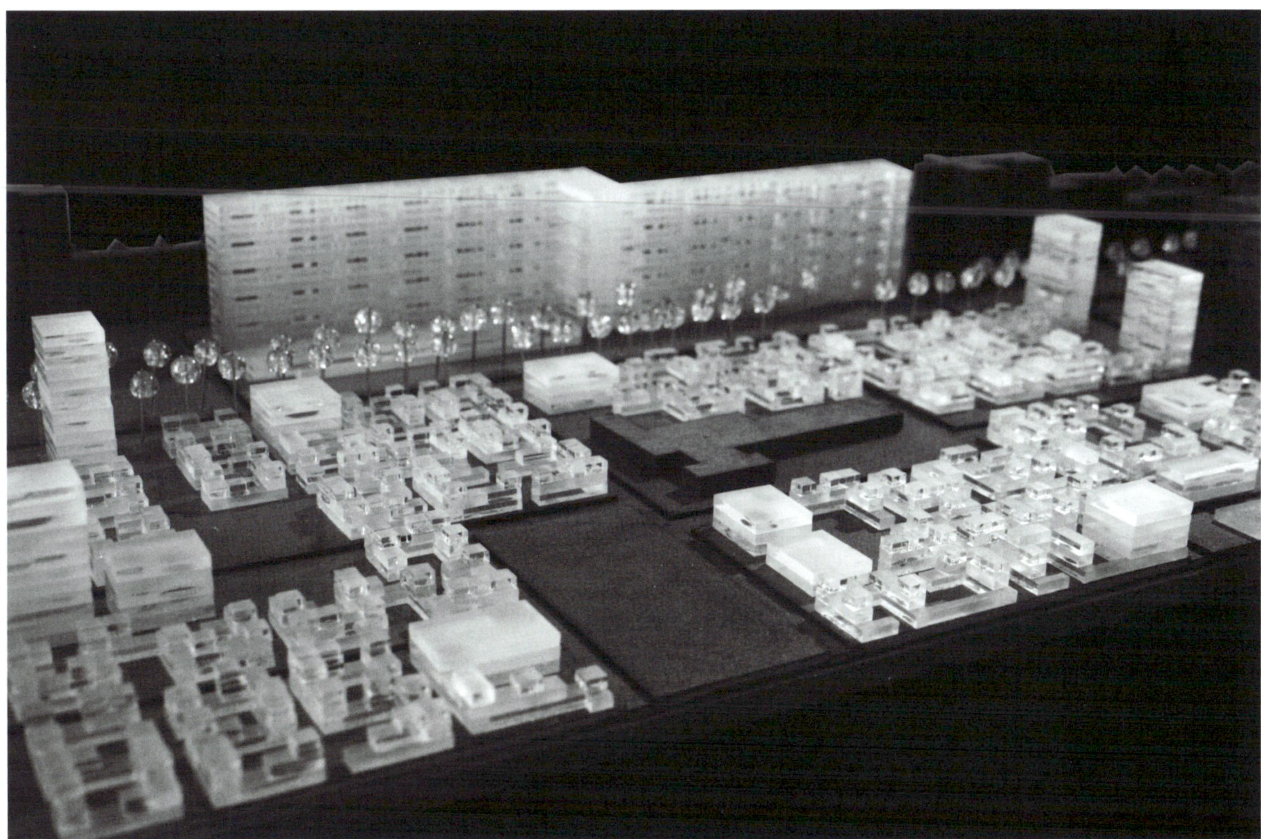

8

5 Maquette. Model.

6 Plattegrond middenverdieping van module. Middle floor plan of module.

7 Aanzicht noordgevel. North elevation.

8 Na jaren van kritiek zijn juist deze naoorlogse grootschalige woningbouwprojecten toe aan doorontwikkeling waarbij de combinatie van hoogbouw en laagbouw moet worden behouden. After years of criticism, it is these large post-war housing projects that are now due for further development, keeping to the present combination of high-rise and low-rise.

Sharia

Johan van Ee

Opleiding Academie van Bouwkunst Arnhem
Studierichting architectuur
Mentoren Floris Hund Ralph Brodrück Annemariken Hilberink Wim Korvinus

Ontwerp voor een moskee voor Amsterdam-Noord.

Met dit plan voor een hedendaagse moskee hoop ik een alternatieve zienswijze aan te bieden voor dit ontwerpvraagstuk. Cultuur, architectuur maar zeker ook religie, hebben een dynamische dialoog met het heden nodig. Zonder deze interactie vervalt de cultuur, vervalt de architectuur en vervalt de religie tot een lege huls. Een lege verzameling rituelen en vormen, zonder of met een vergeten betekenis. Terwijl juist de betekenis de essentie van het geloof omvat.

De opkomst van de islam als onderdeel van de 'Nederlandse' cultuur, is de laatste jaren een veel besproken item. Hoewel Nederland door het koloniale verleden een sterke band met de islam heeft en enige tijd zelfs het grootste islamitische land te wereld is geweest blijft de aanwezigheid in het 'thuisland' een gevoelig onderwerp. De moskee als materiële representatie van de islam, is het ultieme symbool geworden van deze strijd. Er zijn weinig bouwprojecten die zoveel stof doen opwaaien en gepaard gaan met zoveel associaties en emoties. Door deze maatschappelijke aandacht is ook binnen de architectuurwereld de discussie de laatste jaren op gang gekomen. In plaats van verdieping heeft deze discussie naar mijn idee voornamelijk geleid tot vervlakking en dogma's. Er schijnen maar twee mogelijkheden te zijn, een op het westen georiënteerde moskee die zich voegt naar de westerse idealen, of een heimwee-moskee die inspeelt op de afkomst van de verschillende gemeenschappen. Het woord moskee, dat via het Spaans is afgeleid van het Arabische masjid, betekend letterlijk 'plaats van nederwerping'. Over dit inhoudelijk en kenmerkende gebruik en daarmee de religieuze oorsprong van het gebouw wordt echter nauwelijks nagedacht.
Geen westerse variant, geen heimwee-moskee. Het probleem is dus niet het vertalen van een klassieke representatie naar een hedendaagse 'westerse' variant. Maar een herbewustwording van de betekenis en gebruik van het bouwwerk. Om vervolgens vanuit dit zelfbewustzijn een gebouw te ontwerpen dat verankerd is in de hedendaagse gemeenschap, maar door haar zelfbewustzijn de dialoog kan aangaan met de maatschappelijke en architectonische context. Na analyse van de Islamitische oerbronnen, de koran en soenna, heb ik een document met essentiële uitgangspunten voor een moskee samengesteld. Hieruit kwam een aantal kenmerkende thema's naar voren, zoals de bekende oriëntatie, maar ook thema's als toegankelijkheid en zonering die een groot stempel op het plan drukken.

Sharia

Johan van Ee

Place of education Academy of architecture Arnhem
Specialization architecture
Tutors Floris Hund Ralph Brodrück Annemariken Hilberink Wim Korvinus

Design for a mosque for Amsterdam-Noord.

With this plan for a contemporary mosque I hope to present an alternative position on this design issue. Culture, architecture and certainly religion need to engage in dynamic dialogue with the here and now. Without this interaction culture will decline, architecture will decline and religion will be reduced to an empty shell — an empty assemblage of rituals and forms, with or without a forgotten meaning. And that when meaning is the very essence of belief.

The rise of Islam as a part of 'Dutch' culture has become a much discussed topic of late. Although the Netherlands has always enjoyed strong ties with Islam through its colonial past and was even the greatest Islamic country in the world for a while, its presence in the 'home country' has always been a sensitive issue. The mosque, the material representation of Islam, has become the ultimate symbol of this struggle. There are few building projects that stir as much debate and are coupled with as many associations and emotions.
All this attention in the community has seen the discussion recently extended to the architectural world. Instead of adding depth, though, this discussion has in my opinion largely reduced the issue to clichés and dogmas, leaving just two possible options: a Western-oriented mosque that adheres to Western ideals and a nostalgic mosque that picks up on the origins of the different Muslim communities. The word mosque derives, by way of several European languages, from the Arabic masjid, which means literally 'place of prostration'. That said, little or no thought is given to this relevant and characteristic usage and, consequently, to the building's religious origins.
No Western variant, no nostalgia mosque. The problem therefore is not that of translating a classical representation into a contemporary 'Western' variant but of regaining an awareness of the building's meaning and use. The next stage is to design on the back of this renewed awareness a building anchored in present-day society but with qualities that allow it to engage in dialogue with the social and architectural context. After analysing the key Islamic texts, Koran and Sunna, I drew up a document with the essential departure-points for a mosque. This foregrounded a number of characteristic themes, such as the famed orientation to Mecca, but also other themes such as zoning and the passage of time, both of which are heavily present in the plan.

1

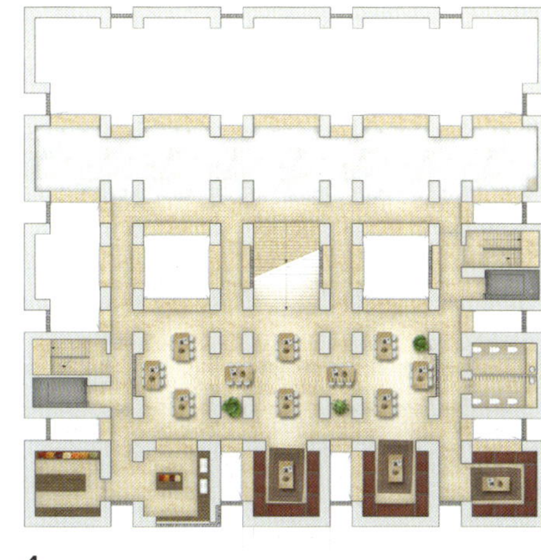

2

4

3

5

6

1   Exterieur. Exterior.

2   Exterieur. Exterior.

3   Plattegrond begane grond.
Ground floor plan.

4   Plattegrond 2e verdieping.
Second floor plan.

5   Doorsnede. Section.

6   Gebedsruimte. Prayer hall.

7 Exterieur. Exterior.

8 Lichthof. Light court.

9 Lichthof. Light court

10 Hammam Hammam

Sous le Sable

Anna Allis

Opleiding Academie van Bouwkunst Amsterdam
Studierichting architectuur
Mentoren Jan-Richard Kikkert Jord den Hollander Lada Hršak

Souvenir van een luchtstad

Het project is gebaseerd op de speculatie dat er in het jaar 2214 door archeologen een boek wordt gevonden dat bestaat uit een bundeling van de talloze beelden, schetsen en verhalen van een luchtstad in de Algerijnse Sahara. Het deels werkelijke, op historische feiten gebaseerde verhaal, in combinatie met de deels fictieve vertelling over het verleden, het heden en de toekomst van de luchtstad zorgt 205 jaar later nog steeds voor voedsel voor menig archeoloog.
"Een duurzame, tijdelijke luchtstad, geheel in tegenstelling tot de destijds populaire, moderne, grote luchthaven welk uitgegroeid was tot een energievretende machine die alleen maar meer en meer van alles wilde hebben. Meer energie, ruimte, commercie, gebouwen verkeer en mensen. Alles stond in het teken en moest wijken voor de komst, het bestaan en groei van de luchthaven."
In een fictieve terugblik wordt beschreven wat de effecten kunnen zijn op stedelijke ontwikkelingen in de Algerijnse Sahara als daar een duurzame luchthaven neerstrijkt. De luchthaven als een tijdelijke landingsstrip die door zijn constructie de eigenschap heeft dat deze zich verplaatst en dat er water mee opgevangen kan worden zodat er rond de strip de mogelijkheid tot nederzettingen of andere ecologische ontwikkelingen ontstaat. De landingstrip trekt langzaam een spoor door de woestijn.
Het *effect* van de inpassing van de duurzame, rondtrekkende luchthaven in de woestijn is het onderwerp van het project.
Door het zorgvuldig ontwerpen van het *effect,* waarbij er op geen enkele manier schadelijke sporen worden achtergelaten, wordt getracht om hier enerzijds de werkeloosheid te verminderen, op een duurzame manier toeristen aan te voeren, het gebied economisch stabiel en minder afhankelijk voor schommelingen te maken, het gebied te beschermen tegen de optrekkende zandvlaktes van de woestijn, de oorspronkelijke sfeer van het rondtrekken in het gebied weer te integreren, het probleem van het watertekort op te lossen, de biodiversiteit te versterken, kwaliteiten van de omgeving te benutten en niet uit te wissen, maar juist te omarmen en ruimte te creëren voor inventiviteit en samenhang.
De luchthaven werkt als een positieve katalysator voor zijn omgeving, die dit keer dus niet tot vervreemding leidt, maar ervoor zorgt dat er een vruchtbaar spoor kan worden achtergelaten dat de instabiliteitproblemen waar het gebied voor staat helpt op te lossen. Er is geen eenduidig eindbeeld, er zijn enkel tussentijdse, gewenste ontwikkelingen die getracht worden te verwezenlijken.
Zowel de luchthaven als het spoor wat deze achterlaat zijn tijdelijk, niet schadelijk en kunnen verdwijnen onder het zand.

Sous le Sable

Anna Allis

Place of education Academy of architecture Amsterdam
Specialization architecture
Tutors Jan-Richard Kikkert Jord den Hollander Lada Hršak

Souvenir of an airport city

The project is based on the idea that in the year 2214 archaeologists will discover a book that combines within its pages the countless illustrations, sketches and stories relating to an airport city in the Algerian Sahara. The narrative, based in part on historical fact combined with a semi-fictitious story about the past, present and future of the airport city, would still be mind food for many an archaeologist 205 years on.
"A sustainable, temporary airport city, the complete antithesis of the then popular modern, large airport which had grown into an energy-devouring machine that only wanted more and more of everything. More energy, space, commerce, buildings, traffic and people. Everything was in thrall to and had to make way for the arrival, the existence and the growth of the airport."
What the effects might be on urban developments in the Algerian Sahara if a sustainable airport were to be built there is described in a fictitious flashback. This airport is a temporary landing strip, whose construction gives it the capacity to move around as well as to collect water so that settlements or other ecological developments could spring up around the landing strip, which slowly etches a trail through the desert.
It is the effect of inserting the sustainable, itinerant airport in the desert that is the subject of this project.
By carefully giving form to that effect, with no harmful traces left anywhere, the project seeks to reduce local unemployment, attract tourists along sustainable lines, make the area economically stable and less dependent on fluctuations, protect it against the advancing sand drifts, reinstate its original nomadic ambience, solve the water shortage problem, strengthen the biodiversity, make use of the local qualities, embracing rather than erasing them, and make room for inventiveness and cohesion.
The airport impacts on its surroundings as a positive catalyst, which this time leads not to alienation but ensures that a fertile trail can be left to help resolve the instability issues facing the area. No clear-cut final picture, then, just attempts to get the desired provisional developments in place.
Both the airport and the trail it leaves are temporary and in no way hazardous, and can end up buried under the sand.

1

2

3

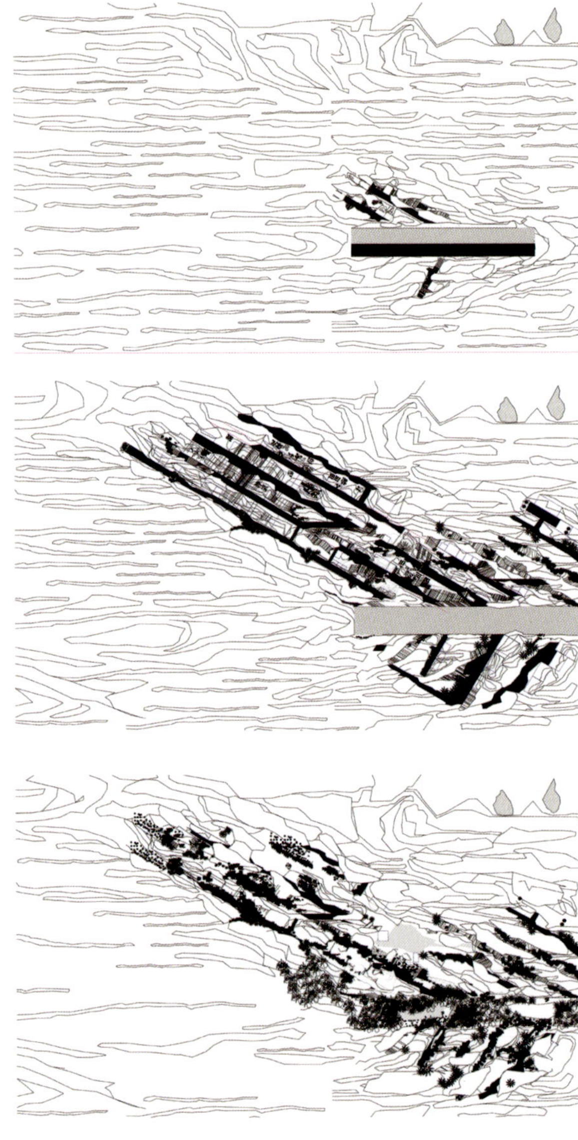

4

1   Terwijl steeds meer andere conglomeraties van gebouwen, dorpen, steden met ruimtelijke vraagstukken als krimp en achteruitgang te maken krijgen, lijkt, waar het om een luchthaven gaat, enkel de woorden 'groei' en 'eeuwigheid' te tellen. 'De show must go on!' While more and more other conglomerations of buildings, villages and towns are faced with such planning issues as shrinkage and decline, it seems that when an airport is involved, the only words that count are 'growth' and 'forever'. The show must go on!

2   Op 14 juni 2009 wordt de Commission de la Ligne Fertile in Algiers opgericht. Het doel van deze commissie is het opstellen van een plan dat er voor zal zorgen dat een aantal aanbevelingen kunnen worden bereikt; te denken valt aan o.a. het inzetten van een luchthaven als katalysator van economische ontwikkelingen, bevorderen van waterkwaliteit en waterhoeveelheid, het zorgen voor spreiding en juiste ruimtelijke druk op de context en het beperken van schadelijke- en vergroten van gunstige sporen. On 14 June 2009, the Commission de la Ligne Fertile was founded in Algiers. Its aim was to draw up a plan that would ensure that a number of recommendations could be implemented. These would include using an airport as a catalyst for economic developments, improving the quality and quantity of water, ensuring distribution and the right planning pressure on the context, and limiting hazardous traces and enlarging favourable ones.

3   Om te zorgen voor zo weinig mogelijke permanente schade aan het gebied is er een lijst samengesteld met materialen die gebruikt mogen worden in een bepaald tijdspad. Daarbij wordt onderscheid gemaakt tussen geheel verplaatsbare gebouwen en gebouwen welke achter blijven. Alle materialen die als spoor van de luchthaven kunnen worden achtergelaten, worden gemaakt zonder gebruik van 'nieuwe' aardolie en met zo weinig mogelijk schaarse grondstoffen die aan de bodem zijn onttrokken. Materialen zoals bioplastic, vlas, glas, vilt en zand mogen worden achtergelaten. To keep permanent damage to the area to an absolute minimum, a list has been compiled of materials that may be used during a particular time frame. It makes a distinction between fully relocatable buildings and buildings to be left behind. All materials that can be abandoned as part of the airport's trail through the desert are made without the use of 'new' crude oil and with an absolute minimum of scarce raw materials taken from the ground. Bioplastics, flax, glass, felt and sand are among the materials that qualify for the 'trail'.

4/6   Belangrijk in het plan is het meeontwerpen van krimp en tijdelijkheid om geen onnodige, permanente sporen achter te hoeven laten. Elke keer wanneer de landingsbaan zich verplaatst zal een deel van de bewoners met de landingsbaan meereizen. Anderen zullen alleen werken op de nieuwe plek - en vervolgens zullen zij een periode tussen de nieuwe plek en de oude plek heen en weer reizen; zo ontstaat forensisch gedrag. Door het verplaatsen van werkgelegenheid en andere functies zal het op den duur voor velen niet meer interessant genoeg zijn om telkens de route tussen de oude en nieuwe plek af te reizen. Zij zullen dan ook op de nieuwe plek gaan wonen. Op deze manier wordt de druk, als een bewegend elastiek, door af te stoten en aan te trekken, verspreid. An important consideration in the plan is to incorporate decline and transience into the design so as not to leave any unnecessary, permanent traces. Every time the landing strip relocates, a share of the population will travel with it. Others will only work at the new location and therefore spend a length of time travelling to and fro between the new and old places, the origins of commuter behaviour. With the relocation of employment and other aspects many will in time becoming disillusioned with constantly commuting and move house to the new place. In this way, the pressure on the area can be continually redistributed in a game of attraction and repulsion.

De commissie had in 2013 de taak om het vervoer van toeristen en het herbergen van deze groeiende groep naar de grootste toeristische trekpleister van het land, de Algerijnse Sahara, te organiseren. Een voorwaarde was echter dat het toerisme en de oprakende olievoorraad niet de enige inkomstenbron mocht zijn. De luchthaven werd dan ook niet alleen ingezet als een middel om toeristen te vervoeren en te ontvangen, maar meer nog om duurzame ontwikkelingen op gang te brengen die konden bijdragen aan een sterker economisch klimaat, passend in de kwetsbare context van de Sahara. Met het realiseren van een verplaatsbare landingsbaan met een voorziening voor luchtvaart en daarnaast deze landingsbaan in te zetten als wateropvang en waterverzamelpunt kan de waterhoeveelheid in het kwetsbare gebied vergroot worden. De landingsbaan vangt zowel ochtenddauw als regen op en geleid deze naar een minder goed doorlatend materiaal aan beide zijden van de landingsbaan, anders dan het fijne zand, waardoor de waterhoeveelheid vergroot kan worden en middels waterberging voor heel veel leven kan zorgen. In 2013 the committee was entrusted with organizing the transportation of the ever swelling group of tourists to the Algerian Sahara, the country's biggest tourist attraction, and their accommodation there. One condition was that tourism and the dwindling oil supplies were not to be the only sources of income. Consequently the airport was not just deployed as a means of transporting and receiving tourists, but more to get sustainable developments under way that could contribute to a stronger economic climate appropriate to the fragile context of the Sahara. By installing a relocatable runway with an air travel facility and having this runway double as a means of catching and collecting water, the amount of water in this vulnerable area could be increased. The runway takes up morning dew as well as rain and conveys these to a less permeable material on both sides of the runway, unlike the fine sand, so that the quantity of water can be increased and stored to support life of all kinds.

Towards an
Open Delta

Nathan den Besten

Opleiding Technische Universiteit Delft
Studierichting stedenbouw
Mentoren Han Meyer Inge Bobbink

De potenties van een Open Delta worden onderzocht in het Krammer-Volkerrak in Zuid-Holland. De herintroductie van de natuurlijke dynamiek in het gebied biedt kansen voor het herstel van de historische identiteit van de stad in het veranderlijke landschap.

De Nederlandse Zuidwestelijke Delta is gevormd door menselijk ingrijpen op de natuurlijke dynamiek. Het inpolderen van zandplaten en het stichten van steden aan de ringdijken kenmerkten de verstedelijking van de delta. Rijke visgronden en vruchtbare zeeklei voor landbouw waren de dragers van dit proces. De aanwas van sediment tegen de ringdijken zorgde voor nieuwe zandplaten, gevolgd door landwinning en het oprichten van nieuwe havensteden. De dynamiek van de delta betekende ook de aanwezigheid van de kracht van water. Het besluit na de Watersnoodramp in 1953 om de kwetsbare Zeeuwse en Hollandse samenleving te beschermen leidde tot de constructie van de Delta Werken. De garantie van veiligheid door dammen en dijken beperken sindsdien de natuurlijke dynamiek in de delta, met grote gevolgen voor de natuur en de waterhuishouding. Het slinken van zandplaten, blauwalg, laag zuurstofgehalte en het verdwijnen van vismigratie routes hebben sinds kort, in het kader van het Deltaprogramma, doen terugdenken aan de vroegere natuurlijke dynamiek en de gedachte doen opwekken aan een toekomst waarin deze is hersteld. Meyer schrijft in het boek *Delta Urbanism — The Netherlands* (2010): 'The Dutch have a long tradition in the struggle against water. But there is a paradigm shift from struggling against water to working with nature. Many theories and philosophies that are within this new scope of working with nature, but there are no general methods or ideas on the implementation in urban or economic development.' In deze veranderende zienswijze en de noodzaak van een in beeld gebrachte visie op een open delta richt het ontwerpend onderzoek Towards an open delta zich op het herstel van de natuurlijke dynamiek en heeft als doel een transformerend stedelijk landschap in een open Nederlandse Zuidwestelijke Delta te schetsen. Het herstel van de natuurlijke dynamiek biedt ook kansen. Kansen om de historische identiteit van de stad in het dynamische landschap te herstellen, potenties in recreatie en landelijk wonen aan te grijpen en het watermanagement in het polderlandschap te versterken. Het ontwerpend onderzoek zoekt hierin naar een verbeelding van een proces naar een duurzame combinatie van stedelijke, culturele en natuurlijke lagen die waarde toevoegt in de delta door de socio-economische situatie van het „achterland van de delta" te verbeteren en ruimte te creëren voor zeldzame brakke flora en fauna. Het Krammer-Volkerak, Zuid-Holland, is hierin de ideale onderzoekslocatie, omdat de impact van een open delta in dit gebied het grootst is en het gebied als een case study kan dienen voor de gehele delta. Kortom: Towards an open delta...

Towards an
Open Delta

Nathan den Besten

Place of education Delft University of Technology
Specialization urban design
Tutors Han Meyer Inge Bobbink

This project examines the potentials of an Open Delta in Krammer-Volkerak, a freshwater inland sea in Zuid-Holland province. Reintroducing the natural dynamic into the area holds out opportunities for reinstating the age-old identity of towns and cities in a landscape subject to change.

The Dutch Southwest Delta has been shaped by human intervention in the natural dynamic. Its urbanization is one of reclaiming sand bars and founding settlements along the ring dykes. The mainstays of this process were the rich fishing grounds and the fertile marine clay for agriculture. The accretion of sediment against the ring dykes threw up new sand bars, followed by land reclamation and the founding of new harbour towns. The dynamic of the delta also signifies the presence of the power of water. The decision, following the great flood disaster of 1953, to protect the vulnerable communities of the provinces of Zeeland and Zuid-Holland resulted in the construction of the Delta Works. Since then the safety guaranteed by dams and dykes has restricted the natural dynamic in the delta, with major repercussions for local nature and for water management. Shrinking sand bars, blue algae, low oxygen levels and the disappearance of fish migration routes have recently, within the framework of the Delta Programme, brought back memories of the former natural dynamic and instilled the idea of a future in which this dynamic is reinstated. In the book *Delta Urbanism — The Netherlands* (2010) Han Meyer writes: 'The Dutch have a long tradition in the struggle against water. But there is a paradigm shift from struggling against water to working with nature. Many theories and philosophies that are within this new scope of working with nature, but there are no general methods or ideas on the implementation in urban or economic development.' Given this changing view and the need of a visualized perspective on an open delta, the research by design study Towards an Open Delta focuses on reinstating the natural dynamic, its objective being to map out a transforming urban landscape in an open Dutch Southwest Delta.
There are opportunities to be had when the natural dynamic is restored — opportunities to reinstate the historical identity of urban entities in the dynamic landscape, to activate potentials in recreation and rural living and to strengthen water management in the polder landscape. This research by design study explores the above opportunities to visualize the drive to a sustainable combination of urban, cultural and natural layers that adds value to the delta by improving the socio-economic conditions of the 'delta hinterland' and clearing space for rare brackish flora and fauna to thrive. For this, Krammer-Volkerak in Zuid-Holland is the ideal research location as the impact of an open delta in this area is greatest and the area can serve as a case study for the delta as a whole. In short: Towards an open delta...

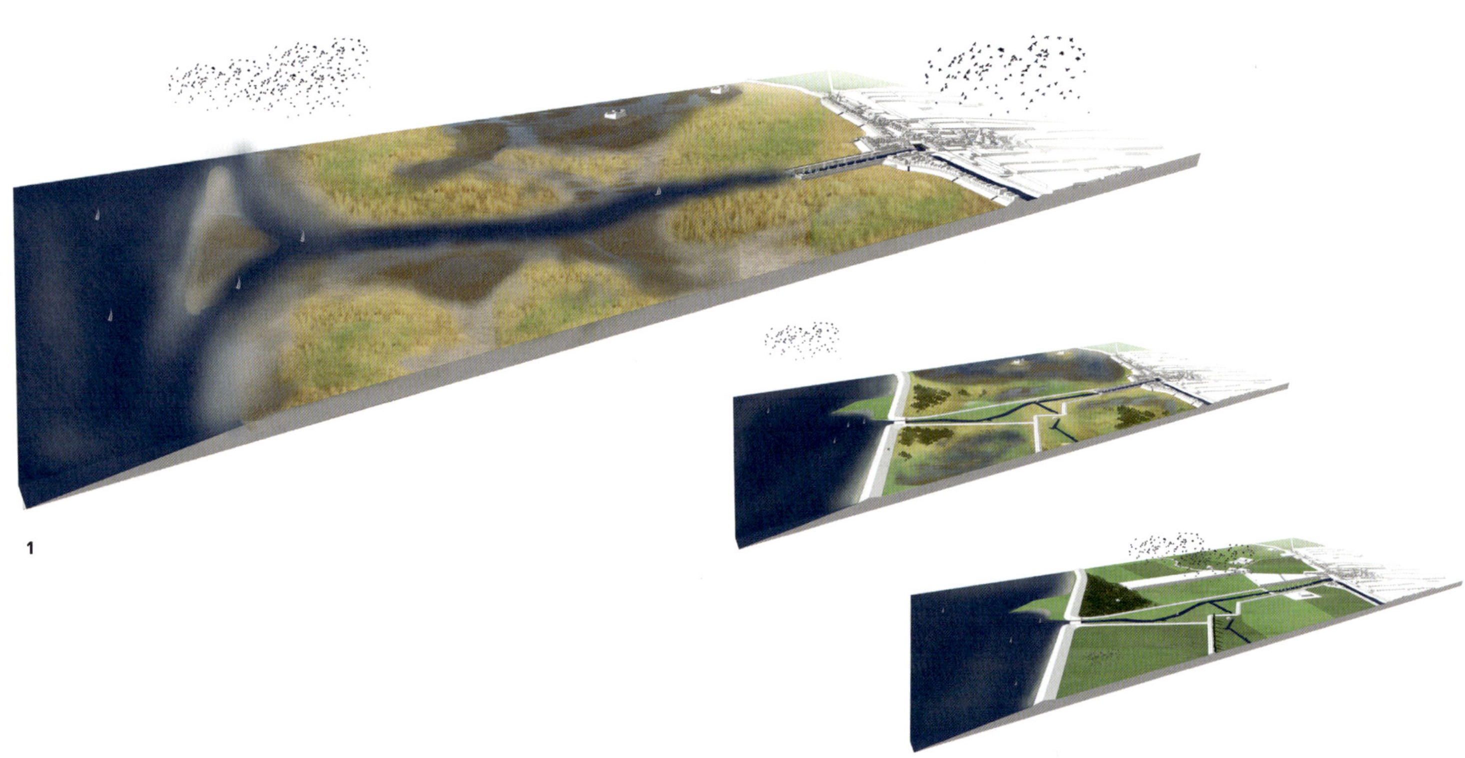

1

1 Van polderlandschap tot inundatiegebied tot intergetijde gebied. From polder landscape to inundation area to intertidal area.

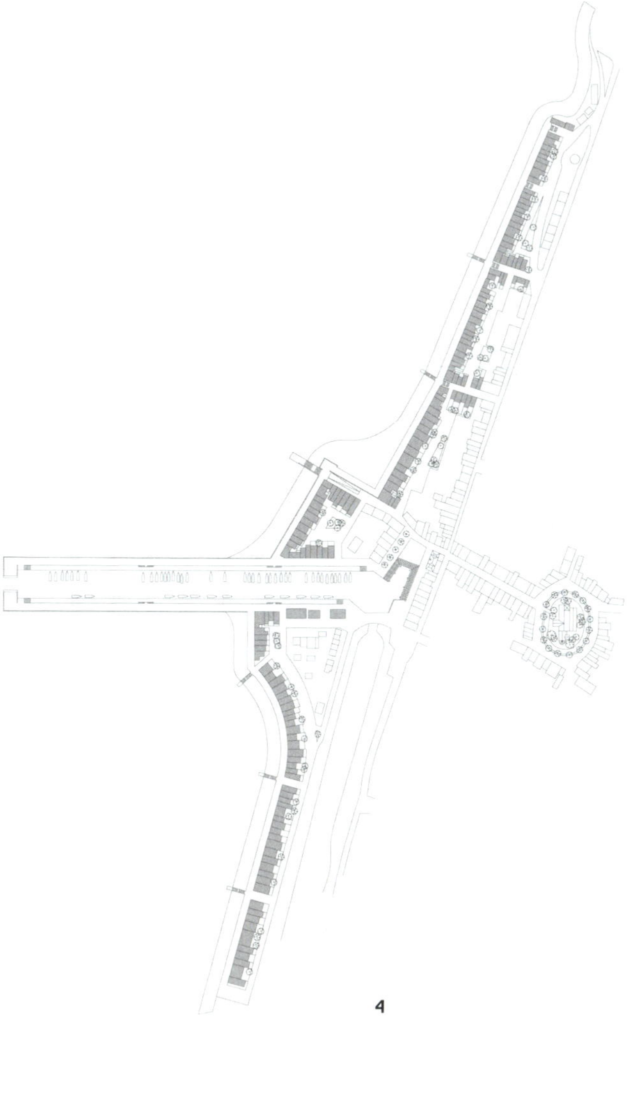

2 Landschappelijk wonen in een transformerend landschap. Rural living in a transforming landscape

3 De dynamische identiteit van de Zuidwestelijke Delta (1850–2100). The dynamic identity of the Southwest Delta (1850–2100).

4 Herstellen van de historische relatie tussen Oude Tonge en het water. Reinstating the age-old relationship between Oude Tonge and the water.

Tuinhuizen

Jan Verhagen

Opleiding Technische Universiteit Eindhoven
Studierichting architectuur
Mentoren Pieter van Wesemael Frank Suurenbroek Hüsnü Yegonoglu

Een zelfbouwstrategie voor dorps Eindhoven

Het project Tuinhuizen presenteert een nieuwe omgang met de historische dorpstructuren van Eindhoven door op kleine particuliere schaal voorbeeld-oplossingen te ontwikkelen. Daarbij worden de mogelijkheden onderzocht die privaat ondernemerschap en kleinschalige ontwikkelingen kunnen bieden voor zowel de sociaaleconomische als de ruimtelijke context. Hierbij staat het creëren van extra kwaliteit op een groter schaalniveau centraal. In een serie simpele handleidingen wordt uitgelegd hoe zelfbouwprojecten ook voor het collectief van de wijk een positieve bijdrage kunnen leveren. Het stedenbouwkundig plan noch het bouwkundige product hebben als doel een duidelijk eindbeeld te geven. De plannen richten zich juist op het begin. Een eerste interventie die de mogelijkheden biedt om uitgebreid te worden. In het ontwerp worden alle stappen uitgesplitst waardoor toegepaste principes helder uitgelegd worden en daardoor te kopiëren zijn in andere projecten.

De Eindhovense stadstructuur is geschikt voor de tuinhuisstrategie. Ze is gevormd door beekdalen en zandgronden. Rond een centraal gelegen stadje groeiden hier vijf dorpen langs de uitvalswegen van de Brabantse stad. Deze oude structuur heeft zich met succes weten te continueren. Langs de linten konden zich, door de jaren heen, verschillende bedrijven en woongebieden ontwikkelen. Het resultaat is een mengelmoes van woonwijken, industriële en agrarische bebouwing.
Binnen deze structuur vinden bewoners en gebruikers te ruimte om zelf te bouwen. Achter de straatwand hebben zij een tweede laag van schuurtjes en provisorische bouwsels neergezet, afgestemd op hun eigen behoeftes. Deze vrijheid die in de luwte van de grote stadsblokken bestaat heeft een grote potentie voor toekomstige ontwikkelingen. In deze binnenwereld vol particulier grondbezit kan niet op grote schaal gedacht worden, de gebruikers zijn aan zet. Hier kan een schuurtje als berging, extra ruimte aan het huis maar ook een extra woning of werkplek gebouwd worden. Er lijkt geen plek betere kansen te bieden voor het opstarten van een prille onderneming dan een plek aan huis, zeker als de ruimte aanwezig is. De stedelijke radiaal heeft in het verleden laten zien dat het de kraamkamer kan zijn voor zowel wonen als werken. Ook in de toekomst kan de structuur deze functie vervullen.
De centrale vraag die aan de basis ligt van dit ontwerp is dan ook: Hoe kan een stedenbouwkundig ontwerp gemaakt worden waarin de vrijheden en mogelijkheden van de bewoners centraal staan en de ruimte wordt geboden voor het kleinschalige experiment?
De gebouwen zijn zo ontworpen dat ze op een eenvoudige manier met weinig middelen gebouwd kunnen worden. De constructie staat centraal in het ontwerp dat is opgebouwd uit kleine elementen. Nieuwe toevoegingen kunnen daardoor met eenvoudige hulpmiddelen ook gebouwd worden in moeilijk toegankelijke achtertuinen. Detaillering en materialisatie zijn hierbij van ondergeschikt belang. Deze kunnen door de bouwers vrij ingevuld worden. Door een toegan-kelijke manier van presenteren wordt getoond dat het bouwen niet moeilijk is. De stap om zelf te bouwen wordt daardoor verkleind. Het project brengt een tijdperk van oma's in de achtertuin en een kantoor in de garage daarmee hope-lijk dichterbij.

Garden Houses

Jan Verhagen

Place of education Eindhoven University of Technology
Specialization architecture
Tutors Pieter van Wesemael Frank Suurenbroek Hüsnü Yegonoglu

A self-build strategy for the village of Eindhoven.

This project presents a new way of handling the historical village structures of Eindhoven by developing possible strategies at a small, private scale. It goes on to assess the potentials that private enterprise and small-scale developments can hold out in socio-economic terms as well as in the spatial planning context, with the focus squarely on creating additional quality at a bigger scale. A series of basic instruction manuals explains how self-build projects can benefit the area as a whole. Neither the urban plan nor the architectural outcome is intended to present a cut-and-dried solution. They are focused instead on the start of the process, an initial intervention that opens up opportunities for expansion. All steps are broken down in the design to explain clearly the principles applied and allow them to be copied in other projects.

The urban structure of Eindhoven, shaped by brook valleys and sand ridges, is eminently suited to the garden house strategy. Here in Brabant, five villages grew up about a small existing town along the roads that led out of it. This old structure has managed to continue evolving. Over the years, numerous compa-nies and residential areas sprang up along the old roads. The outcome is a mix-ture of housing estates, industry and agriculture.
Within this structure, residents and other users have the space to build for themselves. Behind the street elevation, they have put in place a second line of sheds and makeshift structures according to their needs. This freedom that has evolved in the shelter of the large city blocks has great potential for future devel-opments. In this inner world of private landownership it is impossible to think big as the ball is in the users' court. Here you can build a shed for storage pur-poses, additional domestic space or as an additional home or workplace. Surely nowhere can offer better opportunities for launching a brand-new enterprise than a place on home territory, certainly if there is the room for it. In the past, urban radial routes have shown themselves to be the breeding ground for both dwelling and working. The structure can fulfil this duty in the future as well.
The key question underlying the design as a whole, therefore, is that of how to draw up a master plan where the residents' freedoms and opportunities are at centre stage and where there is space for small-scale experiments.
The buildings are designed in such a way that they are easy to build using sim-ple means. At the core of the design, which is assembled from small elements, is the structure. This allows new additions to be added with a minimum of resources in back gardens that are difficult to reach. Detail and the materials used are of lesser importance and can be decided on as the builders see fit. The easy-to-read presentation shows that the houses are not difficult to build, which makes it less of a major step to decide on doing it yourself. In this way, it is hoped that the project brings the age of grandma in a house in the back garden and an office in the garage that little bit closer.

1

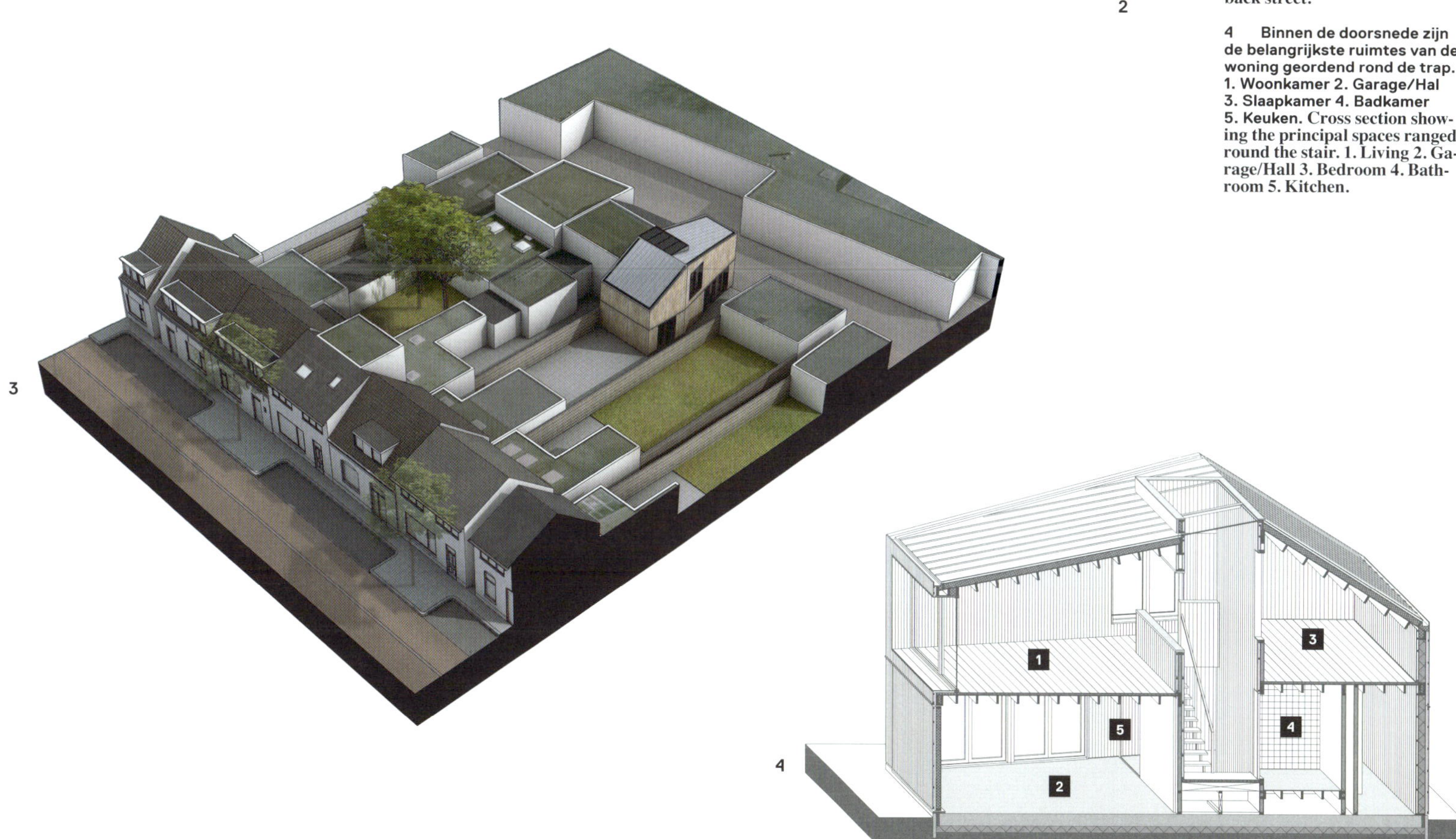

1 Binnen de grote stedenbouwkundige blokken bevinden zich achterstraten waaraan verschillende soorten gebruik een plek vinden. Door deze straten te koppelen ontstaat er een langzaam verkeersnetwerk door de wijk. 1. Locatie langswoning. Ontwikkelen van een open structuur aan de achterstraat. 2. Diepe en brede kavels kunnen gebruikt worden om in het blok te bouwen. 3. Grote open ruimtes kunnen gebruikt worden als parkachtige ruimtes in het blok. 4. Binnenstraten worden aaneengeregen tot een netwerk in het midden van het blok. 5. Minder parkeren aan de radiaal, daardoor extra ruimte voor extra groen of fietspaden. Back streets inside the big city blocks give onto space that can accommodate a variety of use forms. Linking up these streets creates a slow traffic network through the area. 1. Site plan of longitudinal dwelling. An open structure developed on the back street. 2. Deep broad plots can be used to build inside the block. 3. Large open spaces can be used as miniature parks in the block. 4. Internal streets are strung together into a network in the middle of the block. 5. Less parking along the radial route, making room for additional green space or cycleways.

2 Eén nieuw tuinhuis kan het straatbeeld veranderen. De woning is niet ontworpen om op te vallen maar voegt duidelijk een nieuwe functie toe aan de achterstraat. One new garden house can change the look of the street completely. The dwelling is not designed to stand out but clearly adds a new element to the back street.

3 De langswoning laat ruimte vrij op het kavel. De gesloten achtertuinen kunnen daardoor geopend worden naar de achterstraat. Dwelling set lengthwise creates space on the plot, so that the enclosed back gardens can be opened up to the back street.

4 Binnen de doorsnede zijn de belangrijkste ruimtes van de woning geordend rond de trap. 1. Woonkamer 2. Garage/Hal 3. Slaapkamer 4. Badkamer 5. Keuken. Cross section showing the principal spaces ranged round the stair. 1. Living 2. Garage/Hall 3. Bedroom 4. Bathroom 5. Kitchen.

5 Het lage gesloten volume van de tuinwoning vormt een scheiding in de tuin waardoor er op het kleine kavel toch twee privé plekken gevormd kunnen worden. The low-ceilinged volume of the garden house acts as a dividing element in the garden so that the small plot is able to sustain two private places.

6 De gesloten ruimtes zijn in een blok geordend waardoor de hele woning zich naar de afgesloten tuin kan richten. 1. Woonkamer 2. Keuken 3. Slaapkamer 4. Badkamer 5. Garage. Enclosed spaces arranged in a block so that the entire dwelling can face the private garden. 1. Living 2. Kitchen 3. Bedroom 4. Bathroom 5. Garage.

7 De dwarswoning scheidt een besloten tuin af. Dwelling set breadthways marks off one side of an enclosed garden.

8 De glazen wand naar de tuin kan volledig geopend worden. De haard die ook de afzuiging van de keuken bevat dient als scheiding binnen de ruimte. The glazed wall facing the garden can be opened up completely. The fireplace, which doubles as the kitchen's extractor installation, serves as a dividing element within the space.

5

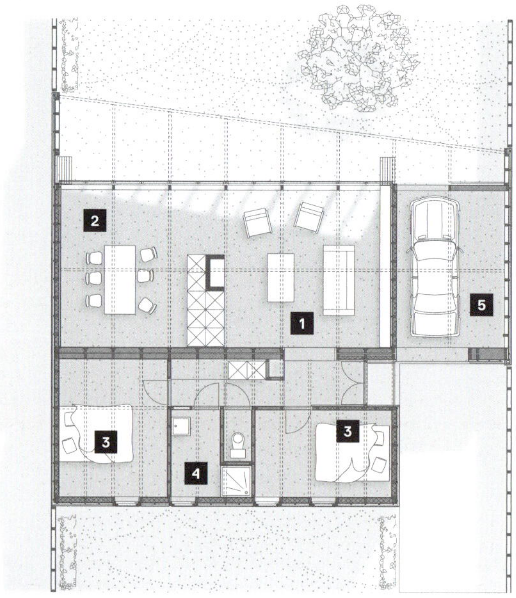

6

7

8

Urban Pixels

Bas Barendse

Opleiding Technische Universiteit Delft
Studierichting architectuur
Mentoren Dirk van den Heuvel Lada Hrsak Ype Cuperus

Een stedelijke enclave als persoonlijk maatpak

Gelegen in Disteldorp aan het Johan van Hasseltkanaal in Amsterdam Noord zijn zeventien woon- werkblokken geprojecteerd die ruimte bieden aan een nieuwe, flexibele vorm van wonen en werken.

De Pixel staat symbool voor de samenstelling van belangrijke stedelijke elementen als wonen, werken en vrijheid. In het project Urban Pixels kan binnen elke Pixel op een gevarieerde manier het wonen en werken gecombineerd worden. Het concept komt tegemoet aan de sterk groeiende wens om aan huis te kunnen werken. Vooral in een stad als Amsterdam bestaat daaraan een grote behoefte. Het is aan de architect om op deze actuele ontwikkeling in te spelen door een omgeving te ontwerpen die aangepast kan worden aan de Individuele behoeften van de gebruiker en alle mogelijke combinaties van wensen van verschillende gebruikers samen. Daartoe dienen er condities geschapen te worden waardoor er persoonlijke, op maat gemaakte woon- en werkruimtes kunnen worden gerealiseerd. Deze condities moeten zo worden ontworpen dat er rekening gehouden wordt met uiteenlopende gebruikseisen opdat de grote verscheidenheid aan behoeften van de verschillende gebruikers te allen tijde kan worden opgevangen. Om deze condities te kunnen bepalen is er onderzoek gedaan naar onder meer de herbestemming van industrieel erfgoed in de nabije omgeving van Amsterdam Noord. Uit het onderzoek blijkt dat wanneer de functie van een bestaand gebouw dient te worden aangepast aan de behoeften voor de nieuwe gebruikers, het gebouw aan drie architectonische randvoorwaarden moet voldoen. Er moet een centrale verticale ontsluiting zijn; het moet geconstrueerd zijn als een skeletstructuur om maximale vrijheid te genereren in zowel de plattegrond als in de doorsnede en het moet een gevel hebben die zowel de vorm als het karakter bepaalt waarmee de gebruiker zich vervolgens kan identificeren.
Omdat de wens en behoefte per gebruiker zal variëren, denk bijvoorbeeld aan de grootte van de woning in combinatie met het werkgedeelte, zal elke Pixel collectief met de toekomstige gebruikers en de architect worden samengesteld. Op deze manier wordt gestreefd naar een optimale invulling van de generieke ruimte binnen de opgestelde architectonische randvoorwaarden. Het generieke systeem zal bijdragen aan de wensen van zowel de toekomstige bewoners als de behoefte van Amsterdam Noord om stadsvernieuwing toe te passen in de vorm van intense laagbouw.
De drie architectonische randvoorwaarden zijn in het project Urban Pixels gecombineerd met het uitgangspunt om een zo groot mogelijk aantal woning- en werktypologieën te kunnen realiseren. Daarnaast zijn deze randvoorwaarden bepalend geweest voor de karakteristieke uitstraling en vorm van de zeventien woonwerkblokken. Binnen ieder blok kan de verticale circulatieruimte, de kolomstructuur en de vormbepalende gevels gezien worden als permanente onderdelen. Een vierde extra element, maar minstens zo belangrijk, betreft de toegankelijkheid met de auto en de te minimaliseren afstand van parkeerplaats tot aan de woning of werkplek. Al de genoemde randvoorwaarden bepalen samen de ontwerpvrijheid om tegemoet te kunnen komen aan de uiteenlopende behoeften van de verschillende gebruikers. Deze vrijheid kan door de gebruikers zelf, in samenwerking met de architect, worden benut voor oplossingen op maat.
Om interactie en synergie tussen de gebruikers te bevorderen zijn er rondom de Individuele blokken verschillende publieke tussenruimtes ontworpen. De tussenruimtes of overgangszones, vormen samen met de woonwerkblokken de totale stedelijke configuratie die door haar morfologie naadloos aansluit op de directe omgeving. Er zijn drie verschillende tussenruimten te onderscheiden, elk met een specifieke gemeenschappelijke functie. Zo zal er via de opgetilde gemeenschappelijke tuin ontmoeting tussen bewoners plaatsvinden, er zal via de werktuinen een synergie tussen de werkers kunnen ontstaan en via een publieke straat wordt de bestaande omgeving met deze nieuwe stedelijke enclave verbonden. Om optimaal gebruik van de overgangsruimtes te garanderen bevinden hier zich alle toegangen van de woon- of werkruimten binnenin de Urban Pixels.

Urban Pixels

Bas Barendse

Place of education Delft University of Technology
Specialization architecture
Tutors Dirk van den Heuvel Lada Hrsak Ype Cuperus

A customized urban enclave

Seventeen live/work blocks projected on Johan van Hasseltkanaal in the Disteldorp neighbourhood of Amsterdam Noord hold out a new flexible form of living and working.

The Pixel is symbolic of the way combinations of key urban elements such as living, working and freedom are constituted. In the Urban Pixels project, dwelling and work can be variously combined within each Pixel. The concept seeks to satisfy the rapidly growing desire to work at home. This need is particularly great in a city like Amsterdam. It is up to architects to pick up on this current development by designing an environment that can be adapted to individual user needs and all possible combinations of wishes among users together. This requires creating conditions in which personalized spaces for living and working can be realized. These conditions have to be designed so as to take account of a wide variety of user needs so that this variety can be satisfied at all times.
A study into, among other things, the reallocation of industrial heritage in the vicinity of Amsterdam Noord was to pave the way to defining these conditions. From this study it transpired that whenever the duty of an existing building needs adapting to suit the needs of new users, the building has to satisfy three architectural preconditions. There has to be a central vertical circulation space; a column structure to generate maximum freedom in both plan and section; and a facade that determines the shape and character with which the user can then identify. Since the wishes and needs will vary from one user to the next — for instance the size of the living quarters as against that of the work component — each Pixel will be assembled jointly by the future users and the architect. The objective, then, is to achieve the most efficient infill of the generic space within the stated architectural preconditions. The generic system will contribute as much to the wishes of the future users as to the need for Amsterdam Noord to apply urban renewal in the shape of intense low-rise.
In Urban Pixels the three architectural preconditions are combined with the basic premise of realizing the greatest possible number of living and working typologies. In addition, these preconditions are decisive for the characteristic ambience and form of the seventeen live/work blocks. For each block the vertical circulation space, the column structure and the form-defining facades can be regarded as permanent components. A fourth additional element, as least as important as the others, is accessibility by car and the distance from the parking space to the house or workplace, which is to be kept as short as possible. All the named preconditions together determine the design freedom needed to meet the wide range of needs of the different users. This freedom can be exploited by the users themselves, in collaboration with the architect, for customized solutions. Public intermediate spaces designed around the individual blocks are to advance interaction and synergy among users. The intermediate spaces or transitional zones constitute together with the live/work blocks a total urban configuration whose morphology causes it to mesh seamlessly with the immediate environment. We can distinguish three different intermediate spaces, each with its own particular communal duty: an elevated communal garden to enable encounter between residents; work gardens to encourage a synergy among the workers; and a public street tying the existing surroundings to this new urban enclave. All entrances to the dwellings and workspaces of the Urban Pixels are off these transitional spaces so as to put them to the best possible use.

1

1   Impressie. Impression.

2   De op- en aflopende morfologie van Urban Pixels wordt duidelijk zichtbaar vanaf het karakteristieke Disteldorp in Amsterdam Noord. The rising and falling morphology of Urban Pixels is directly noticeable from the picturesque Disteldorp neighbourhood in Amsterdam Noord.

3   De publieke straat als belangrijke stedelijke verbinding tussen de markt op het Mosplein en de toekomstige boulevard langs het Johan van Hasseltkanaal. The public street as key urban link between the market on the square (Mosplein) and the forthcoming boulevard along the water (Johan van Hasseltkanaal).

4   Doorsnede. Section.

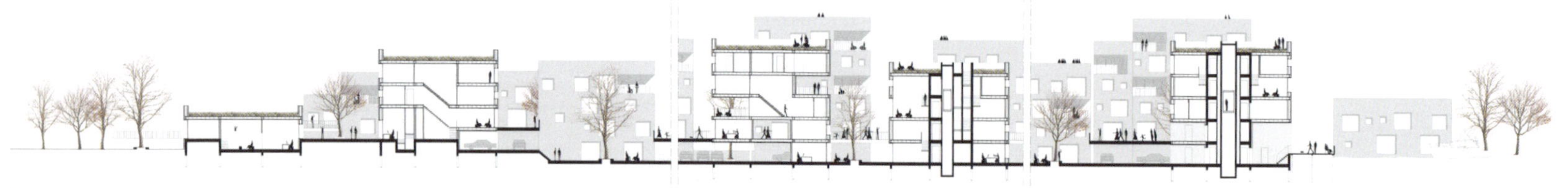

5

6

8

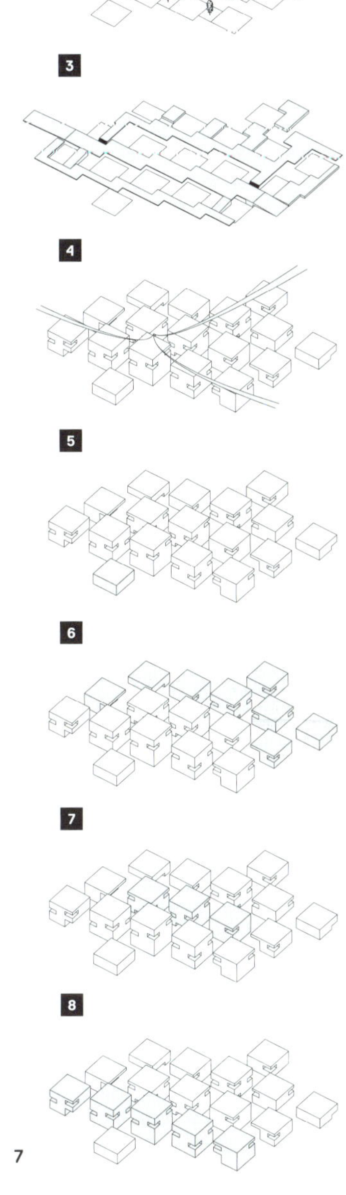

1

2

3

4

5

6

7

8

7

5 Via de gemeenschappelijke tuin op het opgetilde maaiveld wordt ontmoeting tussen gebruikers gestimuleerd. The communal garden on the elevated ground plane is to stimulate encounter between users.

6 De werktuinen, ingezet als mediator tussen de individuele werkruimten en de parkeergelegenheid onder de publieke straat, maken synergie tussen de gebruikers mogelijk. The work gardens, acting as mediator between individual workspaces and the parking facility below the public street, facilitate synergy between users.

7 Exploded view: Ondanks de hoge intensiteit van het project maakt de programmatische gelaagdheid het mogelijk om de auto zo dicht mogelijk aan huis te parkeren doch uit het zicht van de gebruikers. Programmatische ontrafeling: 1. parkeren, 2. tussenzone begane grond, 3. tussenzone verdieping, 4. morfologie, 5. publiek restaurant, 6. grondgebonden woningen, 7. grondgebonden woningen en appartementen, 8. appartementen. Exploded view: Despite the project's intensity, the layering of its programme enables residents to park their cars close by, yet out of their sight. The dissected programme: 1. parking, 2. intermediate zone on ground floor, 3. intermediate zone on upper floor, 4. morphology, 5. public restaurant, 6. street-level access dwellings, 7. street-level access dwellings and apartments, 8. apartments.

8 Maquette. Model.

Verborgen Kracht — Veenkoloniën 3.0

Tim Snippert

Opleiding Wageningen Universiteit en Researchcentrum
Studierichting landschapsarchitectuur
Mentoren Sven Stremke Rudi van Etteger

De toekomst van de Veenkoloniën is onzeker. Eens waren ze een rijke bron van energie en grondstoffen. Nu zijn ze afhankelijk van gebiedsvreemd water, geïmporteerde fossiele brandstoffen en landbouw die leunt op aflopende Europese subsidies. Daarbovenop zet de bevolkingsafname de komende decennia door.

Het doel van deze studie is het ontwikkelen van een langetermijnvisie voor de Veenkoloniën. Deze moet oplossingen aandragen voor de regionale problemen rondom de krimp, energietransitie, waterproblematiek en de gesubsidieerde landbouw. Daarnaast moet ze voorstellen bevatten om de aangedragen oplossingen te integreren en het gebied beter in de regio in te passen. Op de lange termijn moet deze benadering resulteren in duurzame, waardevolle en stabiele Veenkoloniën. Deze thema's en doelstellingen stonden centraal in de 9de editie van de Eo Wijers prijsvraag en vormden de uitgangspositie voor deze studie. Om inzicht te krijgen in de kernkwaliteiten van de Veenkoloniën is met bewoners de kracht van de Veenkoloniën ontdekt tijdens interviews en gesprekken. Rust, openheid, lintdorpen, dichter bevolkte kernen, verbondenheid van de Veenkoloniën met energie (Veenkoloniën 1.0 en 2.0) en productiemogelijkheden voor een bio-based economy en duurzame energie zijn voorbeelden die genoemd werden door inwoners als de kernkwaliteiten van de Veenkoloniën.
Bij de uitwerking speelt de wisselwerking tussen het lokale en regionale schaalniveau een sleutelrol. De benadering richt zich op het verbinden van het lokale en regionale schaalniveau opdat de Veenkoloniën één geheel vormen. Het lokale schaalniveau hangt in sterke mate samen met het regionale schaalniveau. Het lokale schaalniveau levert input voor de overkoepelende regionale visie. Deze kan leiden tot regionale samenwerking en uitwisselingsmogelijkheden, die binnen de Veenkoloniën resulteren in gezamenlijk profiteren van de hoogste lokale potenties.
Verbanden tussen het regionale en lokale niveau resulteren in regionale systemen waarbinnen onderlinge invloed, feedback en uitwisseling van bijvoorbeeld grondstoffen en diensten mogelijk is. Door de onderlinge verbondenheid kunnen samenhangende interventies gepland worden die de regionale visie ondersteunen en systemen in de regio ontwikkelen en versterken. Doordat de regionale visie gebaseerd is op input vanuit het lokale schaalniveau kunnen lokale initiatieven worden begeleid en gealloceerd op de optimale locatie binnen de Veenkoloniën. Een goed voorbeeld daarvan is het energiesysteem, waarbinnen lokale producenten gebruik maken van de hoogste potenties binnen de Veenkoloniën om productie van duurzame energie te realiseren. Naast de afstemming op het lokale schaalniveau biedt het regionale schaalniveau het overkoepelende systeem dat de mogelijkheid geeft de productie aan de vraag binnen en buiten de Veenkoloniën te koppelen.
De systematische benadering in deze vorm is nieuw op de regionale schaal. Deze studie laat zien dat de benadering kansen biedt om vanuit een lokaal schaalniveau, bottom-up, op een systematische wijze een samenhangende regionale visie te ontwikkelen met respect voor lokale potenties en ambities. Succesvolle implementatie van de systematische benadering kan uiteindelijk resulteren in het realiseren van projecten op het lokale schaalniveau met lokale belanghebbenden. Deze lokale projecten gaan uit van de kernkwaliteiten van de Veenkoloniën en de aanwezige potenties. Zo ontwikkelen zich systemen die aansturen op een duurzame waarde creatie en stabiliteit binnen de Veenkoloniën. De systematische benadering is daarin een sterke drager voor het koppelen en afstemmen van kleinere lokale projecten op een hogere regionale schaal.

Hidden Power — Veenkoloniën 3.0

Tim Snippert

Place of education Wageningen University and Research
Specialization landscape architecture
Tutors Sven Stremke Rudi van Etteger

The future of the Fen Settlements (Veenkoloniën) in the northeast of the country is uncertain. Once they were a rich source of energy and raw materials. Now they depend on allochthonous water, imported fossil fuels and an agriculture bolstered by dwindling European subsidies. On top of that, the population decline is to continue in the decades to come.

The aim of this study is to develop a long-term perspective for the Fen Settlements. This must present solutions for the regional problems surrounding the population decline, energy transition, water management issues and subsidized agriculture. In addition it must entail proposals to integrate the presented solutions and embed the area better in the region. In the long term, this approach must result in sustainable, valuable and stable Fen Settlements. These themes and objectives were at centre stage in the ninth edition of the Eo Wijers Competition and constituted the stepping-off point for this study. The strength of the Fen Settlements was uncovered during interviews and discussions I had with the inhabitants to gain insight into the area's core qualities. Peace and quiet, openness, linear villages, more densely populated cores, the Settlements' commitment to energy (Veenkoloniën 1.0 and 2.0) and production possibilities for a bio-based economy and sustainable energy are examples named by inhabitants as the core qualities of the Fen Settlements.
The interaction between local and regional scales was key to the project's development. The approach is targeted at binding together the local and regional scales so that the Settlements become a unified whole. The local scale has strong ties with the regional scale, supplying input for the overarching regional perspective. This can lead to regionwide collaboration and opportunities for interaction, so that everyone in the Fen Settlements profits from the highest local potentials.
Ties between the regional and local levels result in regional systems where mutual influence, feedback and the exchange of, say, raw materials and services are possible. The mutual ties mean being able to plan coordinated interventions that support the regional view of things and develop and enhance systems in the region. As the regional perspective is based on input from the local scale, local initiatives can be allocated and supervised at the best possible location within the Fen Settlements. A good example of this is the energy system, in which local producers make use of the highest potentials the Settlements have to offer so as to be able to produce sustainable energy. Besides being attuned to the local scale, the regional scale holds out an overarching system that makes it possible to hitch production to the demand from the Fen Settlements and beyond.
The systematic approach in this form is new to the regional scale. This study shows that the approach presents opportunities to develop out of a local scale, bottom-up and systematically, a coherent regional perspective that respects local potentials and ambitions.
Successful implementation of the systematic approach can ultimately result in realizing projects at the local scale with local stakeholders. These local projects proceed from the core qualities of the Fen Settlements and the potentials present there. In this way, systems can develop that promote a sustainable value creation and stability within the Fen Settlements. Here the systematic approach is a powerful vehicle for coupling and attuning smaller local projects at a higher regional scale.

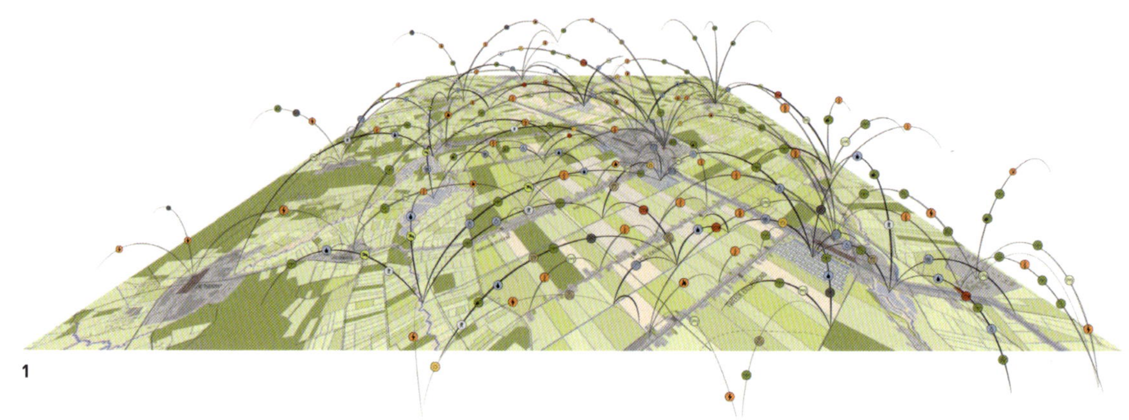

1

"

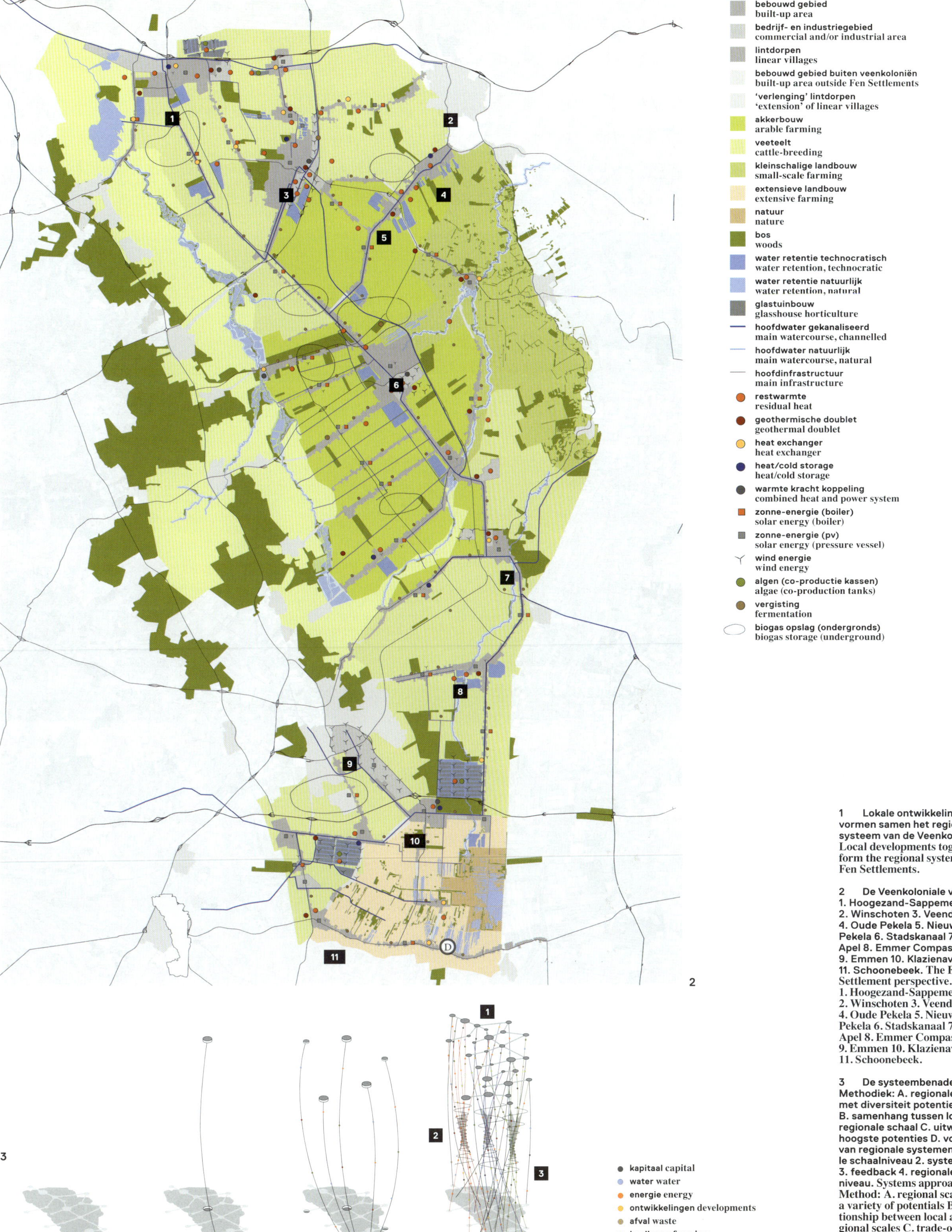

1 Lokale ontwikkelingen vormen samen het regionale systeem van de Veenkoloniën. Local developments together form the regional system of the Fen Settlements.

2 De Veenkoloniale visie. 1. Hoogezand-Sappemeer 2. Winschoten 3. Veendam 4. Oude Pekela 5. Nieuwe Pekela 6. Stadskanaal 7. Ter Apel 8. Emmer Compascuum 9. Emmen 10. Klazienaveen 11. Schoonebeek. The Fen Settlement perspective. 1. Hoogezand-Sappemeer 2. Winschoten 3. Veendam 4. Oude Pekela 5. Nieuwe Pekela 6. Stadskanaal 7. Ter Apel 8. Emmer Compascuum 9. Emmen 10. Klazienaveen 11. Schoonebeek.

3 De systeembenadering. Methodiek: A. regionale schaal met diversiteit potenties B. samenhang tussen lokale en regionale schaal C. uitwisseling hoogste potenties D. vorming van regionale systemen. 1. lokale schaalniveau 2. systemen 3. feedback 4. regionale schaalniveau. Systems approach. Method: A. regional scale with a variety of potentials B. relationship between local and regional scales C. trade-off of highest potentials D. formation of regional systems. 1. local scale 2. systems 3. feedback 4. regional scale

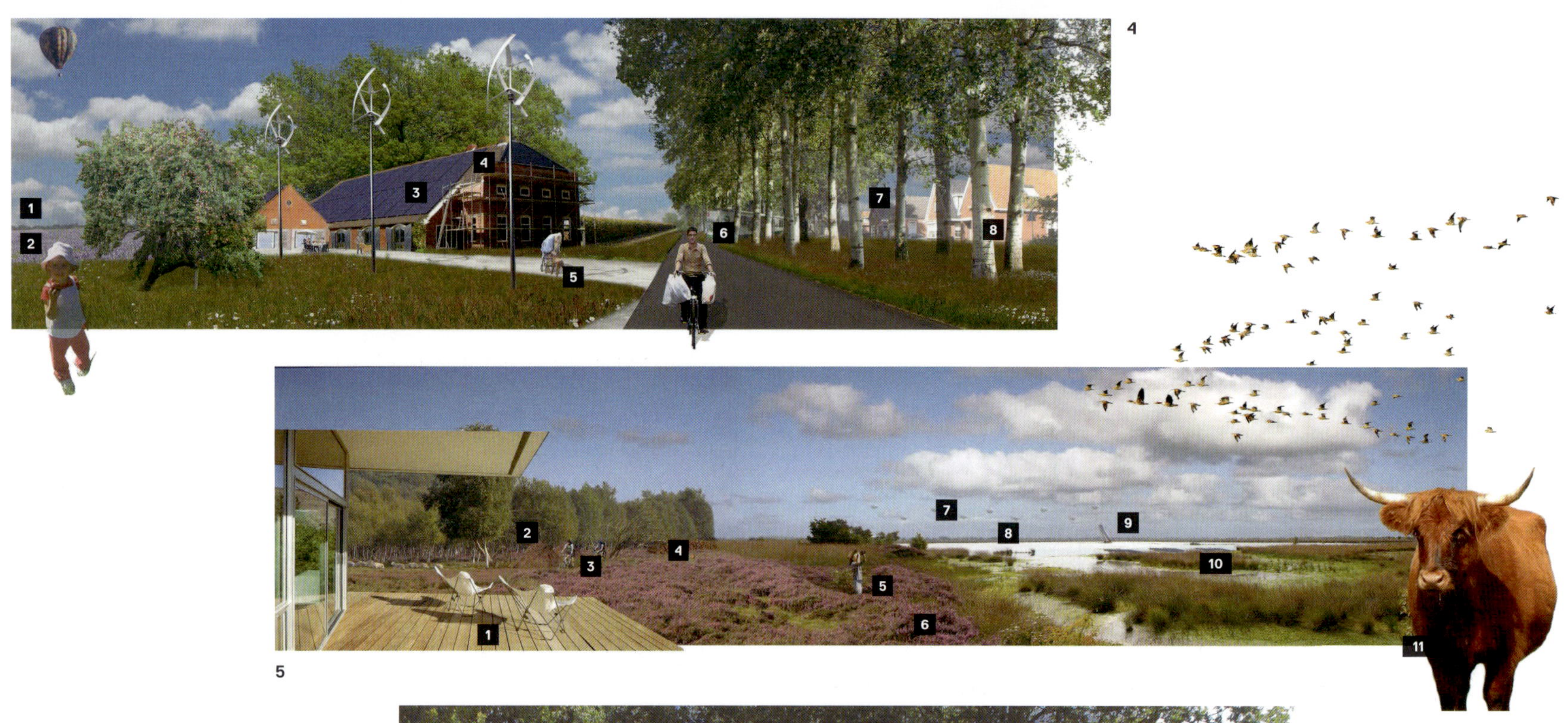

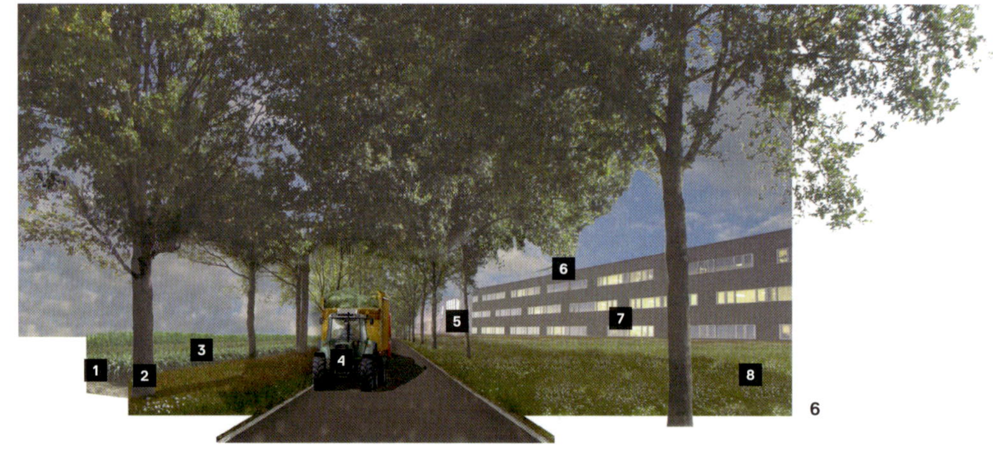

4 Hergebruik van vastgoed en mobiele functies: 1. herkenbare linten 2. nieuwe teelten 3. lokale energieopwekking 4. hergebruik waardevol vastgoed 5. groeiende markten 6. mobiele functies 7. ontwikkeling in linten 8. lanen als blijvende structuur Reuse of property and mobile elements: 1. old settlement routes 2. new cultures 3. local energy generation 4. reuse of valuable property 5. growing markets 6. mobile elements 7. development in ribbon form 8. avenues as an enduring structure.

5 Diversiteit Veenkoloniën: 1. nieuwe woonmilieus 2. biomassa reststromen 3. recreatie 4. bouwmaterialen 5. natuureducatie 6. ecologische kwaliteit 7. duurzame energie 8. waterretentie en -opslag 9. waterrecreatie 10. waterzuivering 11. biologisch voedsel. Diversity of the Fen Settlements: 1. new habitats 2. biomass from residual flows 3. recreation 4. building materials 5. nature education 6. ecological quality 7. sustainable energy 8. water retention and storage 9. aquatic recreation 10. water purification 11. organic food.

6 Bio-based economy: 1. nieuwe teelten 2. hoofdstructuur 3. schaalvergroting 4. verwerking in Veenkoloniën 5. warmte kracht koppeling 6. duurzame energie 7. kennis en innovatie 8. productieve bermen. Bio-based economy: 1. new cultures 2. main structure 3. scaling up 4. assimilation in Fen Settlements 5. combined heat and power system 6. sustainable energy 7. knowledge and innovation 8. productive shoulders.

7 Waterretentie en zonneenergie: 1. waardevolle natuur 2. drijvende zonnecellen 3. waterretentie en –opslag 4. uitloopgebied 5. sportieve recreatie 6. herkenbare linten 7. waterzuivering 8. waterrecreatie 9. nieuwe woonmilieus. Water retention and solar energy: 1. valuable nature 2. floating solar cells 3. water retention and storage 4. recreational area 5. sports 6. old settlement routes 7. water purification 8. aquatic recreation 9. new residential environments.

The Wall

Jasper Nijveldt

Opleiding Technische Universiteit Delft
Studierichting stedenbouw
Mentoren Henco Bekkering Deborah Hauptmann

Ontwerp voor een Chinese stad waarbij de muur op verschillende schalen als ruimtevormend element wordt ingezet. Van een stedelijke muur, via de omsluiting van kavels tot aan een subtiele afbakening in de slaapkamer. De muur speelde eeuwenlang een bepalende rol in de vorming van steden en kan opnieuw een kwalitatief hoogwaardig alternatief voor de ongebreidelde groei van de stad bieden.

Terwijl Europa en de Verenigde Staten een fragiele groei en zelfs krimp kennen, verschuift de economische balans met een ongekende snelheid naar het Zuiden en vooral het Oosten; We zijn getuige van de grootste economische transformatie in de geschiedenis. In dit proces vervullen steden een bepalende rol. Vooral China ondergaat een enorme stedelijke revolutie. Echter, een op Westerse, modernistische en pragmatische leest geschoeide stadsontwikkeling zorgt voor een gefragmenteerde en ongebreidelde groei. Plekken die belangrijk zijn voor het collectieve geheugen en dagelijkse gebruik worden vervangen door imponerende stadsassen, brede verkeerswegen en enorme pleinen. Er wordt ontworpen vanuit het vogelvluchtperspectief en dagelijkse leefpatronen worden genegeerd. Deze tactloze reconstructie is dan ook meer gericht op het spektakel en het object, dan op ruimte zelf. De vitaliteit van de publieke ruimte en daarmee de stad staat hiermee onder druk. Een zorgwekkende ontwikkeling.
Om deze tendens tegen te gaan is een begrip van de Chinese perceptie op ruimte, die volledig anders is dan de Westerse, van cruciaal belang. Sinds het ontstaan van Chinese steden vertegenwoordigt omsluiting, met de muur als belangrijkste architectonisch element, een centrale rol. Dit werkte op elke schaal van land en stad tot aan huis en slaapkamer. Zelfs de woorden voor 'stad' en 'muur' (cheng 墙城) waren tot voor kort hetzelfde. In geleidelijk geëvolueerde stedelijke weefsels gaf een opeenvolgende omsluiting van ruimtes een tastbare ruimtelijke referentie in het dagelijks leven en een flexibele structuur voor ontwikkeling. Het ontwerp geeft een eigentijdse interpretatie van deze gedachte; The Wall.
'The Wall' is een strategische visie voor een alternatief stedenbouwkundig en architectonisch model voor de West-Chinese miljoenenstad Chengdu dat de stad kan sturen naar compacte groei en tegelijkertijd 'plaats' biedt aan de enorme stroom nieuwe immigranten. In het plan wordt voorgesteld op de huidige stadsgrens sterk te verdichten: een nieuwe stedelijke 'muur' van 300 km lang en 1 km breed rondom de stad. 'The Wall' zorgt voor behoud van het kostbare land en maakt de overgang van stad en landschap manifest. Tegelijkertijd dwingt het tot verdere verdichting langs bestaande belangrijke assen in de stad en een slimmer gebruik van de huidige infrastructurele netwerken. Op elke locatie in de stad neemt 'The Wall' de vorm aan van de specifieke kwaliteiten van de bodem, vegetatie en bestaande patronen in grondgebruik, waardoor zij blijft verrassen. Een uitwerking van een nieuwe woongemeenschap toont dit. Vanuit vogelvluchtperspectief ziet 'The Wall' er hier dan ook nogal chaotisch uit, maar vanaf ooghoogte wordt haar geheim langzaam ontrafeld. Ruimte wordt beetje bij beetje gepresenteerd. De volgende ruimte is altijd onvoorspelbaar, wat een lichtelijk mysterieuze ervaring geeft; Iets wat oude Chinese steden altijd hun charme gaf. 'The Wall' is een strategische aanpak die varieert van het ontwerpen van een kleine watergoot tot aan een robuust voorstel voor heel stedelijk China.

The Wall

Jasper Nijveldt

Place of education Delft University of Technology
Specialization urban design
Tutors Henco Bekkering Deborah Hauptmann

Design for a Chinese city with the wall as a space-defining element at different scales — from a city wall through a separator of plots to a subtle screening in the bedroom. Walls played a key role in shaping cities for centuries and can once again act as a high-quality alternative for the rampant growth dogging today's cities.

While Europe and the US are showing a fragile growth at best and a decline at worst, the economic balance is shifting at an unprecedented speed to the South and more particularly the East; we are witnessing the greatest economic transformation ever. Cities have a defining role to play in this process. China especially is undergoing a gigantic urban revolution. Yet this urban development, based as it is on a Western, modernist and functional model, is bringing about a piecemeal and unrestrained growth. Places key to the collective memory and daily use are ceding to grand urban axes, broad thoroughfares and vast squares. Designing is done from an aerial perspective and daily life patterns are being ignored. This tactless reconstruction is thus targeted more at spectacle and objects rather than at space. This is putting pressure on the vitality of public space and the city along with it. An alarming development then.
A crucial factor in countering this tendency is an understanding of the Chinese perception of space, utterly different as this is from its Western counterpart. Enclosure has figured prominently throughout the history of Chinese towns and cities, with the wall as its principal architectural representative. This works at every scale, from country and city to house and bedroom. Even the words for city and wall (cheng, 墙城) were the same until recently. In the gradually evolving urban fabrics, a successive enclosure of spaces provided a tangible spatial reference in daily life and a flexible structure for development. The present design gives a contemporary take on this notion.
'The Wall' is a strategic perspective on an alternative urban and architectural model for the West Chinese megalopolis of Chengdu that can guide the city towards compact growth as well as providing a place for the enormous influx of new immigrants. It proposes rigorously compacting the present city borders with a new urban 'wall' 300 km long and 1 km wide around the city. 'The Wall' is a means of preserving valuable land and making manifest the transition from city to country. By the same token, it compels further compaction along existing key axes in the city and smarter use of the current infrastructure networks. In every part of the city 'The Wall' adopts the form of the particular qualities of the soil, vegetation and existing land use patterns, so that there are surprises at every turn. This can be seen in the worked-up design for a new commune. From the air 'The Wall' looks fairly chaotic in places but at eye-level it gradually reveals its secret, presenting its space bit by bit. The next space to come is always unpredictable, which adds an element of mystery to the experience; something that invariably gives the older Chinese cities their charm. 'The Wall' is a strategic approach that varies from designing a small gutter to a solid proposal for all urban China.

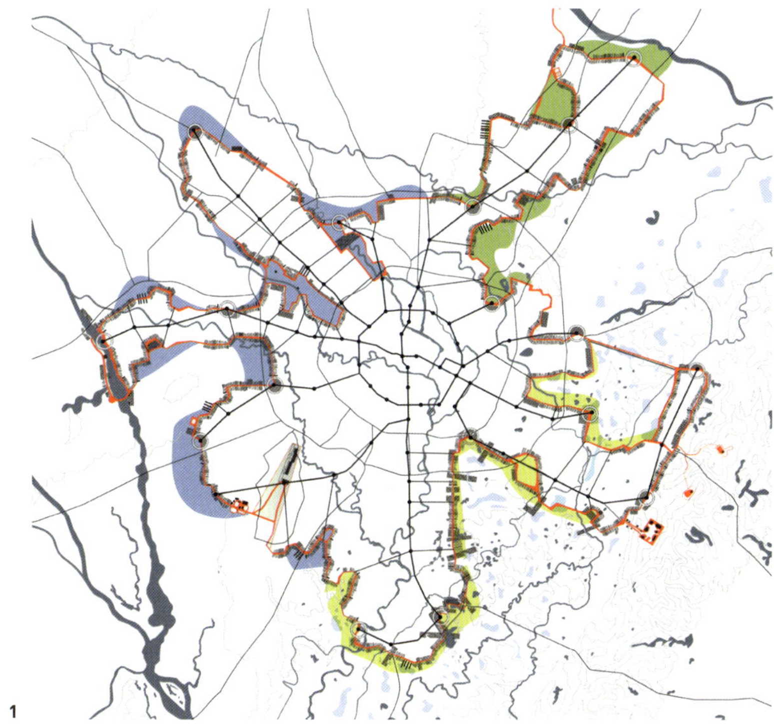

1

3a

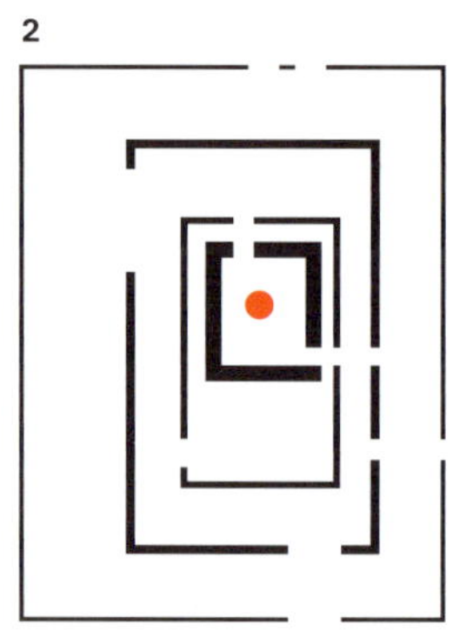

2

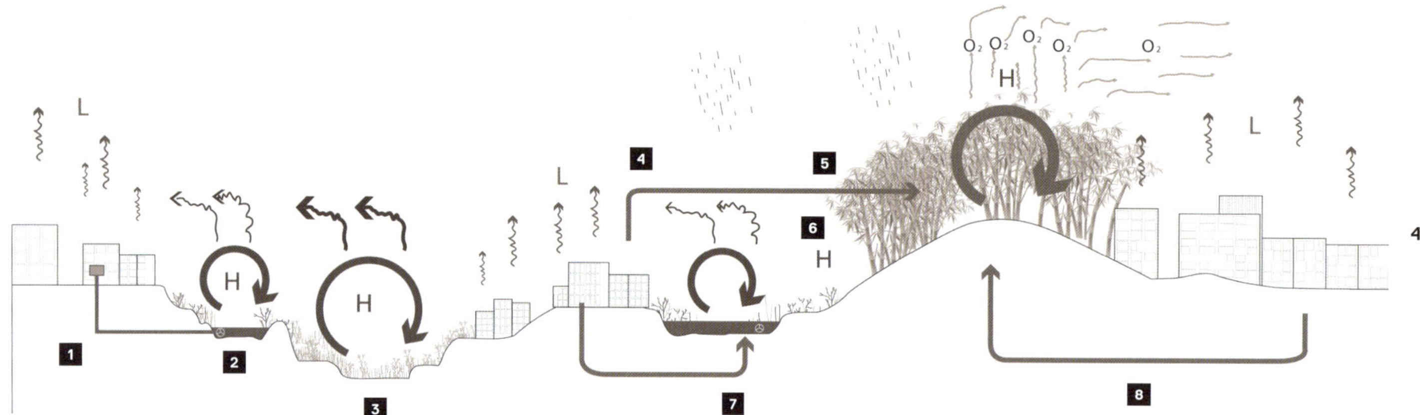

3b

4

1   Verdichting op de huidige stadsgrens; Een nieuwe stedelijke 'muur' van 300 km lang en 1 km breed 'omsluit' de stad Chengdu en geeft ruimte voor de toestroom van miljoenen migranten. De muur kan een kwalitatief hoogwaardig alternatief voor de ongebreidelde groei van de stad bieden. Compacting the present-day city border. A new city 'wall' 300 km long and 1 km wide 'encloses' the city of Chengdu and creates space for the influx of millions of migrants. The wall can provide a high-grade alternative to the city's unfettered growth.

2   Omsluiting, met de muur als belangrijkste architectonisch element, speelt een centrale rol in de Chinese beleving van ruimte en de vorming van oude steden. Dit werkte op elke schaal van land en stad tot aan huis en slaapkamer. Het ontwerp geeft een eigentijdse interpretatie van deze gedachte: The Wall. Enclosure, with the wall as key architectural element, figures prominently in the Chinese perception of space and in the configuration of old cities. This impacts at every scale, from city and country to house and bedroom. The Wall gives a contemporary take on this idea.

3a/b   Op elke locatie reageert 'The Wall' op de specifieke kwaliteiten van de bodem, vegetatie en bestaande patronen in grondgebruik, waardoor zij blijft verrassen. In een uitwerking voegt The Wall zich naar de structuur van de rijstvelden, bestaande infrastructuur, boerderijen, terrassen en vallei die tezamen het stedenbouwkundig raamwerk bepalen. In every part of the city 'The Wall' adopts the form of the particular qualities of the soil, vegetation and existing land use patterns, so that there are surprises at every turn. In a detail design, The Wall locks into the structure of the paddy fields, existing infrastructure, farms, terraces and valley that together define the urban framework.

4   Doordat Chengdu bijna geen wind kent en toenemende luchtvervuiling kan het zorgvuldig inpassen in het landschap werken als een natuurlijke ventilator. De gebouwde delen hebben hogere temperaturen en een lagere luchtdruk dan het landschap, waardoor een koele en schone luchtstroom de woongemeenschap wordt ingeblazen. As Chengdu is virtually wind-free and air pollution is on the increase, the wall can act as a natural ventilator if positioned correctly in the landscape. The built parts have higher temperatures and a lower air pressure than the landscape, so that cool clean air can be blown into the commune.
1. grijs water 2. vijvers 3. vallei 4. CO2 5. regenwateronderschepping reduceert de luchtvochtigheid 6. verdamping 7. regen wateropvang 8. verontreinigd water in watervoerende laag. 1. grey water 2. pools 3. valley 4. CO2 5. rainwater collection reduces the humidity 6. evaporation 7. rainwater collection 8. polluted water in water-bearing layer.

5 Ontwikkelingsmodel. Muren worden opgetrokken op de grenzen van de kavels, waardoor ruimte verder wordt omsloten en een grote variëteit aan gebouw typologieën mogelijk wordt. Vanaf vogelvlucht lijkt dit een chaotisch geheel op te leveren. Development model. Walls are erected on the borders of the plots, further enclosing the space and enabling a wide variety of building types. It looks chaotic when seen from the air.

6a/b/c Echter, vanaf ooghoogte wordt het geheim langzaam ontrafeld; Ruimte wordt beetje bij beetje gepresenteerd. De volgende ruimte is altijd onvoorspelbaar, wat een lichtelijk mysterieuze ervaring geeft. From eye-height, however, the secret is gradually revealed. Space is presented bit by bit. The next space to come is invariably unpredictable, which adds an element of mystery to the experience.

7 Ervaring van ruimte. Experience of space.

6a

6b

6c

7

Wat de pot schaft — Een lokale keuken voor een mondiale gemeenschap

Niels Groeneveld

Opleiding Technische Universiteit Eindhoven
Studierichting architectuur architecture
Mentoren Jos Bosman Pieter van Wesemael Jan Schevers

Ontwerp voor een lokale keuken in een leegstaande boerderij in Wanswerd. Het ontwerp biedt een duurzaam alternatief voor de mondiale trends van schaalvergroting en vervlakking van de voedselmarkt. Deze keuken vormt de basis voor de transitie naar een duurzaam voedingspatroon. Het vormt een betekenisvolle schakel in de Friese toeristische infrastructuur en biedt een passende nieuwe werkkring voor de lokale bevolking.

Het Friese platteland wordt al eeuwen gevormd door voedselproductie. De idyllische kleinschaligheid van dit landschap verhult echter een serieuze tendens. Oude boerderijen en erven zijn in groten getale aan de horizon te zien, maar ze zijn als boerenbedrijf niet meer in gebruik. Mondiale ontwikkelingen in onze voedselvoorziening maken dat het voortbestaan van het Friese boerenbedrijf onder druk staat. Friese boeren worden, evenals vele boeren wereldwijd, steeds vaker getroffen door de gevolgen van harde concurrentie op de vlakker wordende wereldvoedselmarkt. Hierdoor worden ze gedwongen tot schaalvergroting en monocultuur, wat een direct effect heeft op het door bewoners en toeristen gekoesterde landschap. De kwaliteiten waarvoor toeristen naar Friesland komen, zoals rust en openheid, bestaan bij de gratie van het agrarisch gebruik van het landschap. De boer is behalve voedselproducent ook rentmeester van de esthetische landschapswaarde.
Intensificatie en mechanisatie in de landbouw hebben geleid tot een drastische bevolkingskrimp in Friesland. De gemeenschapszin en de agrarische identiteit van de achterblijvende bevolking staat onder druk. Niet voor niets ontstaat in deze tijd de vraag naar een mogelijke economische stimulans vanuit de toeristische sector. Voor dit vraagstuk dient een invulling gezocht te worden die voortbouwt op het karakter van het plattelandsleven. Een opgepoetste vorm van 'mooi-weer-toerisme' zal de lokale bevolking niet sterken in haar identiteit, trots en gemeenschapsgeest. Dit project tracht een duurzame invulling te geven aan de toeristische infrastructuur die alle seizoenen bestrijkt en die tegelijkertijd bijdraagt aan een culturele verankering voor de lokale bevolking.
Bovengenoemde ontwikkelingen houden een direct verband met de dagelijkse voedingskeuze van dezelfde toerist als consument in de supermarkt. In de keuken hebben de veranderingen in onze voedselkeuze plaatsgevonden die uiteindelijk de hele voedselvoorziening hebben veranderd. In dit project wordt een keuken ontworpen, als metafoor voor deze veranderingen en als platform voor een transitie naar een duurzaam voedingspatroon.
Een leegstaande boerderij aan de terp van het 200 inwoners tellende Wanswerd vormt een inspirerend decor voor een programma over voedsel, koken en de relatie met de lokale agrarische cultuur. Er kan een plek ontstaan waar mensen uit de stad weer leren koken met verse, vaak vergeten ingrediënten. Het kan een plek worden waar de afhankelijkheid van de seizoenen, weer en wind voelbaar is. Waar nog gebruik wordt gemaakt van dingen die lokaal voorhanden zijn. Waar nog gegeten wordt wat de pot schaft. Naast de keuken zijn in overleg met de dorpsbewoners enkele publieke faciliteiten toegevoegd aan het programma.
De architectuur van de interventie geeft uitdrukking aan het dagelijks leven op het platteland. Hier wordt niet gedoeld op het nostalgische beeld dat we ons graag voor ogen halen, maar op de kwetsbare, onzekere realiteit van het huidige boerenbestaan. Blootstelling, beschutting en vergankelijkheid spelen hierbij een rol. De functionele tektoniek van de bestaande rieten kap als regenschil vormt een startpunt voor de architectuur van de interventie. De kapconstructie doet monumentaal aan door een indrukwekkende constructieve geleding. De ruimtelijke dimensies van de constructieve elementen vormen een rijke sequentie. Bij de interventie wordt voortgebouwd op deze dimensies en geleding, maar met moderne houtmaten en -verbindingen. In historische zin wordt er op deze manier een laag toegevoegd, zonder eerdere lagen te 'bevriezen' of als stuk historie te verheffen. Er wordt gezocht naar historische continuïteit, niet naar een simplistisch contrast. Dit concept komt tot uiting in de tektonische geleding van de toegevoegde volumes van de keuken en de nieuwe bijgebouwen. Om de beschermende functie van de bestaande rieten kap te benadrukken wordt het daarbinnen geplaatste keukenvolume niet bekleed aan de buitenzijde.
De constructie van de keuken ligt als het ware bloot en gaat hierdoor een dialoog aan met de bestaande kapconstructie. Met deze dialoog worden de tektonische kwaliteiten van nieuw en oud gearticuleerd.
Op de plek waar voorheen twee kleine schuurtjes stonden worden twee nieuwe bijgebouwen gebouwd waarin zich een materieelschuur en een gastenverblijf bevinden. De volumes van de bijgebouwen zijn afgeleid van de eenvoudige typologie van boerderijschuren. De bijgebouwen staan als een gladde, beschermende stolp op een grove plint van lokale klei en aarde. Als 'opgetrokken uit de klei' verankert deze plint de gebouwen op hun plaats. De constructieve opbouw van dak en gevel is een exacte inverse van die van de keuken. Hiermee wordt uitgedrukt dat de keuken door de rieten kap wordt beschermd, terwijl de bijgebouwen bloot staan aan de elementen. Door deze blootstelling krijgen de gevels van een koper-zink legering, in de loop der tijd een dof, bronskleurig patina, waardoor ze langzaam opgaan in het bruine kleilandschap. Op deze manier vormt de architectuur een verbeelding van de kwetsbaarheid van het agrarisch bestaan. Het programma biedt bezoekers behalve kennis en vaardigheden over voedsel ook stof tot nadenken. Het idyllische landschap rond de terp van Wanswerd spreekt hierbij tot de verbeelding. Toch is hier geen plaats voor nostalgie.

Food For Thought — A local kitchen for a global community

Niels Groeneveld

Place of education TU Eindhoven
Specialization architecture
Tutors Jos Bosman Pieter van Wesemael Jan Schevers

Design for a local kitchen in a vacant farm building in Wanswerd. It presents a sustainable alternative for the trends of scaling-up and levelling-out in the global food market. This kitchen is a springboard for the transition to a sustainable diet and a key link in the Frisian tourist infrastructure as well as offering an appropriate new working environment for the local population.

The Frisian countryside has been shaped by food production for centuries. The idyllic small scale of this landscape conceals a serious intent. Old farms and farmsteads can be seen in large numbers on the horizon yet they are no longer used as such. Global developments in our food provision are threatening the future of farming in Friesland. Frisian farmers, like many farmers worldwide, are increasingly affected by the results of tough competition in today's ever more homogeneous food market conditions. This is forcing them into monoculture and scaling-up, which is impacting directly on the landscape cherished by inhabitants and tourists alike. The qualities that draw tourists to Friesland, such as tranquillity and openness, exist by virtue of the landscape's use as farmland. So the farmers are guardians of the landscape's aesthetic qualities as well as producers of food.
Intensification and mechanization in agriculture have reduced the population of Friesland dramatically. The sense of community and agricultural identity of those remaining is under intense pressure. No wonder the tourist sector is now being touted as a means of boosting the local economy. The answer should be sought in areas that build on the character of country life. A polished form of 'fine-weather tourism' will fail to strengthen the local community's identity, pride and spirit. This project seeks to give substance to the tourist infrastructure in a way that transcends all seasons and at the same time contributes to a cultural anchorage for the local community.
The above-named developments are directly influenced by the daily food choice of those tourists as consumers in the supermarket. The kitchen is the place where changes in our choice of food have ultimately changed the whole food chain. In this graduation project, a kitchen has been designed as a metaphor for these changes and as a platform for a transition towards a sustainable diet.
A vacant farm building alongside the artificial mound or terp on which stands the village of Wanswerd, population 200, forms the inspirational stage set for a programme about food, cooking and the relationship with the local rural culture. It can be a place where city-dwellers can learn to cook again with fresh, often forgotten ingredients; a place where you can feel the influence of the elements in all four seasons, where you work with things that are at hand, where you eat what the season and surrounding landscape has to offer. Besides the kitchen, a number of public facilities have been added to the programme in consultation with the villagers.
The architecture of the intervention expresses daily life on a farm — not that nostalgic picture we like to think of all too often but the vulnerable and uncertain reality of modern farm life, informed here by the themes of exposure, shelter and the passage of time. The intervention's architecture steps off in part from the functional tectonics of the thatched roof as a rain shield. The roof structure has a monumental appearance brought about by an impressive articulation of its structural elements, whose spatial dimensions present a rich sequence. The intervention builds on these dimensions and this articulation using present-day wood sizes and jointing, adding a new layer but without freezing, framing or staging earlier layers. The design aspires to historical continuity, and not merely a simplistic contrast. This concept is expressed in the tectonic articulation of the added volumes of the kitchen and the new annexe buildings. To accentuate the protective function of the barn's thatched roof, the kitchen volume placed inside the barn is left unclad on the exterior. The structure of the kitchen is laid bare, so to speak, and enters into dialogue with the old roof structure. This dialogue brings out the tectonic qualities of old and new.
The design constructs two annexe buildings — an equipment shed and a guest house — at the place formerly occupied by two small sheds. Their volumes derive from the elementary typology of farm buildings. The annexe buildings stand atop a plinth of rammed local earth and clay as smooth protective domes, anchored by their materials in the clay landscape. The two buildings' wall and roof structure is the exact opposite of that of the kitchen. This expresses the fact that the kitchen is protected by the thatched roof whereas the annexe buildings are exposed to the elements. In time their frontage will acquire a dull, bronze-coloured patina which gradually merges the buildings into the brown clay landscape. This way the architecture illustrates the vulnerable nature of farm life. Besides food knowledge and food skills, the programme offers visitors food for thought. The idyllic landscape around Wanswerd terp appeals to the imagination. Yet there is no place for nostalgia here.

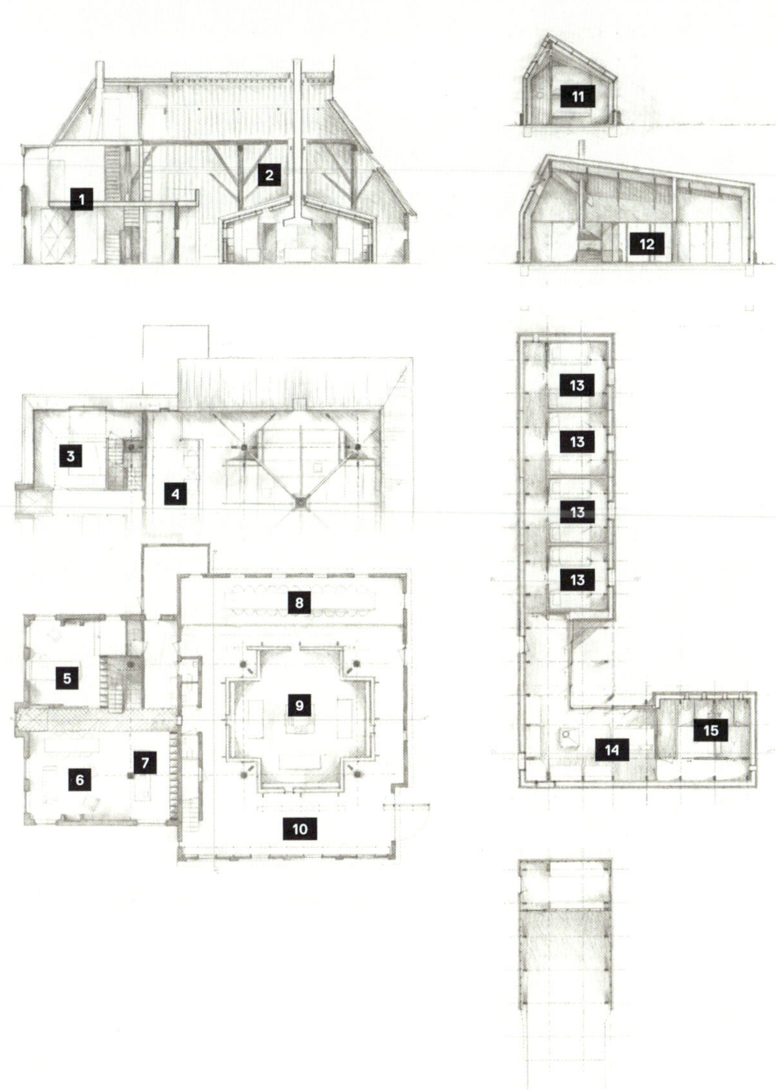

1 Gebouwensemble met bestaande boerderij en nieuwe bijgebouwen. Built ensemble with existing farmhouse and new annexe buildings.

2 Schalen van lokale klei verbeelden de ontwikkeling van de voedselketen. Bowls made of local clay illustrate the development of the food chain.

3 Keuken/kookstudio in bestaande boerderij (links) en gastenverblijf (rechts). Keuken/kookstudio, langsdoorsnede: 1. woning 2. schuur. Plattegrond eerste verdieping: 3. slaapkamer 4. opslag. Plattegrond begane grond: 5. kantoor 6. woonkamer 7. keuken 8. eettafel 9. keuken/kookstudio 10. boerderijwinkel. Gastenverblijf, dwarsdoorsnede: 11. slaapkamer. Langsdoorsnede: 12. zitkamer. Plattegrond begane grond: 13. slaapkamer 14. zitkamer 15. sanitair. Kitchen and cooking studio in existing farmhouse (left) and guest house (right). Kitchen and cooking studio, longitudinal section: 1. dwelling 2. barn. First floor plan: 3. bedroom 4. storage. Ground floor plan: 5. office 6. living 7. kitchen 8. dining table 9. kitchen and cooking studio 10. farm shop. Guest house, cross section: 11. bedroom. Longitudinal section: 12. lounge Ground floor plan: 13. bedroom 14. lounge 15. bathroom/toilet.

5   Keuken/kookstudio ge-
plaatst tussen bestaande constructie. Kitchen and cooking
studio inserted into existing
structure.

6   Keuken/kookstudio en gastenverblijf. Kitchen/cooking
studio and guest house.

7   Situatie. A. privéwoning
B. bestaande schuur C. gastenverblijf D. gereedschapschuur
E. educatieve tuin. Site plan.
A. private house B. existing
barn C. guest house D. equipment shed E. educational
garden.

5

6

7

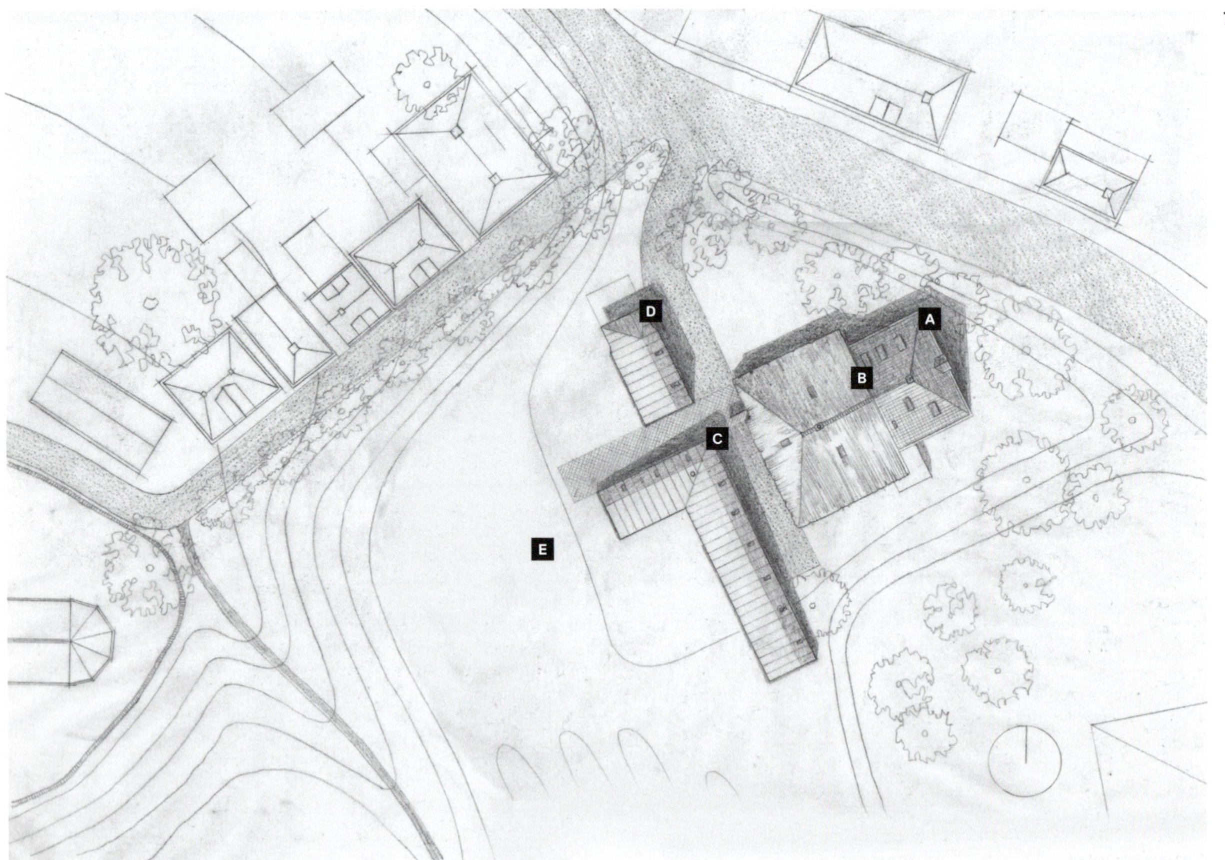

De Wijnerie

Nadia Pechler

Opleiding Academie van Bouwkunst Groningen
Studierichting architectuur
Mentoren Victor Ackerman Age Albers

Ontwerp voor een wijnbooerderij bestaande uit een wijngaard van 10 hectare, een wijnmakerij en een bezoekerscentrum bij Zwolle.

Ik stel mij als doel om een moderne Nederlandse wijnmakerij te ontwikkelen die niet alleen als modern beeldmerk fungeert, maar zich ook op een gepaste wijze verhoudt tot het Nederlandse landschap. Een gebouw van deze tijd, modern en functioneel, met een hoge commerciële aantrekkingskracht, gericht op de beleving van de bezoeker.

'If you are working very hard to create great enjoyment with the sense of taste in the wine, why would you not give equal consideration to ensuring that the visual enjoyment of the winery is at the same standard?'
— Don Triggs, President and CEO Vincor International.

De Wijnerie ligt aan de rand van Zwolle, schurkend tegen de dijk die de weilanden scheidt van de rivier de IJssel. De beperkte hoeveelheid zonlicht in ons land vraagt om een strenge opbouw van de wijngaard. Naast een beschutte ligging en speciale snoei- en geleidingsmethodieken, is het van belang dat de rijen wijnranken altijd noord-zuid gericht zijn en twee meter uit elkaar staan. Hierdoor ontstaat een rigide structuur, die als een streepjestapijt aan de basis ligt voor de inrichting van de wijngaard. Eén van de uitdagingen bij het ontwerpen van de wijnboerderij was om het verticale wijnmaakproces en het programma op subtiele wijze te integreren in het landschap. Het opvallende gebouw is zorgvuldig gepositioneerd zodat het niet als een obstakel wordt ervaren. Daarnaast wordt de wijngaard aangetakt op de restanten van de Franse landschapsarchitectuur. De essentie van het ontwerp is niet alleen om de Wijnerie zelf in zijn context te verankeren, maar tevens de bestaande en nieuwe kwaliteiten van het omliggende landschap voelbaar te maken voor de bezoeker en waar nodig te versterken.
Het gebouwensemble van de Wijnerie bestaat uit twee in tegenovergestelde richting hellende gebouwen die aan elkaar gekoppeld zijn door een verbindend bouwdeel. Met als vierde wand de wijngaard vormt het beschutte plein het hart van de Wijnerie. Daarnaast is in het ontwerp een drietal geënsceneerde architectonische en landschappelijke route vormgegeven. De eerste is een functionele route die gebruik maakt van een logistieke weg die al van oudsher op het terrein te vinden is en aansluit op het bestaande bebouwingslint. De tweede is een sterk geënsceneerde route gericht op de bezoeker komend vanaf de laan. De derde route takt aan op een bestaande recreatieve route over de dijk en is bedoeld voor de passant.
De twee in tegenovergestelde richting hellende gebouwen 'tillen' de wijngaard als het ware schuin omhoog. Vanaf de dijk gezien trekt de horeca de meeste aandacht. Vanaf het lint gezien springt de wijnmakerij in het oog. Andersom gezien bieden de koppen van de gebouwen elk een belangrijk historisch uitzichtpunt. Ze staan geknikt in het landschap waardoor de wijnmakerij het hoogste punt in het plangebied omarmt en uitzicht biedt op het landhuis. Het andere gebouw maakt een knik zodat het aansluiting vindt op de functionele route. De druiven kunnen via het schuin oplopende dak naar de start van het verticale productieproces gebracht worden. Vanuit het restaurant in de kop van het gebouw heb je een prachtig panoramisch uitzicht over de uiterwaarden, met in de verte zicht op de toren van Hattem. De materialisering is heel aards en passend op deze plek door een historische verwijzing naar de baksteenfabrieken die hier in de uiterwaarden hebben gestaan. Het oppervlak van de bakstenen gevels wordt optisch verkleind door de speelse indeling die volgt uit de achterliggende functie en door het reliëf van uitstekende bakstenen in schuine lijnen, die geïnspireerd zijn op de heuvelachtige wijngaarden zoals we die kennen in het buitenland. In het donker lichten de kijkspleten op, wat vanuit de omgeving subtiel de aandacht trekt. Afhankelijk van de seizoenen, het weer en de medebezoekers geven ze vanuit het interieur steeds weer een andere kijk op het omliggende landschap.
Het verbindende bouwdeel volgt de natuurlijke glooiing van het terrein. De industriële materialisering van beton en hout oogt van een afstand bescheiden maar vormt een belangrijk deel van de geënsceneerde route en speelt de belangrijkste rol in het tentoonstellen van alle facetten die bij het maken en het genieten van wijn aan bod komen. De route laat je de stilte en weidsheid van de wijngaard ervaren en maakt je ook toeschouwer van het totale wijn(belevings)proces. Elke ruimte maakt op eigen wijze visueel contact met de wijngaard. Vanaf een podiumachtige plek heb je zicht op de barrique vaten in publiekopstelling en tijdens de wijnproeverij maak je onderdeel uit van een 'tableau vivant'. Doorkijkjes en opstellingen zorgen ervoor dat je het ene moment toeschouwer bent maar je jezelf vlak erna afvraagt of je zelf ook een rol in dit schouwspel speelt. Door het totale programma te verdelen in gebouwen van verschillende omvang en de wijngaard gedeeltelijk over het gebouw heen te trekken ontstaat een subtiele relatie met de omgeving. Er ontstaat een gefragmenteerd karakter dat nog eens wordt versterkt door het gebruik van verschillende materialen. Door programmaonderdelen die het beste ondergronds tot zijn recht komen kunnen de gebouwen ondergronds gekoppeld worden. De totale compositie van gebouwen, route en wijngaard maakt dat het vanuit elke richting een spannend aangezicht biedt voor op het etiket. Het optillen van de wijngaard en de hellende logistieke route kunnen de basis vormen voor deze nieuwe typologie: De Wijnboerderij in Nederland.

The Winerie

Nadia Pechler

Place of education Academy of architecture Groningen
Specialization architecture
Tutors Victor Ackerman Age Albers

Design for a wine farm at Zwolle consisting of a vineyard of 10 hectares, a winery and a visitor centre.

My intention with this design is to develop a modern Dutch winery that not only acts as a latter-day icon but also relates in appropriate fashion to the Dutch landscape. A building for today, modern and functional, with a big commercial pull and geared to visitor perception.

'If you are working very hard to create great enjoyment with the sense of taste in the wine, why would you not give equal consideration to ensuring that the visual enjoyment of the winery is at the same standard?'
— Don Triggs, President and CEO, Vincor International.

The Winerie is sited on the edge of Zwolle, up against the dyke separating the meadows from the river IJssel. The limited amount of sunlight in our country means subjecting the layout of the vineyard to stringent requirements. Besides a sheltered position in the landscape and special pruning and training methods, it is important that the rows of vines always run north-south and are two metres apart. This gives a rigid structure, an underlay of stripes on which to lay out the vineyard. One of the challenges in designing a wine farm was to subtly integrate the vertical winemaking process and programme into the landscape. The striking building is carefully positioned so as to avoid being experienced as an obstacle. In addition, the vineyard is stitched to the remains of the French landscape architecture on site. The essence of the design is not just to anchor the Winerie into its context but also to make the existing and new qualities of the surrounding landscape palpable for visitors and enhance them where necessary.
The Winerie's built ensemble consists of two buildings sloping in opposite directions connected by a third volume. With the vineyard itself as the fourth wall, the resulting sheltered square is the Winerie's heart. The design also constructs three staged architectural and landscape routes. The first is a functional route that makes use of a logistics route there on site since the earliest times, and attaches to the existing ribbon development. The second is a heavily staged route targeted at visitors arriving from the avenue. The third route feeds into an existing recreational route over the dyke and is meant for passers-by.
The two buildings with opposing slopes lift, as it were, the vineyard into space at an angle. Looking from the dyke, it's the eating and drinking establishments that grab the attention. Looking from the ribbon it's the winery. In another perspective the heads of the buildings each present a key observation point in historical terms. Set at an angle in the landscape, they elevate the winery to the highest point in the planning area with a view of the country house. The other building changes direction slightly to link up with the functional route. The grapes can be brought to the start of the vertical production process by way of the roof which tilts in two directions. From the restaurant in the head end of the building you have a superb panoramic view across the water meadows, with in the distance the church tower at Hattem. The material form is very earthy and fitting for this place by making historical reference to the brick factories that once stood here in the water meadows. The surface of the brick frontage is optically reduced by its playful subdivision issuing from what is happening inside and by the projecting brick relief in oblique lines, inspired as it was by the rolling vineyards seen in other countries. At night the viewing slits are illuminated in a subtle gesture to the surroundings. Depending on the seasons, the weather and one's fellow visitors, looking out through these slits give a continually changing view of the surrounding landscape.
The connecting volume follows the natural roll of the terrain. From a distance, the industrial garb of concrete and wood looks unassuming yet it is key to the staged route and of paramount importance in exhibiting all the facets related to making and enjoying wine. The route lets you experience the tranquillity and expanse of the vineyard and makes you an observer of the winemaking experience from start to finish. Each space makes visual contact with the vineyard in its own way. A platform-like place gives you a view of the Barrique vats in a public display and makes you part of a tableau vivant during wine-tasting sessions. The different visual corridors and configurations mean that one moment you are a spectator but soon after you wonder whether you're not a player instead. The entire programme has been divided among buildings of difference sizes and the vineyard partially draped over them to generate a subtle relationship with the surroundings. The fragmentary character this creates is made even more so by the use of different materials. The buildings can be connected below ground level by programme components that work best underground. The total composition of buildings, route and vineyard make for a compelling sight from all directions, one that can feature on the label. The vineyard's elevated state and the sloping logistics route can lay the foundations for a new type: the Wine Farm in the Netherlands.

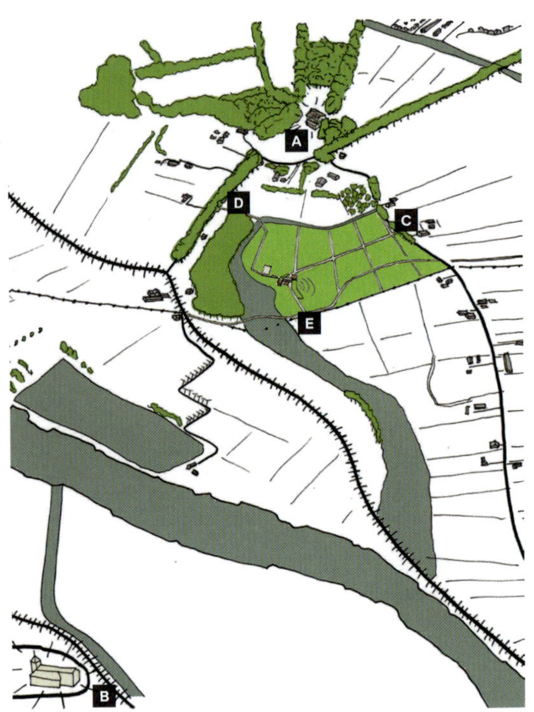

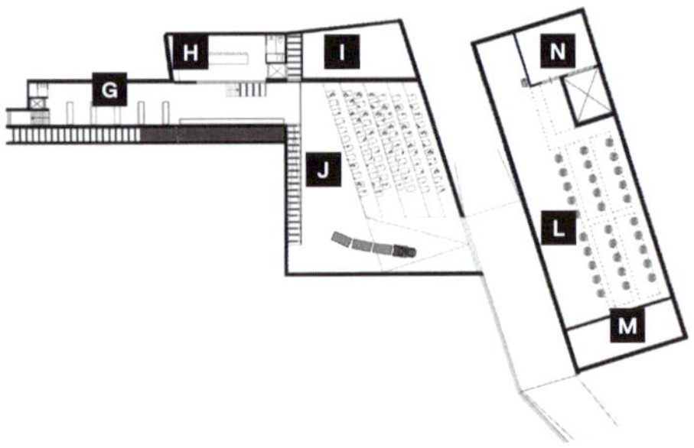

1   Landschappelijke inpassing
De Wijnerie is opgebouwd uit
drie gebouwen. De twee hoofdgebouwen bieden historisch gezien een belangrijk uitzicht,
waarvan de ene is gericht op het
landhuis Schellerberg en het
andere op de toren van Hattem.
Het derde verbindende gebouw
volgt van laag naar hoog de natuurlijke glooiing in het landschap. De indeling van de wijngaard takt aan op de restanten
van de Franse landschapsarchitectuur, wat de landschappelijke positie van het landhuis versterkt. Er is een drietal routes
vormgegeven die naar de Wijnerie leiden met elk een eigen
functie en belevingswaarde. De
twee hoofdgebouwen (horeca
en wijnmakerij) maken een knik,
waardoor het ene gebouw aan-
takt op de logistieke route en
het andere gebouw het hoogste
punt in het plangebied omarmd.
Door de wijngaard schuin omhoog te 'tillen' ontstaat op natuurlijke wijze een groen dak,
wat niet alleen ten gunste van
het binnenklimaat komt, maar
tevens vanuit de omgeving voor
optische schaalverkleining
zorgt. Slotted into the landscape, the Winerie is assembled
from three buildings. The two
principal buildings present key
observation points in historical
terms, one overlooking Schellerberg country house and the other the church tower in Hattem.
The connecting volume follows
the natural roll of the terrain
from low to high. The vineyard
is configured so that it locks into
the remains of the French landscape architecture, thereby
strengthening the country
house's position in the landscape. The design constructs
three routes leading to the Winerie, each with its own purpose
and experiential value. The two
main buildings (refreshments
and winery) change direction
slightly so that one attaches to
the logistics route and the other
enfolds the highest point in the
planning area. Lifting the vineyard into space at an angle gives
rise naturally to a green roof,
which not only benefits the climate inside but optically reduces the scale of the ensemble as
seen from its surroundings.

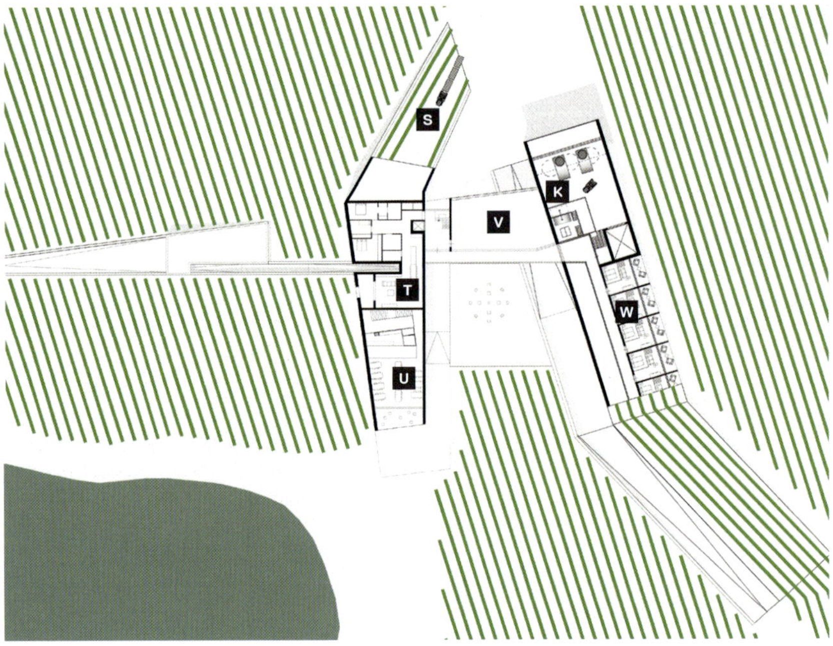

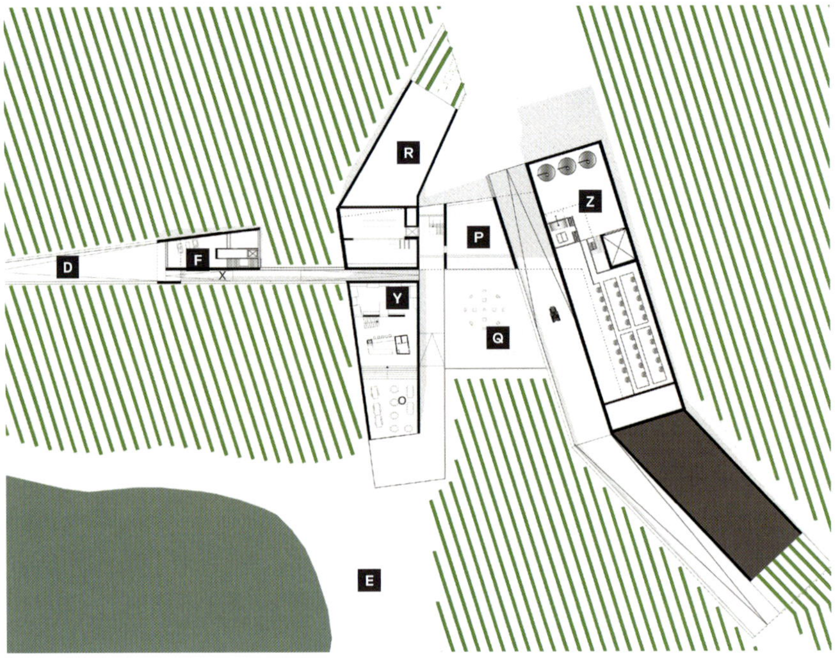

2   Plattegrond 1e verdieping.
Het uitzicht verbindt de Wijnerie met zijn omgeving. First
floor plan. The view out stitches
the Winerie to its surroundings.

3   Plattegrond begane grond.
De functies liggen beschut tussen de wijnranken. Ground
floor plan. Its activities are
tucked away between the rows
of vines.

4   Plattegrond kelder. Ondergrondse functies hebben stabiel
binnenklimaat door omliggende
massa. Cellar plan. Underground facilities enjoy a stable
indoor climate because of the
surrounding mass.

Legenda. Legend.
A. Landhuis B. Hattem C. Logistieke route vanaf het bebouwingslint D. Geënsceneerde
route vanaf de laan E. Recreatieve route tussen dijk en woonwijk F. Receptie G. Wijnkelder
H. Wijnproeverij I. Installaties
J. Barrique vaten K. Wijnmakerij
met uitzicht op landhuis L. Rvs
tanks M. Opslag N. Laboratori-
um O. Uitspanning P. Zaal
'Plein' Q. Plein R. Schuur
S. Transportroute druiven
T. Woning/toezicht beheerder
U. Restaurant met uitzicht op
toren van Hattem V. Zaal 'Brug'
W. Gastenkamers X. Buitenpas-
sage Y. Winkel Z. Wijnmakerij
A. Country house B. Hattem
C. Logistics road from the ribbon development D. Staged
route from the avenue E. Recreational route between dyke and
residential area F. Reception
G. Wine cellar H. Tasting centre I. Production plant J. Barrique vats K. Winery with view
of the country house L. Stain-
less steel tanks M. Store N. Lab-
oratory O. Refreshment pavilion P. Plein Room Q. Square
R. Barn S. grape transport
route T. warden's home and office U. toren Restaurant with
view of Hattem church tower
V. Brug Room W. Guest rooms
X. External arcade Y. Shop
Z. Winery.

5 Herfstdag. Door de samen-stelling van materialen en kleuren gaat de architectuur in elk seizoen een subtiele relatie aan met de wijngaard. Via het poortje kom je uit bij het receptiegebouw. An autumn day. The composition of materials and colours engages the architecture in a subtle relationship with the vineyard in every season. The small gate leads you through to the reception block.

6 Zomerfeest. Met als vierde wand de wijngaard vormt het plein het hart van de Wijnerie, een unieke plek voor ontspanning en feestelijke gelegenheden. Summer party. With the vineyard as its fourth wall, the square is the Winery's heart, a unique place for leisure and festive events.

7 Ondergrondse wijnkelder. Zowel de gaten in het plein als de podiumachtige plek bij de wijnproeverij bieden zicht op de barrique vaten in publieksopstelling. Underground wine cellar. The gaps in the square and the platform-like place at the wine-tasting centre both give a view of the Barrique vats in a public display.

8 Langsdoorsnede oost-west. Het verbindende gebouw volgt de natuurlijke glooiing in het terrein. Waar het landschap van laag naar hoog gaat, leidt het verbindende gebouw je steeds dieper de grond in naar de ondergrondse wijnkelders. Longitudinal section east-west. The connecting volume follows the natural roll of the terrain. As this part of the landscape rises from low to high, the volume tunnels ever deeper down to the subterranean cellars.

 Nadia Pechler   De Wijnerie   The Winerie

De Zeeuwse zoom — Verbonden onder tegenstellingen

Thomas van Wanrooij

Opleiding Academie voor Architectuur en Stedenbouw, Tilburg
Studierichting stedenbouw
Mentoren Arjen van Susteren Jan Willem van Kuilenburg Pieter Feenstra

Ontwerpstrategie die uitgaande van de ondergrond, cultuurhistorie en het landschap een sociaal economische impuls geeft aan Zeeuws-Vlaanderen.

In Zeeland groeit de bevolking nauwelijks meer, vanaf 2025 zal de omvang structureel dalen. In sommige regio's en gemeenten, waaronder grote delen van Zeeuws-Vlaanderen krimpt de bevolking nu al. Deze voornamelijk landelijke regio loopt het risico van verpaupering en desintegratie van de omgeving. Als daar niets aan wordt gedaan, kan een neerwaartse spiraal ontstaan waarbij bewoners wegtrekken, de leegstand nog verder toeneemt en de desintegratie nog harder toeslaat.
Er ligt dus een urgente vraag voor ontwerpstrategieën die oplossingsrichtingen kunnen bieden voor de uitdagingen in Zeeuws-Vlaanderen. Momenteel zijn de ruimtelijke oplossingen vaak symptoombestrijding en concurreren buurgemeentes met elkaar. Naast de bevolkingskrimp vinden er in de regio nog meer grote veranderingen plaats. Het agrarisch landschap verandert door schaalvergroting en bedrijfsbeëindiging, nieuwe economieën dienen zich aan en het toerisme richt zich meer en meer op kleinschalige authentieke beleving met bijbehorende ruimtelijke verschijningsvorm. Om een dergelijke integrale ontwerpopgave aan te vliegen lijkt systeemdenken een kansrijke invalshoek. Het principe van de verschillende systeembenaderingen is het bestuderen van verschijnselen op basis van hun onderlinge samenhang en de wisselwerking met de omgeving. Het gaat bij systeemdenken niet om de losse onderdelen, maar juist om de relaties, om de verbinding tussen de onderdelen met andere onderdelen en met de omgeving. Het zijn deze relaties die de betekenis geven aan de onderdelen en het geheel en daardoor vaak de schakel zijn bij het oplossen van een probleem. Omdat er uitgaan wordt van een systeembenadering, welke per definitie gebaat is bij complexe interacties, kunnen voor de occupatie de tot nu toe gehanteerde functiescheidingen meer losgelaten worden. Veel meer moet gedacht worden aan nieuwe innovatieve combinaties die verschillende opgaven verenigen en oplossen.
De opgave is de (systeem) stabiliteit in Zeeuws-Vlaanderen te vinden. Bekeken vanuit zowel tijd als schaal is de ondergrond de enige echte constante laag en dus ook de laag die het meest in relevant is in de zoektocht naar stabiliteit. Bovendien is deze laag vanwege de voornamelijk agrarische functie van het gebied zeer van invloed op het functioneren ervan. Echter worden de opgaven in Zeeuws-Vlaanderen momenteel separaat en vanuit de waan van de dag aangevlogen. Deze ad hoc planning in combinatie met de verschillende grenzen en infrastructurele barrières in Zeeuws-Vlaanderen leiden er toe dat ook de ondergrond benaderd wordt als een verzameling fragmenten, barrières en grenzen. Voorgesteld wordt daarom om deze planningsmethodiek radicaal om te gooien. In plaats van een planning die uitgaat van de occupatie (met de grootste verander snelheid), start een ontwikkeling in Zeeuws-Vlaanderen bij de ondergrond (met de kleinste verandersnelheid). Hierbij is niet zozeer het programma leidend, maar de ondergrond met bijbehorend systeem en schept het condities waarop verder kan worden gebouwd. Op deze wijze wordt de continuïteit gewaarborgd en kan de regio zich stabiliseren.
Dit leidt tot de volgende centrale probleemstelling: Op welke wijze kan de ondergrond, de morfologie en het landschap een sociaal economische impuls geven aan Zeeuws-Vlaanderen?
De condities in Zeeuws-Vlaanderen zijn opgebouwd rondom de landschappelijke, morfologische en cultuurhistorische kwaliteiten van de regio. Dit begint bij de zandige kreekruggen die van oost naar west door de gehele regio liggen en zelfs tot in België doorlopen. Deze hogere gelegen en stabiele kreekruggen zijn momenteel de inverse van hun ontstaan en vormen dus ook een uitstekend uitgangspunt om meer samenhang in de desintegrerende regio aan te brengen. Niet geheel toevallig liggen de meeste andere identiteitsdragers zoals de dijken en Staats Spaanse linies grotendeels gelijk met deze drager.
In lijn met de conditieplanning wordt, naast dat er wordt voortgebouwd op de aanwezig potenties van het gebied, tevens getracht de aanwezige functies te optimaliseren en verrijken. Dus geen ingrijpende herstructurering en sloop, maar een geleidelijk optimalisatieproces wat doorbouwt op de in het ruimtelijk casco blootgelegde potenties en condities van ondergrond en landschap. Door de ondergrond niet meer te beschouwen als een generieke laag, maar de reeds aanwezige gebiedseigen morfologische differentiatie in verder uit te bouwen kan de reeds bestaande landbouw zich handhaven zonder te conflicteren met functies als natuur en recreatie. Bovendien geeft deze nieuwe context in sommige gebieden aanleidingen voor nieuwe economische dragers.
De ligging ten opzichte van bestaande netwerken en de reeds ingezette krimp van personen, kapitaal en vastgoed vormt de basis voor verdere bundeling en optimalisatie van voorraadstromen binnen de regio. Door de verschillende netwerken te optimaliseren en samen te laten komen op reeds bestaande knopen in de regio, ontstaat een robuust(er) en regiodekkend netwerk wat zowel mensen, goederen als energie transporteert. Dit 'mobile smartgrid' zorgt voor een constant e (her)distributie van grondstoffen, voedsel en kapitaal zodat ook hier richting de gewenste robuustheid en stabiliteit bewogen wordt.

The Zeeland Fringe — United in antitheses

Thomas van Wanrooij

Place of education Academy of Architecture and Urban Design, Tilburg
Specialization urban design
Tutors Arjen van Susteren Jan Willem van Kuilenburg Pieter Feenstra

A design strategy that gives a socio-economic boost to Zeeuws-Vlaanderen proceeding from the ground, the cultural history and the landscape.

The population of the province of Zeeland has virtually stopped growing and is expected to decline from 2025 on. In some regions and municipalities, including large parts of Zeeuws-Vlaanderen, the population is shrinking already. This largely rural region in the extreme south of the province runs the risk of impoverishment and disintegration of the physical environment. If nothing is done, it will suffer a downward spiral in which inhabitants will move elsewhere, vacancy will only grow and disintegration will be all the more devastating.
This means that there is an urgent call for design strategies that offer possible solutions to the challenges facing Zeeuws-Vlaanderen. The planning solutions now being presented are often targeted at combating the symptoms, with neighbouring municipalities competing with one another. There are other major changes afoot in the region besides population decline. Scaling-up and the closure of businesses are altering the agricultural landscape, new economies are arriving on the scene and tourism is increasingly geared to experiencing the small-scale and authentic, attended by the appropriate spatial forms. Systems thinking would seem a promising line of approach to an all-in design brief such as this.
The principle behind the different systems approaches is the study of phenomena based on their relationship with each other and the trade-off with their surroundings. Systems thinking is not about the component parts but about relationships, the bond between the components themselves and with their environment. It is these relationships that lend meaning to the components and the totality and are therefore often the link in solving a problem. Since the thinking proceeds from a systems approach, which by its very nature thrives on complex interactions, the separation among functions wielded until now can be less stringently adhered to in terms of occupation. Far more thought needs devoting to new innovative combinations that unite and resolve unrelated briefs.
The task at hand is to find the stability, or rather systems stability, in Zeeuws-Vlaanderen. Looked at in terms of both time and scale, the ground is the only truly constant layer and therefore the most relevant in the quest for stability. In view of the largely agricultural duty fulfilled by the region, moreover, this layer is of profound influence on its functioning. That said, the briefs in Zeeuws-Vlaanderen at present are disparate and the product of happenstance. This ad hoc planning combined with the various boundaries and infrastructure barriers in Zeeuws-Vlaanderen mean that the ground is itself treated as an assemblage of fragments, barriers and borders. This project therefore proposes that this planning methodology gets a radical rethink. Instead of a mode of planning that steps off from the occupation (with the greatest speed of change), begin a development in Zeeuws-Vlaanderen with the ground (with the least speed of change). In this case the ground with its attendant system is much more influential than the programme, creating the conditions for further development. This safeguards the continuity and allows the region to stabilize.
It brings us to the following key issue: How can the ground, the morphology and the landscape give a socio-economic boost to Zeeuws-Vlaanderen?
The conditions in Zeeuws-Vlaanderen have evolved around the rural, morphological and cultural-historical qualities of the region. This began with the sandy creek ridges that extend east-west throughout the region and even continue into Belgium. These higher-lying, stable creek ridges at present are the inverse of their origin and make an excellent stepping-off point to bring greater cohesion to the disintegrating region. Most other bearers of identity such as dykes and the States-Spanish Lines largely coincide with the creek ridges — not entirely by chance.
In line with this 'condition planning', besides building on the potentials present in the area the project seeks to optimize and enhance the functions that are already there. No wholesale restructuring and demolition, then, but a gradual process of optimization that builds on the potentials and conditions of ground and landscape revealed in the spatial framework. In no longer regarding the ground as a generic layer but instead expanding on the received local morphological differentiation, the existing agriculture can hold its own without conflicting with other issues such as nature and recreation. In some areas this new context will even encourage new carriers of economic development.
The alignment in terms of existing networks and the already ongoing decline in population, capital and estate are the basis for further bundling and optimizing flows of supplies within the region. In optimizing the various networks and having them converge at existing nodes in the region, a more robust and regionally comprehensive network emerges for transporting people, goods and energy.
This 'mobile smart grid' provides a continuous distribution or redistribution of raw materials, food and capital for the same reasons of robustness and stability.

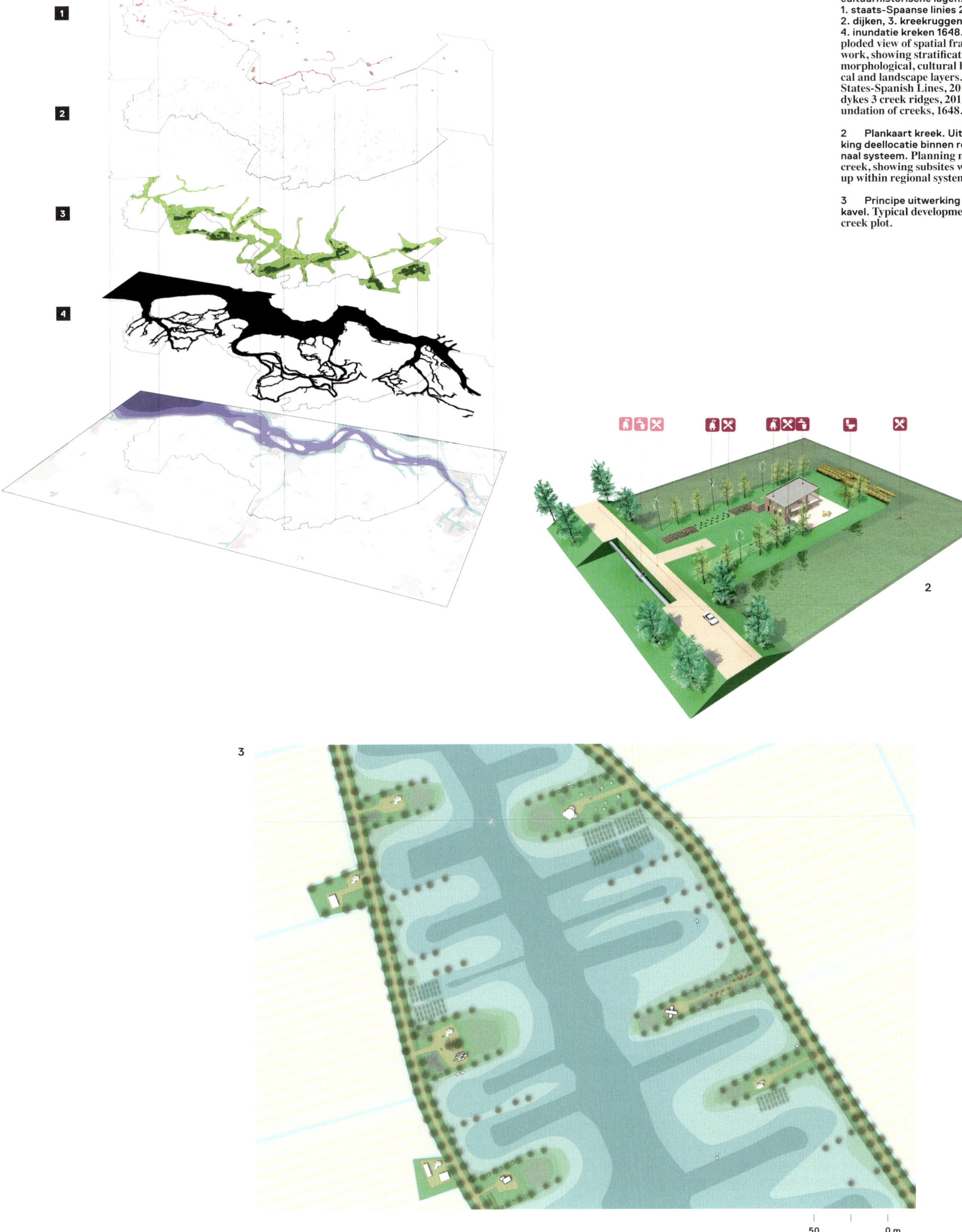

1 Exploded view ruimtelijk casco. Gelaagdheid van landschappelijke, morfologische en cultuurhistorische lagen. 1. staats-Spaanse linies 2012, 2. dijken, 3. kreekruggen 2012, 4. inundatie kreken 1648. Exploded view of spatial framework, showing stratification of morphological, cultural historical and landscape layers. 1. States-Spanish Lines, 2012, 2. dykes 3 creek ridges, 2012, 4. inundation of creeks, 1648.

2 Plankaart kreek. Uitwerking deellocatie binnen regionaal systeem. Planning map of creek, showing subsites worked up within regional system.

3 Principe uitwerking kreekkavel. Typical development of creek plot.

4   Panorama kreek. Panorama of creek.

5   Ruimtelijk casco. Samengestelde drager van de landschappelijke, morfologische en cultuurhistorische kwaliteiten van de regio. Spatial framework, combined carrier of the region's morphological, cultural historical and landscape qualities.

6   Regiekaart. Coordination chart.

Ziltwijzer —
Innovatiecampus voor zoutwaterlandbouw

David DeClercq

Opleiding Academie voor Architectuur en Stedenbouw, Tilburg
Studierichting architectuur
Mentoren Leslie Kavanaugh Jan Willem van Kuilenburg Pieter Feenstra

Raakvlak van twee werelden…

Het ontworpen research/kringloopgebouw demonstreert in zijn werkingscyclus en architecturale organisatie de verzoening van aqua- en agricultuur tot zoutwaterlandbouw.

De zoute buitendijkse visserswereld en de zoete binnendijkse polders zijn in Zeeland van oudsher gescheiden werelden. Twee werelden die gaandeweg elkaar de rug hebben toegekeerd. Menselijk ingrijpen heeft van Zeeland een regio van contrasten gemaakt. Zoet tegenover zout, gemaakt tegenover natuur, binnendijks tegenover buitendijks, agricultuur tegenover aquacultuur; die tegenstellingen typeren het huidige Zeeland. Klimaatverandering, in de vorm van de zeespiegelstijging, verzilting van de landbouwgrond, dwingen nu die ogenschijnlijke antipoden elkaar in de ogen te kijken… Dit project toont aan hoe ze elkaar constructief de hand kunnen reiken. Het *raakvlak* van deze werelden biedt een uitgelezen kans om de potentie van hun toenadering, verweving, verzoening richting te geven middels een strategische architecturale ingreep. Ziltwijzer is in het leven geroepen om precies uiting, expressie te geven aan de mogelijke dialoog tussen deze contrasten, en dit op verschillende schaalniveaus. Voor het eerst wordt de mogelijke relatie tussen deze twee werelden vertaald in een Research/kringloopgebouw, die in zijn werking en organisatie representeert, demonstreert hoe de fauna en flora uit beide werelden met elkaar in symbiose kunnen verkeren d. m. v. uitwisseling van nutriënten, met zilt water als de gemene deler.
Ziltwijzer biedt Zeeland de opportuniteit om regionaal, tegelijkertijd grensoverschrijdend, wetenschap, onderzoek en kennis te bundelen in een boegbeeld voor deze zoutwaterlandbouw. Gedragen door de participanten: overheden, nationale en internationale universiteiten, ondernemers, de lokale Zeeuwse boer en de potentiële onderzoeker, zal het genoeg draagvlak kunnen bieden als infuus voor een nieuwe zilte economie. Als levend voorbeeld van industriële symbiose, waarbij restproducten van de ene industrie benut worden als grondstof voor de andere, kan dit project, genesteld op de kop van de Kanaalzone Gent-Terneuzen, een impuls geven aan de lokale vernieuwende biobased industrie, door er zélf deel te van uitmaken. Door imitaties, bruikbaarheden uit de natuur en het werkingsprincipe van de nabijgelegen sluizencomplex te benutten, te integreren op architecturale schaal, wordt voor het eerst een Research-omgeving ontworpen die de onderzoekskringlopen energie-efficiënt koppelt aan de klimaatkringlopen van het gebouw zélf.
Mag dit project een aanzet zijn opdat Nederland een rolmodel kan worden in een nieuwe bedrijfs-, wetenschapstak, door zich te profileren als internationaal raakvlak van kennis en innovatie. Door lokale symptomen aan te pakken van een globaal fenomeen kan de Zeeuwse delta richtinggevend worden als oplossing voor andere delta's. Laat Nederland, ook in Zeeland, bijgevolg doen waar het goed in is; van een ogenschijnlijk ongunstige situatie een troef maken.

Saline Indicator —
An innovation campus for saltwater farming

David DeClercq

Place of education Academy of Architecture and Urban Design, Tilburg
Specialization architecture
Tutors Leslie Kavanaugh Jan Willem van Kuilenburg Pieter Feenstra

At the interface of two worlds…

The designed recycling research building demonstrates in its working cycle and architectural organization, how aquaculture and agriculture can be combined as saltwater farming.

In the province of Zeeland, the world of saltwater fishing beyond the dykes and the freshwater polders on the landside have been distinct entities since the earliest days. They are two worlds that have gradually turned away from one another. Human intervention has made Zeeland a region of contrasts. Freshwater against saline, manmade against natural, within the dykes against beyond them, agriculture against aquaculture — these oppositions are typical of Zeeland today. Climate change — the rise in sea level, the salinization of farmland — is now compelling these seeming antitheses to face one another squarely… This project shows how they can constructively meet each other halfway. The interface of these worlds offers the perfect opportunity to give direction to the potential of their rapprochement, interweaving and reconciliation through a strategic architectural intervention. Saline Indicator was created to give precise expression to the potential dialogue between these contrasts, and do it at different scales. For the first time the potential relationship between these two worlds has been translated into a recycling research building, which in terms of operation and organization represents and demonstrates how symbiosis can be achieved between the flora and fauna of those two worlds through the exchange of nutrients, with saline water as the common denominator.
Saline Indicator offers Zeeland the opportunity to gather together regional as well as cross-border science, research and knowledge into an icon for this saltwater agriculture. Supported by the players involved — the authorities, national and international universities, businesspeople, Zeeland farmers and potential researchers — it could give sufficient support as the inspiration for a new saline economy. As a clear example of industrial symbiosis, in which waste products of the one industry are utilized as raw materials of the other, this project, nestling at the head of the Ghent-Terneuzen Canal Zone, can give a boost to the local innovative bio-based industry by being part of that industry. By making use of mimicry, useful lessons from nature and the operational principles of the nearby system of locks and integrating these at the architectural scale, a research environment has been designed as the first of its kind that is able to hitch, along energy efficient lines, the research cycles to the climate cycles of the building itself.
This project can be a first step in helping the Netherlands become a role model in a new branch of industry and science by projecting itself as an international interface of knowledge and innovation. By tackling the local symptoms of a global phenomenon, the Zeeland Delta can serve as a frame of reference for resolving issues in other deltas. So let the Netherlands, in this case Zeeland, do what it's good at, namely turning a seemingly unfavourable situation into an asset!

1

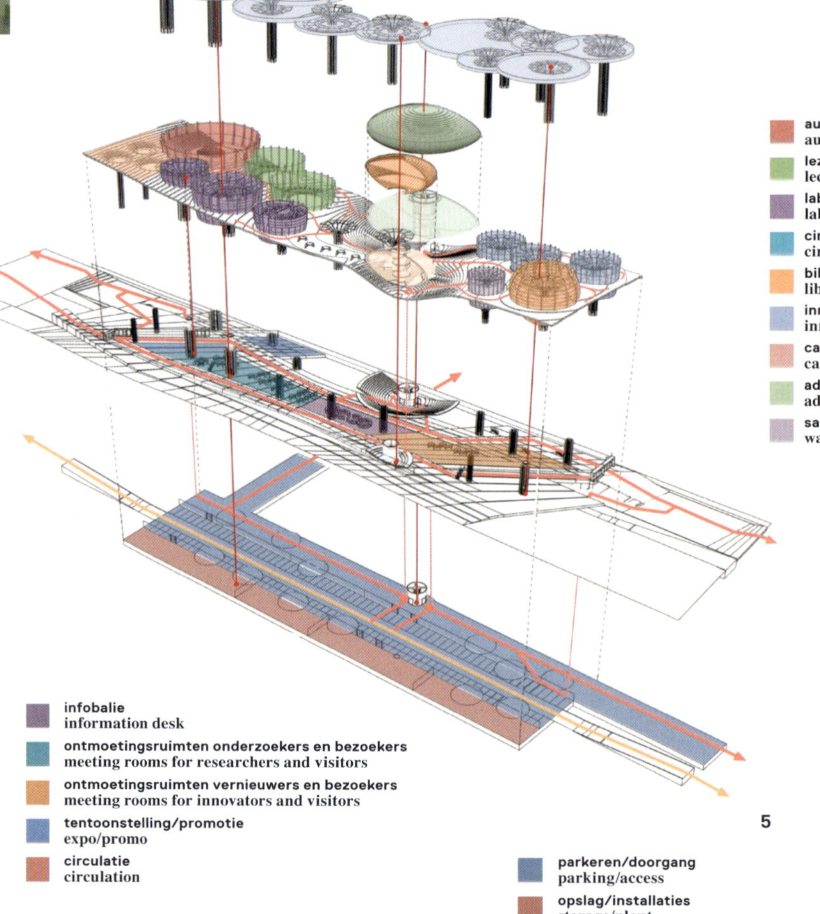

1   Impressie. Impression.

2   De onderzoeksruimten (kassen zilte teelten, bassins aquacultuur) zijn geïntegreerd in de klimatologische huishouding van het ganse gebouw. The research units (greenhouses for saline culture, basins for aquaculture) are integrated in the climate management of the building as a whole.

3   Architectuur zal hier in zijn werking de natuur nabootsen, imiteren, door restproducten optimaal te integreren, te hergebruiken tot efficiëntere kringlopen. Architectuur als levende getuige van ecologische symbiose. Here architecture is to mimic nature by integrating waste products to the maximum for more efficient recycling. Architecture as a living witness of ecological symbiosis.

4   Fysieke elementen die sterk de horizontaliteit en verticaliteit definiëren (trappen, vloeren, muren), worden hier echter geïntegreerd in één multifunctioneel element. Physical elements normally decisive to a building's horizontality and verticality (stairs, floors, walls) are here integrated in a single multi-functional element.

5   Exploded view. De installatie voor de werking van de kringlopen wordt de gereedschapskist van fysische middelen om ruimtelijk het programma te definiëren, om de dialoog tussen de doelgroepen: onderzoekers, vernieuwers en bezoekers optimaal te structureren, te stimuleren. Exploded view. The plant used for the recycling processes becomes the toolbox of physical means for spatially defining the programme, so as to stimulate and structure to the full the dialogue between the target groups of researchers, innovators and visitors.

6   Een lichaam dat aan zijn buitenkant iets meer onthult dan enkel zijn façade: de rectalineaire buitenkant hoeft geen obstructie te zijn voor een organische bruikbaarheid geïllustreerd binnenin het gebouw. Wel integendeel. De gevels worden hierdoor als het ware pedagogische doorsneden, die een landschappelijke werking suggereren, demonstreren, ver voorbij de fysische krijtlijnen van het gebouw zélf. Architectuur als medium voor betekenis, communicatie, en de ingreep wordt locus van betekenis. A body whose exterior reveals slightly more than just its frontage: the rectilinear exterior need not be an obstruction to a possible organic use illustrated inside the building. Far from it. Here the facades are educational 'sections' that suggest or demonstrate an effect of landscape, way past the physical outline of the building itself. Architecture as a medium for meaning and communication, with the intervention a locus of meaning.

Zutritt Verboten

Ricky Rijkenberg

Opleiding Academie van Bouwkunst Amsterdam
Studierichting architectuur
Mentoren Rob Hootsmans Aad Krom Ronald Rietveld

Weerspiegeling van het verleden — een Tijdcapsule voor Wenen

Het ontwerp van een vergankelijke toren die als een naald diep de grond insteekt weerspiegelt het mystieke karakter dat de stad kenmerkt en voegt daaraan een nieuw verhaal toe.

Ze staan als betonnen reuzen in het stadslandschap, eenlingen in hun omgeving. Sommige zijn nooit voltooid. Lelijk maar tegelijk van een ongelooflijke schoonheid. De jaren hebben hun schil aangetast, fris groen mos groeit er tegenaan. De Flaktürme waren reuzenbunkers en het teken van de grootheidswaanzin en de macht van het Derde Rijk maar tegelijkertijd waren ze toevluchtsoord en beschermengel voor duizenden mensen. Door de tijd zijn deze Flaktürme of hun restanten onderdeel van de stad geworden en herinneren ze ons als stille getuigen aan een verschrikkelijke tijd die mijn generatie alleen nog uit verhalen en films kent. Velen vinden de torens afgrijselijk en lelijk, sommigen zijn gefascineerd door de massieve betonnen 'rotsen'. De reuzen hebben nog steeds geen vaste plek in de stad gevonden. Of hebben ze een plek gevonden en wij zien het niet?
De fascinatie voor het Niemandsland in de stad met zijn delicate geschiedenis was aanleiding voor mij om een van de grootste forten systemen van de 20e eeuw als uitgangspunt voor mijn afstudeerproject te nemen. De verschillende lagen van dit onderwerp en de symbiose tussen de onverwoestbaar dikke betonnen schil van de Flaktürme en hun positie in de stad Wenen lieten mij op een andere manier kijken naar hoe architectuur, geschiedenis, landschap en hun interventies een bijdrage aan het het collectieve geheugen van deze stad kunnen leveren.
Als een archeoloog begon ik de lagen van Wenen van haar ontstaan tot heden bloot te leggen en de geconserveerde sporen die diep in de grond van Wenen verstopt zijn te verzamelen. Dit liet mij concluderen dat de betonnen reuzen niet alleen een groot deel van de fortificatie van Wenen uitmaakten maar ook een belangrijk deel van het ondergrondse netwerk en het mysticisme van de stad vertegenwoordigen. Dit verleidde mij ertoe een nieuwe stadskaart te tekenen van de imaginaire en de fysieke ondergrond van Wenen waar de *Flaktürme* onderdeel van uitmaken. Deze kaart is een schatkaart over al de mythes en ondergrondse plekken die Wenen te bieden heeft. De kaart is een momentopname en zal altijd kunnen worden aangevuld met nieuwe verhalen, ontdekkingen of plekken en verdwenen ruimtes. In plaats van een bestaande mystieke plek te transformeren of te verwijderen voeg ik een nieuw gebouw, een tijdcapsule, toe. Een toren die gesitueerd is op het snijvlak van verhalen, verbeelding en verborgen ruimtes. Een nieuwe aanvulling voor het bestaande netwerk van de ondergrondse stad. Als een naald is de toren diep in de grond verworteld en alleen toegankelijk door geheime deuren en corridors die de tijd passeren. Deze inverse uit-/inkijktoren wordt gebouwd met fragiel beton, gemengd met de historische aardlagen van het verleden. Het proces van vergankelijkheid is gepland door middel van de samenstelling van het gebruikte beton en wordt beïnvloed door de omgeving en het weer. Niet voor de eeuwigheid maar voor een beperkte levensduur zal deze toren staan. Nadat het laatste stuk van de overgebleven ruïne is verdwenen zal slechts een enkel laatste spoor aanwezig zijn. Het spoor van een verhaal diep ingebed in het collectieve geheugen van de stad.

Zutritt Verboten

Ricky Rijkenberg

Place of education Academy of architecture Amsterdam
Specialization architecture
Tutors Rob Hootsmans Aad Krom Ronald Rietveld

Reflection of the past — a Time Capsule for Vienna

The design for an impermanent tower set deep in the ground like a needle reflects the mystical nature characterizing that city and adds a new narrative to it.

They stand there like concrete giants in the urban landscape, odd men out in their surroundings. Some were never completed. Although ugly, they are at the same time incredibly beautiful. The years have encroached on their exterior, and fresh green moss now grows there. The flak towers (Flaktürme) were gigantic bunkers, a symbol of the megalomania and might of the Third Reich but at the same time a place of refuge and a guardian angel for thousands of inhabitants. In time these flak towers or their ruins were taken up in the city, silent witnesses to remind us of a horrific time that my generation knows only from stories and films. For many, the towers are ugly monstrosities; others are fascinated by these solid concrete outcrops. The giants have yet to find a permanent place in the city. Or have they found it and we just can't see it?
The fascination with this urban no-man's-land with its sensitive history led me to one take one of the largest fortification systems of the 20th century as the stepping-off point for my graduation project. The layers comprising this subject and the symbiosis of the unassailably massive concrete shells of the flak towers and their position in the city of Vienna allowed me to look in new ways at how architecture, history, landscape and their interventions can contribute to the collective memory of this city.
Like an archaeologist I began to peel back the layers of Vienna, from its origins until the present day, and gather together the preserved traces hidden deep below its surface. From this I concluded that the concrete behemoths are not just a major part of Vienna's former fortifications but also represent a key component of the underground network as well as of the mystique surrounding Vienna. This led me to draw up a new map of the mental and physical foundations of Vienna of which the flak towers are part. It is a treasure map of all the myths and subterranean places Vienna has to offer. The map is a moment frozen in time but can always be supplemented with new narratives, discoveries or places and vanished spaces. Instead of transforming or removing an existing mystical place I am adding to it a new building, a time capsule — a tower situated at the interface of narratives, imagination and hidden spaces; a new addition to the existing network of the subterranean city. Like a needle, the tower is rooted deep in the ground and only accessible through secret doors and corridors that embody the passage of time. This inverted look-out/look-in tower is constructed of brittle concrete mixed with the physical strata of the past. The process of impermanence is in-built through the composition of the concrete used and is influenced by the surroundings and by the weather. This tower is destined for a limited life span rather than for eternity. When the last vestiges of the remaining ruin have disappeared, one final trace will be left: that of a narrative deeply embedded in Vienna's collective memory.

1

1   Flaktürme een van de grootste forten systemen van het 20e eeuw diende als uitgangspunt voor mijn afstudeerproject. The flak towers, one of the largest fortifications systems of the 20th century and the stepping-off point for my graduation project.

2   Nieuwe stadskaart van de imaginaire en de fysieke ondergrond van Wenen. New map of the mental and physical foundationa of Vienna.

3   Doorsnede toren die gesitueerd is op het snijvlak van verhalen, verbeelding en verborgen ruimtes. Section through tower situated at the interface of narratives, imagination and hidden spaces.

    Ricky Rijkenberg   Zutritt Verboten   Zutritt Verboten   Eervolle vermelding   Honourable mention

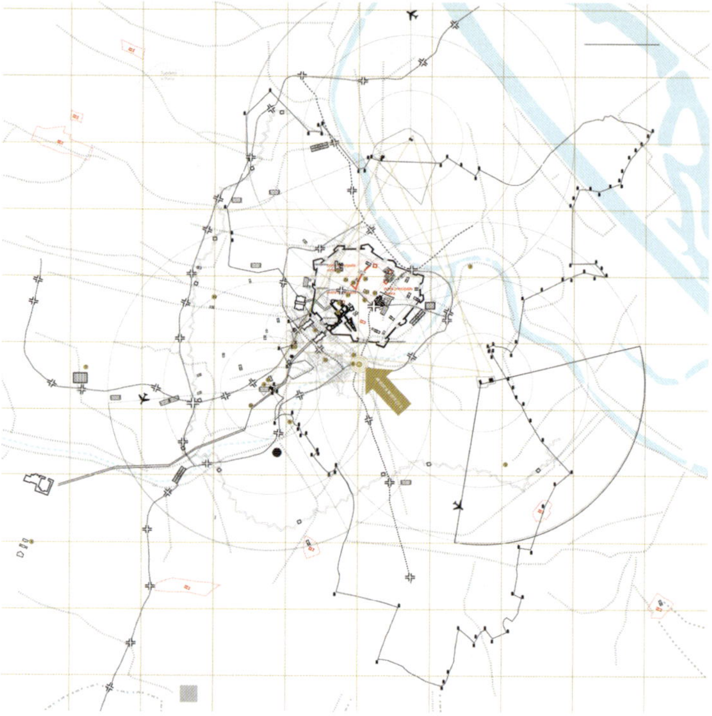

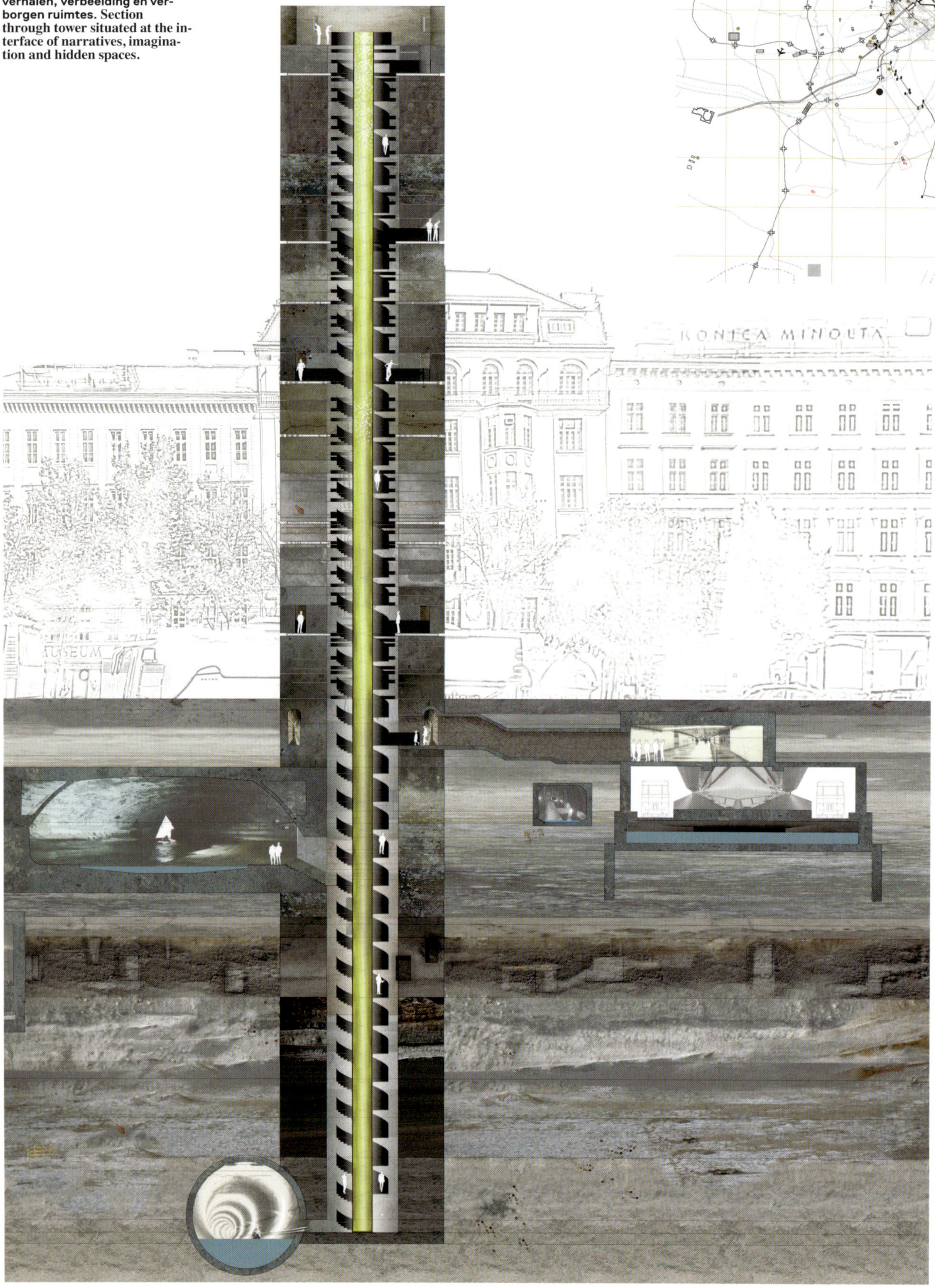

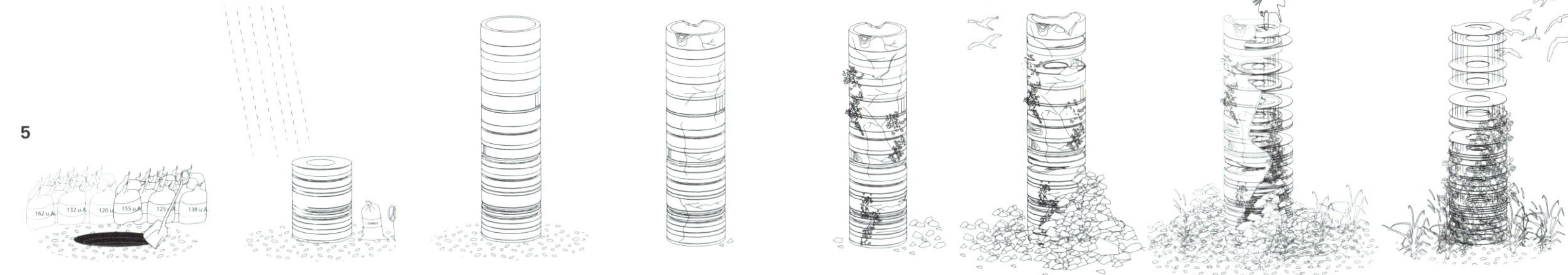

4 Geheime deuren en corridors die de tijd passeren. Secret doors and corridors embodying the passage of time.

5 Transformatie van de tijdcapsule. Na het uitgraven en verzamelen van de grond wordt de toren daarmee gebouwd om vervolgens langzaam te vervallen. Transformation of the time capsule. After scooping out and collecting the soil, it is used to build the tower, which will then become ruined over time.

6 Impressie inverse uit-/inkijktoren na een aantal jaren. Impression of the inverted lookout/look-in tower after a number of years

7 Het laatste stuk van de overgebleven ruïne van de tijdcapsule. The last vestige of the remaining ruin of the time capsule.

     Ricky Rijkenberg   Zutritt Verboten   Zutritt Verboten   Eervolle vermelding   Honourable mention

Hunter Douglas — Innovatie is onze passie

Vanaf onze oprichting in 1919 is Hunter Douglas een huis voor vernieuwers. Opgericht door ondernemers, is onze cultuur er een van innovatie en vooruitgang die de beste en slimste mensen aantrekt die werken bij een van de Hunter Douglas vestigingen in meer dan 100 landen.

Elke dag worden bij Hunter Douglas ideeën gelanceerd door deze honderden talentvolle, multiculturele individuen, die met trots het "out of the box" denken ontwikkelen. Hun passie zorgt voor de hoge kwaliteit van onze merken en producten en houdt ons in de voorhoede van innovatie voor woning en kantoor.

Wij zijn trots op ons erfgoed en de waarden die ons denken en dagelijks handelen begeleiden. Sinds de eerste aluminium strip voor raambekleding werd ontwikkeld in 1946, is innovatie het fundament waarop ons bedrijf is gebouwd.

We stimuleren aanstormend talent binnen ons bedrijf en zij die net met hun studies beginnen. Wij zijn dan ook trots op het feit dat we sinds 10 jaar hoofdsponsor van de stichting Archiprix zijn. Met onze gezamenlijke doelstelling om de vooruitgang van jonge architecten in de hele wereld te ondersteunen, hebben de stichting Archiprix en Hunter Douglas een platform opgericht om het talent, vakmanschap en passie van een nieuwe generatie jonge architecten, stedenbouwkundigen en landschapsarchitecten te tonen.

Archiprix Nederland presenteert hun afstudeerprojecten in dit bijzondere projecten boek. Laten we samen genieten van hun werk, dat ons allemaal heeft geïnspireerd.

Met vriendelijke groeten

Aad Kuiper
President van Hunter Douglas Europe

Hunter Douglas — Innovation is our passion

From our founding in 1919, Hunter Douglas has been a home for innovators. Established by entrepreneurs, our culture is one of innovation and advancement that attracts the best and the brightest people who work at Hunter Douglas in over 100 countries.

Every day at Hunter Douglas, ideas are generated from hundreds of talented, multicultural individuals who take pride in developing out of the box thinking. Their passion creates the high quality brands and products that keep us at the forefront of innovation in the home and the office.

We are proud of our heritage and the values that guide our thinking and every day actions. Since the first aluminum strip for window covering was developed in 1946, innovation has been the foundation on which our business was built.

We actively encourage up and coming talent from within our company and those just starting their studies. For this reason, over the last 10 years, we have been proud to be the main sponsor of the Archiprix Foundation.

Through our shared goal of supporting the advancement of young architects around the world, the Archiprix foundation and Hunter Douglas have established a platform to showcase the talent, skill and passion of a new generation of young architects, urban designers and landscape architects.

Archiprix Netherlands presents their graduation projects in this special project book. Please join us in celebrating their work which has inspired us all.

Regards

Aad Kuiper
President of Hunter Douglas Europe

Jury report Archiprix 2013

Conditions of entry
Each year the Dutch institutions offering Master's programmes in architecture, urban design and landscape architecture select their best graduation projects and submit them to Archiprix. The institutions make their selection in accordance with the conditions of entry and selection criteria set down by Archiprix. The conditions of entry set a maximum to the number of submitted projects, proportionate to the size of each institution. So for Delft the maximum is 9, for Amsterdam 4, Eindhoven 4, Rotterdam 3, Tilburg 2, Wageningen 2, Arnhem 1, Groningen 1 and Maastricht 1, giving a total of 27 projects. All the institutions submitted their maximum number to Archiprix 2013. Besides these formal regulations, the conditions of entry contain the criteria underlying both the selection of projects by the institutions and the adjudication. The quintessential requirements are: that the outcome of the entry is an architectural, urban or landscape design; that this has an explicitly stated issue or issues as its basic premise and that there is a detailed account of how, working from the above issues, the project was arrived at. When judging the projects the following elements are successively taken into account: the analysis of the brief; the project's conceptual strength; the spatial quality of the design together with a sensitive deployment of resources; an account of the project in words and images and the cohesion enjoyed by all these elements. This cohesion is of major importance as it serves to demonstrate the entrant's mastery of the entire process insofar as this translates the issue raised by the brief into an appropriate three-dimensional solution.

The jury
Each year Archiprix's executive board assembles a new independent jury of experts. In the interests of fairness, no persons directly connected with preparing a submitted project or directly related to a designer of such, may sit on the jury. The jury's task is to assess the projects on their own merits and briefly comment on the substance of each. In addition it has to select the best entries and divide the prize money among them accordingly. There are five members of the jury, four experts in the three disciplines concerned and a theorist. The line-up of the jury that judged the graduation projects of Archiprix 2013 is as follows: Patrick McCabe (landscape architecture), Helena Casanova (architecture), Marnix van der Meer (architecture), Arthur Wortmann (theory) and Enno Zuidema (urban design). Secretary to the jury is Henk van der Veen of Archiprix.

Adjudication
The entries were judged on February 20th and 27th 2013 in Delft. Before those dates the jury received for each project a text composed by the designer giving the essence of his or her entry. The jury studied these explanatory notes and other documents in the period between the two judging sessions. It assessed each project individually in terms of its qualities, proceeding from the criteria established by Archiprix and stated in the conditions of entry.

Statistics
Of the 27 submitted final-year projects 21 are by students graduating in architecture. Two entries have landscape architecture as the major subject, four have urban design and one combines architecture and urban design. A third of the projects are located abroad.

General remarks
The jury identified a number of more general trends, which are briefly described below. The jury is asked to reflect, from its position in professional practice, on the selection of the best graduation projects of the past academic year. These reflections are therefore in the first instance intended for the architecture schools and faculties, and can be read as critical remarks about the state of education and the focus of those institutions. Such comment, needless to say, is based on a selection from the projects, namely the top layer.

High quality
The overall level of the entries is very high. Most projects are complete, well presented and convincingly explained in the accompanying text. In a number of cases the written explanation is a beautifully turned out book.

Lack of innovation
Generally the designs are on the traditional side. A few entrants aspire to innovation but in many designs there is little to be seen of cutting-edge projects that open up new perspectives for the field. There is also little in the way of open strategies that might elevate the design to a higher level, many projects centring on a concrete, fully defined object. This might of course relate to the target criteria of the schools.

Relevant themes
The projects present a wide range of themes relevant to the field's development. Population decline is widely represented as a theme, as are reuse, self-build and user participation. The attention paid to these themes has elicited a great many fine model projects that could make a valuable contribution to the relevant discourse.

Overlapping fields
The jury discerns a clear overlap between disciplines. Many projects cover more than one design field and derive a share of their quality from not focusing exclusively on the designer's own discipline.

Supervision by the schools
In a number of entries the scale is too big to handle in a graduation project. This is where the schools could help out more, all the more so since those briefs then become less relevant in practice. It was also clear that some graduates had difficulty in defining the brief. This is something else to which the schools could pay more attention.

Graduating is the pre-eminent occasion for fledgling designers to show what they can do. The schools should help students in this, not least as a good graduation project gives better career prospects.

Prizes and mentions
The jury selected three projects for a prize: a first prize and a shared second prize, and an honourable mention. The honourable mention was awarded to a project with exceptional qualities in some aspects but that ignores other key components of the brief.

First prize
Pas-de-deux, by Tara Steenvoorden

Shared second prize
The Wall, by Jasper Nijveldt
Food for Thought, Niels Groeneveld

Honourable mention
Zutritt Verboten, by Ricky Rijkenberg

The projects, comments by the jury

Alexander Augustus
The 3 Hares — Am I a visitor or do I belong here
AvB Maastricht (architecture)
The interesting thing about this project is that it examines the relationship between architecture and the end user. To this end the designer explored the subjective perception of the inhabitants of Heerlen by asking some of them to name a place in the city that they consider significant. He additionally made a conventional exploration of the characteristic layers of Heerlen. The results of the two studies he then used to design a number of attractive interventions. That said, it is not entirely clear how these relate to the results of the studies and to the inhabitants' input. The approach is sympathetic and the small-scale interventions are highly effective and poetic, so that they contribute to the identity of the chosen area of Heerlen. It is easy to imagine that they could win a place in the hearts of its residents.

Foteini Setaki
Acoustics by Additive Manufacturing
TU Delft (architecture)
This graduation project broaches an intriguing and largely unexplored subject. Stepping off from the observation that acoustics are of great influence of our conscious or unconscious perception of a space, the designer embarks on an interesting study into the possibilities of influencing the acoustics in such a space. She develops a three-dimensional object that can absorb the sound of certain desired frequencies using passive destructive interference. It is an exhaustive study, although the architectural aspects are not satisfactorily explained. The designed sound absorptive elements register as discrete objects in space. When developed, they fail to take on a strong, space-defining and therefore architectural dimension. This places the project's gravitational centre more in product design than in architecture. The architectural potentials of the initial approach could be worked up more fully in a subsequent study.

Floor Frings
Experienced Space and Architecture
TU Eindhoven (architecture)
This design is for a sparely modelled extension to the abandoned Schellens factory in Eindhoven with workplaces and a restaurant. Yet it is the initial study that weighs heavier than the design itself. The project carries out an interesting experiment to test the theory that the use of the computer in the design process might mean an impoverishment in architectural terms. Having submitted both digital and 1:1 three-dimensional models to architects and architecture students, the designer compared the impressions of the computer presentations with the experience of the space in real-time. The results were then worked into the design where they were to lead to a better perception of space. That said, the largely impenetrable project presentation gives little evidence that the qualities of the design really do relate to the method involved.

Noémie Benoit
The Ecological-productive Infrastructures of the Port Authority Bus Terminal, New York City
TU Delft (architecture)
This dazzling design combines a gigantic bus terminal with an ecological infrastructure where water is buffered and purified, all in the heart of Manhattan, NYC. The project kicks off with a study into biodiversity and then turns to the desirability of creating a wetland in New York. It is simply spilling over with ideas, not all of which are accommodated in the design with the necessary consistency. The project addresses a string of themes relevant today. The idea of resolving the water issues using a built structure is interesting and that of making New Yorkers aware of the value of ecosystems deserves every credit.

Timur Karimullin
EU Parliament, Brussels
TU Delft (architecture)
This project is a proposal for new-build to house the European Parliament in Brussels. The entrant's intention is to design a complex that represents the 27 countries constituting the European Union within a single political institution. At the core of the brief is the relationship between Europe's citizens and the politicians representing them. Indeed, the designer has set himself a topical and fascinating task whose sheer size would keep a large architecture firm busy for years. No wonder, then, that a lone graduate is unable to work up every aspect of it in depth. Some of his intentions have consequently fallen by the wayside. What the design does make clear is that a complex of this size can make a positive contribution to the city. The treatment of the central assembly building is interesting too. The huge bowl-shaped square gives the citizens a multifunctional arena where they can gather en masse.

The configuration of the large plenary chamber sits well with the designer's intentions of giving the EU politicians a more favourable position. The strategy of integrating the matrix of offices in a public park makes an effective contribution to opening up the parliament complex to the public domain.

Kasper Zoet
Climate as an Architectural Instrument
AvB Rotterdam (architecture)
The design for a climate school is projected along the water in Rotterdam's Katendrecht area. The school is to provide education on matters of climate and increase public awareness of the subject. Climate is deployed as an architectural tool with the aim of seeing onto site a building defined by climate and our sensory experience of it. This interesting approach is a perfect match for the brief but fails to deliver the radical innovation in the building's design that you would expect when proceeding from climatological aspects. Architecturally, it has the qualities of a good building. The look of the school reflects the impact of the elements. Its design possesses a fine spatial development and makes an attractive addition to the striking location.

Gerwin Heidemann
Living In-Between
TU Delft (architecture)
The project is sited in Berlin where it introduces a new structure of courtyards. The intention is to unite two models in the new concept so as to develop a new type that combines the qualities of the two systems, on the one hand that of the traditional European city with perimeter blocks whose frontage defines the public space, and on the other that of the modern city as proposed by Le Corbusier where the public space is continuous. The configuration as developed in the project gives the traditional Berliner Höfe a new dimension. In the project there are three types of courtyard each with its own degree of publicity. Although the public space penetrates the structure, the spatial quality of the modern city's large-scale public domain fails to materialize in the somewhat cramped scale of the courtyards in the proposed structure. By contrast, the designer has made an excellent job of attaching the new type to the existing city. The design is of a high quality in both architectural and urban design terms. It constructs an attractive network of courtyards, and the relationship between them and the thoughtfully designed dwellings is itself of a high quality.

Dik Houben
Living Shell — The transformation of a 1970s office building
AvB Rotterdam (architecture)
This realistic plan to reallocate the empty office tower on Hofplein in Rotterdam broaches a relevant issue. The workmanlike design was preceded by a thorough study into office building types. Its designer proposes transforming the office tower into an apartment building and introduces some solid interventions to this end. Thus, for example, the hermetic concrete frontage is supplanted by a transparent one, giving the building a more communicative and vibrant character. The apartment floor plans are developed well and the plinth is opened up so that the building relates better to the public area round about. The tower is even extended upwards, a move made possible by the removal of the original heavy cladding. The rational approach and painstaking development add up to a fine realistic project that could be implemented as it stands. And yet it misses out on a number of opportunities. The newly added top could have accommodated exceptional apartments or communal services, further strengthening what in itself is a strong project.

Dalia Zakaite
Material Bank
TU Delft (architecture)
Ciudad Juarez is a Mexican city on the border with the US. Its 1.6 million inhabitants work mainly in assembly plants and live in abominable circumstances in tiny houses in the desert. The Material Bank is intended to stimulate the local economy and improve the inhabitants' living standards and is meant as a first step towards establishing a new social housing system. The combination of socio-economic and spatial planning aspects is interesting, in the latter case in terms of both urban development and architecture. In what is a fascinating project the designer takes up a new position, setting in train a process that takes on a dynamic of its own and in which not everything is designed in detail. The co-production and appropriation by the user are intriguing aspects in the layered development strategy. The designer's report on a group study is fairly impenetrable and bears no real relation to the design. That said, the magnificent and evocative presentation is easy to read and gives a good understanding of the spatial planning aspects involved.

Marius Grootveld
Building with Time
TU Delft (architecture)
In exploring the functional and spatial aspects of time and weathering over time, the project raises a number of relevant issues that are largely ignored in practice. The pioneering study is interesting in the extreme. Next, the designer looks at how the qualities of the Venetian palazzo — qualities that have retained their value through the ages — can be made operational in a present-day brief. However, his translation of these aspects into a concrete design fails to convince. The spatiality remains patchy and the superposition of historical space-defining structures and present-day systems of construction regrettably fails to produce spaces of a high quality. The idea of giving a place in the design to weathering and wear and tear is interesting but adds little of value to this one.

Tara Steenvoorden
Pas de deux
AvB Amsterdam (architecture)
The idea of reallocating the Palace of Justice on Amsterdam's Prinsengracht as a National Ballet School has delivered convincing results. The superbly executed report contains an exemplary account. This delves deeply into the rich history of the ensemble, which begins in the 17th century when it was built as an orphanage before the law courts moved in in 1825. The designer succeeds with her excellent design in combining the new function and the old building in a way that is exceptional due to the new spaces and experiences it creates in the ensemble. She has also succeeded in her intention to bring out to best effect the movement through space and the movement of the dance. No monolithic high-powered intervention or contrasting of old and new for her. The designer has placed herself inside the building and designed a consistent entity with great professionalism. The design is attractive and simple in its material form and possesses the most wonderful spatial quality.

Donna van Milligen Bielke
Reversed Boogie Woogie
AvB Amsterdam (architecture)
This project proposes a complex on the site of today's 'Stopera' in Amsterdam, with the same programme but an entirely different structure. The project steps off from the criticism levelled at the present ensemble, and seeks to design an alternative signature building that is open and inviting. The designer succeeds in crafting a fascinating alternative plan that in many ways is an improvement on the present situation. Inside a high-powered, monumental urban volume a small-scale though similarly monumental structure of spaces unfolds. The project's major asset is its strong basic idea and the radical nature of that idea and as such it makes a positive contribution to discussion of the Stopera issue. A lucid report, including a typological study that is part of the project, is equally important in that respect.
That said, the project shows flaws when it comes to realizing the intention to create an ensemble inviting to the public. The quality of the public space is not convincingly demonstrated in the sketchy design. Its character is more that of an interior than a public area. The inaccessible grand exterior makes for a particularly hard confrontation with the public space round about.

Gerjanne Brink, René van Seumeren
Revitalizing Zeeuws-Vlaanderen
Wageningen Universiteit (landscape architecture)
The sensitively worked-up proposal for Zeeuws-Vlaanderen presents a vision at regional level for revitalizing this part of Zeeland. It makes worthwhile proposals for developing Zeeuws-Vlaanderen on the back of a thorough analysis. For this it distinguishes two motive forces, agriculture and nature. The designers' intentions are communicated clearly and with precision. Agriculture regains an economic perspective by means of reparcelling and scaling-up. The coastal zone and the creeks are developed into a natural landscape with a key recreational duty, increasing the experiential quality of the landscape enormously. That said, it is debatable whether the costs of enlarging the natural component could be covered by the additional income from tourism and a more effective agriculture. Equally unclear is the extent to which the project gives an adequate answer to the population decline in the region. The proposed interventions have been well thought through and are well presented.

Joost van den Ham
Room for the Historic City
AvB Rotterdam (architecture)
With this proposal to reallocate a congested city block in the old northern quarter of Utrecht as a public park, the designer wishes to illustrate the potential of such indeterminate urban space. This is a brief with an admirable intention. It is developed with suitable care by renewing the fabric of the block at a number of crucial places so that the courtyard is properly connected to the city's public realm. The courtyard itself is fitted out as the public park. The basic interventions are well wrought in their simplicity and make a valuable contribution to the site. Unfortunately the whole is inadequately worked up. This holds as much for the courtyard layout as for the redeveloped fabric of the block. The lucid basic concept is not served well by the rudimentary historicist architecture, when an additional quality is what was needed.

Loes Martens
S to XL
TU Eindhoven (architecture and urban design)
Here, an urban design strategy and an architectural intervention for a Siedlung are to explore the development potential of Berlin's satellite towns in general. The relevant brief is tackled in earnest. A group report comprises an exhaustive study into the build-up of the city of Berlin and a meticulous stocktake of the dwelling types found there. The rationale behind the proposed improvement is unclear, however, and the social aspects are left largely unexplained.
It is no easy matter assessing the qualities of the urban design interventions from the difficult-to-fathom presentation. That said, the strategies of introducing an attractive street that forges a strong bond between the public realm and the ground-floor functions in the buildings and retaining the present mix of high-rise and low-rise are in themselves good stepping-off points for working up the design. The interventions possess great strength architecturally. The design for the new high-rise gives a varied mix of spatially interesting dwellings with sophisticated floor plans. This high-powered design delivers an apartment building with fascinating interior spaces and floor plans.

Johan van Ee
Sharia
AvB Arnhem (architecture)
With this project for a mosque in North Amsterdam the designer seeks to present an alternative way of looking at this highly charged brief. By returning to the roots and then developing the design proceeding from the mosque's purpose and meaning, he has created a most interesting personal interpretation

of the brief. This way, the design avoids the stereotypes of the 'nostalgia mosque' and the Dutch 'polder mosque'. The lucid presentation gives a good understanding of the design and its departure-points as well as of the designer's considerable skills. The design's spatial development weds well with the disposition of functions. That aside, the jury found it difficult to assess whether the project accords with the way the target group perceives a mosque. It is unfortunate that the mosque's insertion into the urban context is largely ignored. That said, the offbeat design makes a positive contribution to the discourse on developing the mosque type.

Anna Allis
Sous le Sable — Souvenir of an airport city
AvB Amsterdam (architecture)
In a fictitious backward glance through several centuries, this graduation design describes the construction and decline of a sustainable airport in the Algerian Sahara. It is a fascinating project. By incorporating the time factor along most original lines, as an archaeological study into the future, the position of architecture is held up to scrutiny. The strategy of reducing architecture to a temporary, ephemeral phenomenon adds an interesting aspect to the discourse.
The project for an airport is presented in the form of a series of drawings. Some of these are functional line drawings, others are sketched collages compiled in a huge book. The presentation makes connections with all manner of relevant global developments. The bracing images it presents evoke all kinds of associations and give cause for reflection, which is where the quality of this graduation project is to be found. However, there is no clear plan to speak of; the images are arbitrary and fail to communicate with the observer well enough to convey the designer's intentions. Indeed, this is closer to art or literature than to an architectural design.

Nathan den Besten
Towards an Open Delta
TU Delft (urban design)
In line with the changing views on dealing with water, from combating it to working with nature, this project proposes reintroducing the natural dynamic in that part of the Dutch Delta where the tide disappeared when the Delta Works were carried out. In doing so, its designer not only wishes to improve the ecology but also sees an opportunity to restore the historical identity of the towns and villages in the dynamic landscape. After studying the report, the project proves to dig considerably deeper than the presentation in the panels suggests. It makes a detailed assessment of the consequences of reintroducing tidal action in the Delta. Next comes a thorough study into the patterns of the villages in the Delta that maps the valuable structures. The results of the research are used to build new mounds or terpen in the intertidal area created after the return of the natural dynamic. The well-composed urban plan reinstates the relationship between the village of Oude Tonge and the water. The design accords well with the study. With the changing landscape as an incentive, it has given the history of the village a splendid new layer.

Jan Verhagen
Garden Houses
TU Eindhoven (architecture)
The village-like structure along the radial roads leading out of Eindhoven is where this project proposes a number of model solutions for a strategy of garden houses. Small-scale projects designed within this existing structure are to give residents the additional space they need, whether this is for an office at home, a workshop or a home for a grandparent.
In an easy-to-read and well-balanced scheme that starts with a scrupulous analysis and ends with some convincing designs, the designer shows that loose-fit urban structures possess enormous potential. Thanks to these precisely detailed designs, individual resident needs are met and the urban structure is strengthened. For example, in one of the proposals the quality of the back streets is greatly improved by the addition of high-grade

built fabric. This strategy of upgrading is somewhat comparable to the more urban mews in the UK. As a study into the possibilities of that type of urban fabric, the project is interesting in the extreme and accords perfectly with the topical brief where the individual resident is at centre stage. Here, the assertion that architects should move closer to the community they serve is illustrated most convincingly. It is easy to believe that the high-grade new-build could work as a catalyst for new developments. That said, the question of how one can achieve the same quality with self-build goes largely unanswered. The project derives its strength from the extreme precision of a talented architect and in that sense is an argument in favour of enlisting professional designers for such tasks. The required qualities are achieved by a smart handling of space in the design, an unerring insertion in the urban fabric, a strong physical manifestation and meticulous detailing. In short, if the potential of the garden house strategy has been addressed most convincingly, the question of how it is to be implemented is largely left in the air.

Bas Barendse
Urban Pixels
TU Delft (architecture)
This design is for a complex of units (pixels) whose users are to have maximum freedom in combining living and work as they see fit. Sited in North Amsterdam, the project accordingly meets a growing need to be able to work at home.
The designer has addressed an excellent and relevant issue. In his quest for the possibilities of intensive low-rise he has developed important basic principles for the way accommodation relates to outdoor space and parking. In doing so he harks back to the modernists, which yields an efficient result. The jury is still left with the question of whether the coercive if subtle form of the building's mass is the best possible spatial concept for the desired flexibility. That said, the meticulously designed complex is of a high quality both spatially and aesthetically and is evidence of a capable and talented designer.

Tim Snippert
Hidden Power — Veenkoloniën 3.0
Wageningen Universiteit (landscape architecture)
This project presents an approach to the Fen Settlements or Veenkoloniën that is to provide solutions to the regional problems caused by population decline, energy transition, water issues and subsidized farming. In the long term the approach is to result in Fen Settlements that are sustainable, stable and properly integrated in the region. This ambition is given shape in a smart approach that then leads to a strong project. A thorough study into new potentials in the planning area gives a solid stepping-off point for working up the design. Thus, for example, it is the intention that the Fen Settlements are to once again provide energy. Different energy systems are analysed and superimposed. Next comes the strong move of clustering the potentials at particular places. Here local enterprise is to seize the opportunity to exploit those potentials. It is questionable whether the project has enough momentum to implement the strategy this way. Its spatial development could have been explained in more detail.

Jasper Nijveldt
The Wall
TU Delft (urban design)
The urban plan presents a strategy to guide the growth of Chinese cities in particular. It seeks to optimize the quality of the urban environment for the population and achieve a sustainable growth. The developed model provides a strongly compacted urban periphery. In the model development, a zone 1 km wide and 300 km long forms a wall round the city. A detailed urban plan was developed within this 'wall' concept. This last-named accords well with the Chinese tradition of walled cities and makes a perfect departure-point for achieving the stated aims. This pioneering project approaches the Chinese dynamic along highly original lines. The

concept seems not only to spell out an appropriate answer to the rampant growth, but is at the same time a good strategy for protecting the surrounding rural area. Differentiation in the project is achieved by responding to local conditions. The worked-up design shows that the concept can facilitate a high-quality living environment. The project is impressive in its completeness. Every scale, from the megalopolis as a whole to street level, is incorporated in the differentiated approach, taking in all kinds of relevant aspects together including growth, sustainability and the potentials of different grid systems. Taken as a whole, the project presents a convincing strategy for approaching urban growth. The presentation is less on target. If the book is convincing, the panel presentation consisting of a complete compilation of the book's pages is a fragmented sea of text and undifferentiated images that fails to give clear insight into the qualities of the design. The project divides into two parts. The first is the product of a collaboration with two colleagues who only get mentioned en passant. That design won second prize in a Chinese competition. The second part elaborates on the first and even responds to criticism of the competition design. It is incredibly clever for a graduate architect to deal with the brief in this way and be able to counter criticism in the design.
The Wall broaches a topical and extremely relevant set of issues and fuels the debate on urban growth in general with the developed strategy. The fascinating project steps off from the correct departure-points. High-grade environments are created by relating the city's growth at each particular locality to the local context and the ground on site. The impressive development shows that a high-grade quality of life has been achieved at every scale.

Niels Groeneveld
Food for Thought — A local kitchen
for a global community
TU Eindhoven (architecture)
This project takes an empty farmhouse in Wanswerd, a village atop an artificial mound in Friesland, and painstakingly converts it into a local kitchen. It also constructs an equipment shed and a guest house on the site of two former outhouses. An extensive study described in a well-written report addresses all relevant issues broached by the project. This seeks to develop a new means of income for the languishing traditional small-scale farming industry by locking into local conditions and working together with the respective residents. It opts for a small-scale tourism appropriate to the village's idyllic nature. These good intentions are fully met in the consistent project. The study, which includes an analysis of work by the Swiss architect Caminada, is translated into a well-wrought design intelligently and with great singularity. The project is anchored in every way into the context, as much in functional as in spatial planning terms. The design's character is a perfect match for that of the village and for the buildings on site. The project has been well thought through in every detail. From the report to the superb presentation and beautifully made models, the poetic project is marked by a high degree of consistency.

Nadia Pechler
The Winerie
AvB Groningen (architecture)
This project for a vineyard and wine farm is sited on the River IJssel south of Zwolle. Its aim, to develop a modern, functional winery that relates appropriately to the Dutch landscape, is achieved with a strong underlying concept based on three interwoven routes, one for production, one for visitors and one for passers-by. The complicated puzzle is firmly solved in the design. This constructs a fine spatial entity that incorporates the vineyard as well as the wine farm. That said, the precision of the analysis and the underlying idea is lacking in the project's development, which is little more than rudimentary.

Thomas van Wanrooij
The Zeeland Fringe — United in antitheses
AAS Tilburg (urban design)

Armed with a gradual process of optimization that
builds on the potentials on site, the designer of this
project intends to give a socio-economic boost to
Zeeuws-Vlaanderen. This part of Zeeland province
is plagued by population decline and runs the risk
of disintegration and impoverishment.
The chosen approach is good, the designer rightly
concluding that the space is to a large degree deter-
mined by systems of all kinds to which it is linked.
The basic premise of bringing cohesion to it all
makes sense. This resorts to the prevailing strategy
that distinguishes between areas with a high
dynamic and areas with a low one. How the
designer then expects to achieve the optimization he
desires and what this optimization entails are
unclear in a project that tends to rely on clichés.
The relationship between the rural and urban
aspects is insufficiently underpinned and the
shrinkage in the villages — a key aspect of the
brief — could have done with more attention at the
development stage.

David DeClercq
Saline Indicator — An innovation
campus for saltwater farming
AAS Tilburg (architecture)

An innovation campus for saltwater agriculture
located in the Canal Zone at Terneuzen in Zeeuws-
Vlaanderen is to unite the world of saltwater fishing
beyond the dykes and the freshwater polders on the
landside using a strategic architectural intervention. The campus takes the form of a single huge
building. This well-sited entity is physically part of
the infrastructure of which it is a functioning component. Great care has been taken in determining
the disposition of the building's programme. The
building's composition is based on saltwater farming, which is the subject of research in large lily-
shaped structures. The system has been well
thought-out, revealing the designer's ambition to
make a building like a living organism. That said,
the architecture is insufficiently developed and the
hermetic design is unable to entirely shake off the
lily metaphor. It is partly because of this that the
strategy of organizing the desired interaction
between the different users fails to come alive in the
building.

Ricky Rijkenberg
Zutritt Verboten
AvB Amsterdam (architecture)

The fascinating design for a perishable tower in
Vienna is intended to draw out invisible layers in
the city and, like a time capsule, open up an underground world with all its narratives and myths. The
project is inspired by the Flaktürme or flak towers,
which were built in the city during the Second
World War and still stand there like concrete giants
in the urban landscape. The designer succeeds convincingly in intriguing viewers of the poetic project
and in arousing their curiosity about the hidden
world beyond it. The simple design is accompanied
by a beautiful book containing an excellent study
into all possible aspects of the invisible city. The
project is very strong on imagination and the tower
is a fine symbol in the city for the invisible world it
opens up. Yet the design is not realistic — despite
the strong architectural component the project
leans towards autonomous art. So it is a paradoxi-
cal project, the fascination with the collective memory, the invisible, translated into a new imaginary
structure.

Anna Allis
anna.jasmijn.allis@gmail.com

Alexander Augustus
mail@alexanderaugustus.nl

Bas Barendse
barendse.bas@gmail.com

Noémie Benoit
noemie.benoit@gmail.com

Nathan den Besten
ndbesten@gmail.com

Gerjanne Brink
gerjannebrink@gmail.com

David DeClercq
declercq.da@skynet.be

Johan van Ee
johan_vanee@hotmail.com

Floor Frings
floorfrings@gmail.com

Niels Groeneveld
groeneveldnm@gmail.com

Marius Grootveld
info@mariusgrootveld.nl

Joost van den Ham
joostvdham@gmail.com

Gerwin Heidemann
gerwin.heidemann@gmail.com

Dik Houben
mail@dikhouben.com

Timur Karimullin
timurkarim@gmail.com

Loes Martens
loes_martens@hotmail.com

Donna van Milligen Bielke
donnavanmilligenbielke@gmail.com

Jasper Nijveldt
jasper.nijveldt@gmail.com

Nadia Pechler
nmpechler@hotmail.com

Ricky Rijkenberg
ricky.rijkenberg@gmail.com

Foteini Setaki
foteini.setaki@gmail.com

René van Seumeren
r.vanseumeren@gmail.com

Tim Snippert
tim.snippert@gmail.com

Tara Steenvoorden
tarasteenvoorden@hotmail.com

Jan Verhagen
jcmaverhagen@gmail.com

Thomas van Wanrooij
thomasvanwanrooij@hotmail.com

Dalia Zakaite
d.zakaite@gmail.com

Kasper Zoet
kasperzoet@gmail.com

Winnaars vanaf 1979 Winners since 1979

2013
Tara Steenvoorden
Jasper Nijveldt
Niels Groeneveld
Ricky Rijkenberg

2012
Froukje van de Klundert
Herman Zonderland
Ard Hoksbergen
Jorrit Noordhuizen
Inge Kersten
Martijn Schlatmann
Kim Verhoeven

2011
Jan Martijn Eekhof
Thorsten Schneider
Miranda Schut
Ilse Verwer
Wytske van der Veen
Thomas van Nus
Negar Sanaan Bensi

2010
Jeroen Atteveld
Monique Sperling
Fleur Muris
Paul Verhoeven
Zineb Seghrouchni

2009
Dingeman Deijs
Simone Pizzagalli
Servie Boetzkes
Derk van der Velden

2008
Ruud Smeelen
Sander Lap
Anne Seghers
Shany Barath
Gary Freedman
Iwan Westerveen

2007
Jochem Heijmans
Max Rink
Francisco Adão da Fonseca
Saša Rađenović
Marjolijn Guldemond
Francesco Marullo
Ivonne de Nood

2006
Seth de Rooij
Jan Hendrik Bos
Boris Hocks
Bas van Vlaenderen

2005
Furkan Kose
Theo Reitsema
Petra van de Ven

2004
Mark van Beest
Robert Verrijt
Ronald Rietveld

2003
Maarten Terryn
Daniel Casas Valle
Pim Pompen
Peter Masselink
Hiske Wegman
Delano Richardson
Piotr Poniatowski
Yuri Werner

2002
Harm Timmermans
Rob Willemse
William Veerbeek
Ingeborg Thoral

2001
Angie Abbink
Marten de Jong
Gert Anninga
Hans van Loon
Eddy Verbeek
Marco Visser
Hanneke van Wel

2000
Bart Reuser
Marijn Schenk
Jaco Woltjer
Roosmarie Carree
Isabelle Krier
Julietta Zanders

1999
Henk Korteweg
Caspar Slijpen
Jonas Strous
Ellen Marcusse
Marc Polman

1998
Jolai van der Vegt
Fenna Haakma Wagenaar
Patrick Meijers
Hans Moor
Joost Glissenaar
Hedwig Crooijmans
Jan Roozenbeek
Annemieke Diekman

1997
Nikol Dietz
Maarten van der Velde
Alies Rommerts
Peter Keijsers
Karel van Eijken
Nadia Jellouli-Guachati
Gerrit-Jan van Rijswijk

1996
Janneke Bierman
Robbert de Koning
Kamiel Klaasse
Pieter Bannenberg

1994
Emiel Lamers
Marieke Timmermans
Pascal Grosfeld
Christoph Grafe
Rik van Dolderen
Floris le Conge Kleyn

1993
Gerard van Heel
Jan Bruyn
Piet Goud
Katrien Prak

1992
Laurens Jan ten Kate
Patrick Fransen
Jeroen Hoorn
Frits van Loon
Berrie van Elderen
Martin Kleine Schaars
Harmen Otto van de Wal

1991
Marie-José Rijnvos
Roemer van Toorn
Liesbeth Janson
Jos Kramer
Caroline Stegewerns
Peter de Ruyter
Edwin van der Hoeven
Maaike Bos
Teo Bähler
Richard Hendriksen
Gery van Heesch

1990
Juliette Bekkering
Bjarne Mastenbroek
Annemariken Hilberink
Winka Dubbeldam
Jacob van Rijs
Ronno Honingh
Michiel Riedijk

1989
Lars Spuybroek
Jurriaan van Stigt
Jan van der Veen
Ralph Hendrikx
Reinier Nijland
Dick van Gameren

1988
Erik Knippers
Liesbeth van der Pol

1987
Henk Meijer
Lody Trap
Pauline Koppen

1986
Jozef Harten
Albert van den Brink
Ad van Aert
René van Zuuk

1985
Sjoerd Cusveller
Paul Meeuwisse
Ady Steketee
Annette Marx

1984
Freek Riem
Dirk van As
Guido Swart

1983
Wim van den Bergh
Louis Dams
Chris de Weijer
Marc van Leent

1982
Frank van der Linden
Henk Engel
Paul de Vroom
Dolf Dobbelaar

1981
Johan Kappetein
Hans Claessens
Rob van Gemert

1980
Paul Kalkhoven
Hans van Heeswijk
René Jacobs
Stan Cornips
Theo Wisman
Hans de Gruil

1979
Gert-Jan Hendriks
Kees Hund
Aitse van den Bos
Joep Habets
Henk Mihl
Leon Thier
Bouke Verhaagen

Colofon Credits

Deze publicatie werd mogelijk gemaakt dankzij een bijdrage van Hunter Douglas.
This publication has been made possible through the support of Hunter Douglas

Redactie
Edited by
Henk van der Veen

Maquette- en reproductiefotografie
Photos of models and plans
Hans Krüse, Delft

Vertaling
Translation into English
John Kirkpatrick, Rotterdam

Grafisch ontwerp
Graphic design
Arthur Roeloffzen, Amsterdam

Druk
Printed by
Die Keure, Brugge

© 2013 Stichting Archiprix, nai010 uitgevers/publishers, Rotterdam

ISBN 978-94-6208-041-6

nai010 uitgevers is een internationaal georiënteerde uitgever, gespecialiseerd in het ontwikkelen, produceren en distribueren van boeken over architectuur, beeldende kunst en verwante disciplines.

nai010 publishers is an internationally orientated publisher specialized in developing, producing and distributing books in the fields of architecture, urbanism, art and design.

Available in North, South and Central America through Artbook | D.A.P., 155 Sixth Avenue 2nd Floor, New York, NY 10013-1507, tel +1 212 627 1999, fax +1 212 627 9484, dap@dapinc.com
Available in the United Kingdom and Ireland through Art Data, 12 Bell Industrial Estate, 50 Cunnington Street, London W4 5HB, tel +44 208 747 1061, fax +44 208 742 2319, orders@artdata.co.uk.

Stichting Archiprix: www.archiprix.nl.
nai010 uitgevers/publishers, Rotterdam:
www.nai010.nl.